LE BARMAN
NEW-YORKAIS

LE BARMAN NEW YORKAIS

SALLY ANN BERK
PHOTOGRAPHIES DE GEORGE G. WIESER, J.R.

KÖNEMANN

Titre original : *The New York Bartender's Guide*

© 1997 pour l'édition française :
Könemann Verlagsgesellschaft mbH
Bonner Str. 126, D-50968 Köln

Traduction et réalisation : ACCORD Toulouse
Chef de fabrication : Detlev Schaper
Impression et reliure : Kossuth Printing House Co., Budapest

Imprimé en Hongrie

ISBN : 3-89508-673-8

SOMMAIRE

INTRODUCTION

New York, c'est l'Empire State Building, c'est la statue de la Liberté et le Chrysler Building. Des classiques par leur style et leur perfection. L'équivalent, pour les cocktails, ce sont les Martinis et les Gimlets, les Margaritas et les Manhattans. Ces boissons, elles aussi, sont des chefs-d'œuvre intemporels. Leur degré de raffinement demande, pour leur exécution, un soin tout particulier. Grâce à ce guide, vous réaliserez des boissons parfaites.
Il comprend plus de 1 300 recettes, avec ou sans alcool, pour réussir des mélanges qui vont des cocktails traditionnels aux cocktails à la mode, des bons vieux classiques aux boissons dans le vent.

Vous trouverez au fil des pages toutes les recettes de boissons que vous pouvez désirer, plus quelques trouvailles originales mises au point par des barmen new-yorkais célèbres. Pourquoi New York ? Parce que ce qu'on ne trouve pas à New York n'existe sûrement pas ailleurs ! Voici quelques conseils avisés de nos barmen préférés pour ceux qui veulent apprendre le métier ou tout simplement composer des boissons savoureuses.

LEURS BOISSONS PRÉFÉRÉES

Nicholas Mellas, barman pendant 26 ans, Gallagher's Steak House : « *La boisson que j'ai toujours préférée, c'est le Martini dry classique accompagné d'olives de tout premier choix. On a toujours bu des Martinis.* »

Billy Steel, barman pendant 15 ans, "21" Club, Hudson River Club, Mesa Grill : « *Ce que l'on servait le plus, au "21", c'est tout ce qui allait avec des glaçons, et surtout du scotch. Ce que je préférais faire, c'était un Martini classique avec cependant un peu plus de vermouth. Au "21", on a le souci de composer les boissons comme elles devraient l'être.* »

Dale De Groff, barman pendant 20 ans, Head Bartender, The Rainbow Room, The Rainbow Promenade Restaurant/Bar : « *En regardant New York du 65ᵉ étage, comment les gens peuvent-ils commander autre chose que des Manhattans et des Martinis ?* »

Peter Mellett, barman pendant 15 ans, Au Bar, Mesa Grill : « *J'ai pu constater la baisse de popularité des vieux standards. Seuls les gens d'un certain âge en commandaient pour les remettre à la mode. J'ai assisté au retour du Martini dès la fin des années quatre-vingt, avec quelques variantes comme le Cosmopolitan, devenu célèbre à l'Odeon, à New York.* »

TENIR UN BAR CHEZ SOI

Peter Mellett : *« Préparer des cocktails chez soi et au travail, c'est très différent. Mais, dans les deux cas, les gens adorent voir un barman en action. »*

Dale De Groff : *« Derrière le bar, nous avons un presse-fruits, et nous évitons d'utiliser des jus de fruits tout prêts. C'est bien meilleur de faire des boissons avec des jus de fruits frais, et chez soi, c'est facile. »*

John Nathan, barman pendant 10 ans, Phoebe's : *« En privé, il m'est arrivé d'utiliser toutes sortes de shakers de fortune. Tout le monde aime avoir une boisson passée au shaker, mais rares sont ceux qui en ont un digne de ce nom. Il faut avoir un bon shaker chez soi. »*

PETITS TRUCS POUR ÊTRE DANS LE COUP

Dale De Groff : *« Comme barman en chef au Rainbow Room, j'ai fait la liste des boissons maisons de tous les bars anciens les plus connus de New York, et j'y ai ajouté quelques classiques plus récents. Cette liste a eu un tel retentissement que je crois bien être responsable de cet engouement pour les cocktails "rétro". »*

John Nathan : *« Le meilleur conseil que je donnerais en tant que barman, c'est qu'il faut tout de suite nouer le contact avec le client. »*

Peter Mellett : *« Tous les cocktails classiques sont agréables à faire, les Margaritas, les Martinis, les Gibsons… J'ai constaté que lorsqu'un client commande l'un de ces classiques, presque tout le bar fait de même. Ils sont également agréables à boire… »*

Sarah Fearon, barmaid pendant cinq ans, Hi-Life Bar and Grill : *« Pour chaque soirée, il faut un hôte pour s'assurer que tout se passe bien. Si vous êtes barman, c'est tous les jours que vous jouez le rôle de l'hôte dans une soirée d'enfer. La première étape à franchir, pour réussir cette expérience, est de se débrouiller pour que les clients se sentent les bienvenus. »*

CONTRAINTES ET SURPRISES DE LA VIE DE BARMAN

Billy Steel : *« Au "21", les barmen doivent porter costume et cravate et posséder une mallette avec leur matériel. On ne vous laisse pas passer derrière le bar tant que vous n'avez pas cinq mois d'entraînement, quelle que soit votre expérience. C'est vraiment l'école traditionnelle, le métier de barman y est un art respecté. »*

Nicholas Mellas : « L'une des choses les plus mémorables qui me soient arrivées pendant ma carrière, c'est le jour où Joe Namath mangeait à une table du restaurant. Il s'est approché du bar et s'est mis à parler à des gamins qui mangeaient avec leurs parents.
Ils ont commencé à jouer au football tout autour de la salle avec les petits pains. Personne n'a réagi, car c'était Joe Namath.
Tout à coup, il est sorti du restaurant et il est revenu avec un ballon de foot qu'il avait acheté, il l'a dédicacé et l'a donné aux gamins.
C'est vraiment un type chouette. »

John Nathan : « J'ai remarqué que la meilleure façon de vendre un coctail particulier ou une bière spéciale, c'était de l'afficher au-dessus du bar. Qu'importe ce qui est écrit, ça marche.
Ça a un impact formidable. »

Billy Steel : « La chose la plus bizarre que j'ai dû faire comme barman, c'était lors de mon premier boulot dans un bar de mafiosi, le "Paul's Lounge". Je servais d'intermédiaire entre les bookmakers et les clients du bar. Ils faisaient leurs paris et encaissaient les gains grâce à moi. Être barman ne se limite pas à préparer et servir des boissons. »

John Nathan : « Être barman à New York, c'est un challenge. Moi, j'ai toujours un problème avec les voleurs à la tire. En plus des affaires courantes, je garde un œil sur le type qui circule près du bar pour faucher les sacs à main. À tel point que, s'il en rentre un, je le sens, et il me fait un signe comme pour me dire : "Aïe, cette fois-ci, tu m'as repéré, il vaut mieux que je parte." Et il détale pour revenir à un moment plus opportun. »

UN BAR CHEZ SOI

Sally Ann Berk, barmaid amateur : « Quand je suis arrivée à New York, je vivais dans un studio à peine plus grand qu'un placard. Dans la partie cuisine, il y avait tout juste assez de place pour les provisions, la vaisselle et quelques ustensiles. Seule exception : un bar bien fourni. J'avais envie de m'amuser, et je trouvais que l'improvisation était une bonne réponse aux problèmes de place. Sous l'unique fenêtre de l'appartement, il y avait un grand trou creusé dans le mur pour installer l'air conditionné. J'ai utilisé cette niche comme armoire à liqueurs et comme cave à vin. C'était parfait. »

CE QU'IL FAUT AVOIR CHEZ SOI

Pour un bar petit mais bien pourvu, les ingrédients de la liste ci-dessous sont incontournables. Ils vous permettront de réaliser les cocktails classiques et de tester vos talents de barman amateur sur vos amis et vos invités.

BIÈRE, VIN ET ALCCOLS

Bière : lager (à conserver au frais)

Bourbon

Eau-de-vie

Gin

Pernod

Rhum blanc

Scotch

Tequila

Triple Sec

Vermouth, doux et sec

Vin blanc : cépage de votre choix

(à conserver au frais)

Vin rouge : bordeaux, bourgogne

ou autre cru

Vodka (à conserver au freezer)

Whiskey

Xérès

POUR MÉLANGER (À GARDER AU FRAIS, FAITES VOS PROPRES JUS DE FRUITS)

Coca

Eau gazeuze

Ginger Ale

Jus de citron

Jus de citron vert

Jus de fruits (au choix)

Jus d'orange

Jus de pamplemousse

Jus de tomate

Soda citron-citron vert

Soda sans sucre

Tonic

GARNITURES ET CONDIMENTS

Angustura

Cerises au marasquin

Citrons

Citrons verts

Grenadine

Olives

Oranges

Poivre noir

Sauce Worcestershire

Sucre

Tabasco

VERRES

Flûte à champagne

Verre à bière

Verre à cocktail

Verre à cognac

Verre à long drinks

Verre à whisky

Verre ballon

INSTRUMENTS

Cuiller de bar

Cuillers à mesurer

Décapsuleur

Économe

Mesure à alcools

Mixeur

Passoire

Presse-agrumes

Shaker

Tasse à mesurer

Tire-bouchon

Verre doseur

POUR UN BAR DE PRO

Si vous avez la place nécessaire, complétez la liste de la page précédente avec les ingrédients ci-dessous. Placez éventuellement à proximité du bar un petit réfrigérateur, pour avoir à portée de la main glaçons, jus de fruits et sodas frais.

BIÈRE, VIN ET ALCCOLS

Aguardiente	Jägermeister
Ale (à conserver au frais)	Kirsch
Amaretto	Lillet
Amer Picon	Liqueur de framboise
Aquavit	Madère
Armagnac	Marasquin
Bénédictine	Pimm's n° 1
Calvados	Poire
Campari	Porter (bière)
Champagne brut	Porto, rouge, tawny et vintage
Chartreuse, jaune et verte	Punt e Mes
Cognac	Rhum, brun, paille, fort et Demerara
Cointreau	Rock & Rye
Crème de banane	Saké
Crème de cacao, blanc et noir	Sambuca, blanche
Crème de cassis	Schnaps au peppermint
Crème de menthe,	Scotch (Single Malt)
blanche et verte	Slivovitz
Crème de noyaux	Southern Comfort
Curaçao, blanc et bleu	Stout (bière)
Drambuie	Tequila, ambrée et silver
Dubonnet, blanc et rouge	Vodka aromatisée
Eau-de-vie de pomme, Applejack	(citron, Cherry Heering, groseille
Galliano	ou poivre, à conserver au freezer)
Gin à la prunelle	Whiskey canadien
Grand Marnier	Whiskey irlandais
Grappa	Wishniak
Irish Cream (liqueur)	Xérès, fino et crème de xérès

POUR MÉLANGER (À GARDER AU FRAIS)

Bière au gingembre	Jus d'ananas
Bouillon de bœuf	Jus de clams-tomate
Café	Lait
Cidre	Nectar de goyave
Crème	Nectar de pêche
Crème de noix de coco	Soda au citron
Eau de source, en bouteille	

GARNITURES ET CONDIMENTS

Ananas	Miel
Bananes	Noix muscade
Bitter à l'orange	Œufs*
Bitter Peychaud	Oignons grelots
Cannelle en bâtons	Pêches
Cannelle moulue	Piments jalapeño
Céleri	Poivre blanc
Chocolat (demi-doux)	Pommes
Clous de girofle	Quatre-épices
Concombre	Raifort
Coriandre	Sirop de canne
Fleur de sel	Sirop de framboise
Fraises	Sirop de fruit de la passion
Framboises	Sirop de tamarin
Jus de citron vert	Sirop d'orgeat
Menthe fraîche	Sucre en morceaux

*Avertissement de l'éditeur: Pour toutes les recettes comportant des œufs crus, assurez-vous de leur fraîcheur, car ils peuvent provoquer des cas de salmonellose.

VERRES

Chope à bière	Verre à Margarita
Tasse à punch	Verre à Porto
Verre à digestif	Verre à vin blanc
Verre à Irish Coffee	Verre ballon
Verre à liqueur	Verre tulipe

INSTRUMENTS

Bol à punch	Pichet
Bouchon pour champagne	Pinces à glaçons
Mortier	Seau à glace

À PROPOS D'INGRÉDIENTS

Pour réaliser de bons cocktails, la technique ne suffit pas, il faut aussi des ingrédients de qualité. Vous pouvez être tenté d'économiser quelques francs en choisissant une eau-de-vie ou un gin bon marché, mais votre Martini va en souffrir. Vous pouvez utiliser du jus de citron tout prêt plutôt que d'en presser du frais, mais le jus de citron frais est nettement meilleur. Rien n'est trop bon pour ses invités.

Vous remarquerez que la plupart des recettes contenues dans ce livre réclament des jus de fruits frais. Pour moins de 150 F, un petit presse-agrumes électrique vous facilitera la tâche. Si vous utilisez des jus de fruits tout prêts, choisissez les « pur jus », sans adjonction de sucre ni de sirop. Lisez bien les étiquettes. Pensez à édulcorer vos cocktails avec du jus de raisin blanc plutôt qu'avec du sirop de canne ou du sucre. Achetez les jus de fruits en bouteilles. Si vous achetez des jus d'agrumes, choisissez ceux qui comportent la mention : « jus de fruits naturels ».

N'utilisez que des épices fraîchement moulues ou râpées, si la recette en comporte. Ayez toujours chez vous de la noix muscade et de la cannelle. Servez-vous d'une râpe dans les deux cas. Vous obtiendrez un Bloody Mary parfait avec du poivre fraîchement moulu, et votre Margarita aura bien meilleur goût si vous salez le bord du verre avec de la fleur de sel.

Se procurer certains ingrédients exotiques peut relever de la performance, mais c'est indispensable. Si vous habitez en ville, vous pourrez vous procurer des ingrédients tels que le sirop de tamarin ou le nectar de goyave dans la plupart des magasins de produits exotiques. Les magasins de produits biologiques et les épiceries fines pratiquent aussi le plus souvent la vente par correspondance des produits difficiles à trouver. Parcourez leurs catalogues, ou contactez des amis susceptibles de pouvoir plus facilement se procurer ces produits et vous les expédier. Si vous n'arrivez pas à trouver ce que vous cherchez, votre épicier ou votre marchand d'alcools se fera sûrement un plaisir de passer pour vous une commande spéciale.

GLOSSAIRE

Apéritif : C'est, traditionnellement, une boisson que l'on sert avant le repas pour ouvrir l'appétit. L'appellation recouvre les vermouths et les vins doux naturels ou aromatisés tels que Byrrh, Dubonnet, Lillet, Campari, Pernod, Amer Picon, Saint-Raphaël, etc. Aujourd'hui, le terme d'apéritif désigne le moment auquel il est servi plutôt que la composition de la boisson.

Bitter : Une saveur rehaussée par différentes baies, racines ou herbes, utilisée en général pour atténuer le goût mordant du whisky (se rapporter aussi au paragraphe sur les bières, p. 27).

Brandy : Eau-de-vie vieillie en fût, originaire de Grande-Bretagne.

Cobbler : Une boisson servie dans un verre à orangeade ou un verre à long drinks, composée de glace pilée, de vin ou de liqueur, et garnie avec des fruits frais ou un brin de menthe. Le cobbler typique est un mélange de xérès et de jus d'ananas, servi avec des fruits frais.

Cooler : Un long drink pétillant (ginger ale ou soda), avec un alcool ou un vin et décoré d'un long zeste torsadé de citron vert ou d'orange, posé en équilibre au bord du verre.

Eau-de-vie : Produit de la distillation de jus de fruits fermentés, notamment le raisin, ou de la distillation de céréales ou tubercules.

Falernum : Un sirop des Caraïbes, composé de fruits variés, de sucre de canne et d'épices, utilisé pour apporter une composante sucrée.

Fix : Un cocktail préparé dans le verre de service, servi avec une grande quantité de glaçons.

Fizz : Mot désignant le pétillement de l'eau de Seltz qui allonge un mélange de gin, sucre et jus de citron vert.

Flip : Une boisson froide et crémeuse à base d'œufs, de sucre et de jus de citron vert mélangés à un alcool.

Frappé : Tout cocktail préparé et servi avec de la glace pilée.

Grog : Célèbre boisson chaude à base de rhum, autrefois servie aux marins, aujourd'hui additionnée de sucre, de fruits.

Julep : À base de bourbon et de glace pilée, de sucre et de feuilles de menthe.

Liqueur : Boisson sucrée et aromatisée à base d'alcool ou d'eau-de-vie. La saveur est donnée par l'ajout d'extraits de plantes ou de fruits : framboise, amande, orange, café, noix, menthe, cacao, etc.

Mist : Désigne l'alcool versé en surface dans le verre plein ou sur de la glace pilée.

Negus : Un vin chaud et sucré à base de xérès ou de porto.

On the rocks : Célèbre expression, maintenant un peu désuète. Littéralement : sur glaçons.

Pousse-café : Dans la langue des cocktails, cela désigne une boisson composée de couches de couleurs différentes qui ne se mélangent pas, en raison de leurs densités différentes.

Sec (dry) : Terme qui qualifie le peu de sucre entrant dans la composition d'un vin, d'un apéritif ou d'un cocktail. Un Martini dry, par exemple, contient peu de vermouth. C'est la quinine additionnée qui confère à l'alcool son goût sucré.

Sling : Un cocktail servi sur glaçons, composé d'un alcool (gin, rhum, whisky), de jus de citron, de sucre et allongé de soda.

Sour : Un alcool agité au shaker avec du jus de citron ou de citron vert et du sucre.

Swizzle : À l'origine, c'est un long drink à base de rhum et de glace pilée, remué avec un longue cuiller jusqu'à ce que le verre soit givré. Aujourd'hui, tout alcool mélangé à de la glace pilée et remué avec une baguette est un « swizzle ».

Toddy : Un long drink à base d'alcool mélangé avec du sucre, des épices (clous de girofle, cannelle...), une écorce de citron et de l'eau. Autrefois, il était servi chaud. Aujourd'hui, cette combinaison d'alcools et d'épices est servie avec des glaçons.

Vermouth : Vin aromatisé avec de la quinine ; spécialité italienne ou française, mais présente aussi dans de nombreux pays. Le degré d'alcool se situe entre 15 et 20°.

Verre à orangeade (Collins) : Un verre haut rempli de glaçons, pour servir un alcool avec jus de citron et eau de Seltz ou soda.

Vins cuits : Titrant de 14° à 24° d'alcool, cette catégorie comprend les xérès, porto, madère, marsala, etc.

Whisky : Alcool vieilli en fût, produit de la distillation de céréales fermentées. Les différentes variétés de whiskies font souvent référence à leur pays d'origine : *irish* (irlandais), *scotch* (écossais), *canadian* (canadien), etc. Il y a aussi le *rye whiskey* (whisky de seigle), le bourbon.

CONSEILS ET REMARQUES

La plupart des cocktails présentés sont servis directement dans un verre à cocktail. Vous pouvez les préparer « on the rocks » si vous préférez. Il vous suffit de suivre la recette donnée, puis de filtrer ou de passer sur glaçons dans un verre à whisky.

Grâce aux recettes de ce guide, vous préparerez des cocktails généreux. Si vous voulez un cocktail moins abondant, divisez les proportions, partagez votre verre avec un(e) ami(e) ou conservez ce qui reste au réfrigérateur.

Attention : certains aiment le gin, mais d'autres ne l'aiment pas du tout. Les cocktails au gin sont aussi variés qu'intéressants. Cependant, cet alcool peut être remplacé par de la vodka dans la plupart des cas. Le goût sera forcément différent, mais tout aussi délicieux.

Si vous mourez d'envie d'un Mint Julep (cocktail à la menthe), mais que votre bouteille de bourbon est finie, vous pouvez sans remords le remplacer par un autre whisky. Cette remarque s'applique d'ailleurs à tous les cocktails à base de whisky. Un whiskey américain remplacera un whiskey canadien, un whisky de seigle fera oublier le bourbon, etc. Mais gardez à l'esprit que les whiskies conseillés pour chaque recette le sont en connaissance de cause. Quant au scotch, rien au monde ne peut le remplacer !

La tequila entraîne à elle seule toute une classe de cocktails, même si dans certaines boissons la tequila peut remplacer le rhum, et réciproquement.

À vous d'expérimenter, d'inventer vos propres spécialités. Le travail du barman est un art évolutif.

16

LES VERRES

Presque toutes les recettes de cocktails sont accompagnées d'un symbole indiquant la forme de verre appropriée. Les symboles sont bleus pour les boissons alcoolisées et verts pour les boissons sans alcool.

Voici un tableau des différentes formes de verres et des symboles correspondants :

	Grand verre ballon		Verre à whisky
	Chope à bière		Verre à parfait
	Verre à cognac		Pichet
	Flûte à champagne		Petit verre à liqueur
	Verre à cocktail		Verre à liqueur
	Grande tasse		Verre ballon
	Verre à orangeade		Verre à porto
	Grand verre à whisky		Verre à digestif
	Verre à long drinks		Verre tulipe

LES MESURES

Alcool

Mesures des anciennes bouteilles	Mesures américaines	Mesures décimales
Miniature	1,7 oz	50 ml
Half pint	6,8 oz	200 ml
Pint	16,9 oz	500 ml
Fifth	25,4 oz	750 ml
Quart	33,8 oz	1 l
Half gallon	59,2 oz	1,75 l

Vin

Désignation	Mesures américaines	Mesures décimales
Split	6,3 oz	187 ml
Tenth	12,7 oz	373 ml
Fifth	25,4 oz	750 ml
Quart	33,8 oz	1 l
Magnum	50,7 oz	1,5 l
Jéroboam	101,4 oz	3 l

Mesures de bar

Désignation	Mesures américaines	Mesures décimales
1 trait	1/32 oz	0,8 ml
1 cuiller à café	1/8 oz	3,5 ml
1 cuiller à soupe	3/8 oz	10 ml
1 petit verre à digestif	1 oz	30 ml
1 petite mesure à alcool	1,5 oz	45 ml
1 verre ballon	4 oz	120 ml
1/4 de bouteille (750 ml)	6 oz	180 ml
1 tasse	8 oz	240 ml

TABLEAU DES CALORIES

Boissons alcoolisées	Quantité	Calories
Bière		
Ale	0,2 l	95
Sans alcool	0,33 l	93
Légère	0,33 l	145
Export	0,5 l	290
Pilsen	0,33 l	145
Cidre	0,25 l	95

Alcools et liqueurs		
Bourbon	4 cl	116
Brandy	2 cl	42
Chartreuse	2 cl	76
Cognac	2 cl	45
Crème de menthe	2 cl	74
Curaçao	2 cl	81
Gin	2 cl	66
Liqueur de café	2 cl	86
Rhum	2 cl	75
Scotch	4 cl	101
Vodka	2 cl	46

Vins et champagnes		
Champagne brut	0,1 l	67
Champagne extra dry	0,1 l	71
Crème de xérès	5 cl	78
Vermouth doux	5 cl	86
Vermouth sec	5 cl	57
Vin blanc moelleux	0,25 l	170
Vin blanc sec	0,25 l	150
Vin rouge	0,25 l	170
Xérès	5 cl	59

Autres boissons		
Coca	0,2 l	89
Coca light	0,2 l	10
Eau gazeuse		0
Ginger ale	0,2 l	57
Jus d'ananas	0,2 l	100
Jus de citron	1 c. à soupe	5
Jus de citron vert	1 c. à soupe	1
Jus d'orange	0,1 l	46
Tonic	0,2 l	65

GUIDE DU VIN

Le vin est une boisson très populaire que l'on boit dans de multiples circonstances. Vin blanc, vin rouge, vin rosé, champagne et autres vins mousseux... Les vins français sont réputés, mais bien d'autres pays sont producteurs de vins également connus et appréciés, entre autres : l'Italie, l'Espagne, le Portugal, l'Allemagne, les États-Unis (Californie, New York, Oregon, Washington et Texas), l'Argentine, le Chili, l'Australie et la Nouvelle-Zélande.

VIN ROUGE

Ne bridez pas votre imagination, la notion de vin blanc accompagnant le poisson et de vin rouge accompagnant les viandes est aujourd'hui dépassée. Si vous avez envie de servir le saumon avec un vin rouge corsé n'hésitez pas ! Certains sont plutôt bourgogne, d'autres plutôt bordeaux ; faites votre choix en fonction de la région de production et des cépages que vous préférez. Suivez cependant cette règle de base : les vins légers accompagnent très bien les mets délicats, les vins charpentés accompagnent plus volontiers les plats à saveur relevée. Découvrez comment votre palais apprécie les vins secs et les vins doux.

La température idéale pour servir le vin blanc est 8 °C, celle du vin rosé et du beaujolais est 12 °C. Sachez qu'un vin trop froid perd de son arôme. Le vin rouge doit être chambré, c'est-à-dire servi à température ambiante ; en outre, il ne doit pas être servi et bu dès l'ouverture de la bouteille, il faut lui laisser le temps de « respirer ». Les caractéristiques tanniques et astringentes d'un vin jeune sont adoucies par ce temps d'aération. En revanche, les vins fins, les crus millésimés, peuvent et doivent être servis dès l'ouverture de la bouteille.

Le classement des vins par pays vous aidera dans votre choix. Les vins sont présentés par crus et par cépages, mais, attention, les critères de classification varient selon les pays.

VINS FRANÇAIS

Les vins français sont classés selon leur appellation d'origine. Les principales régions de production sont : le Bordelais, la Loire, la Bourgogne, l'Alsace et la Champagne. Les meilleurs vins portent le label AOC (Appellation d'origine contrôlée), norme qui garantit leur origine et leur qualité.

Bordeaux

Bordeaux rouge. Le Bordelais est une région viticole qui couvre 105 000 hectares et qui produit des millions de bouteilles chaque année.

Les cépages utilisés dans le Bordelais sont le cabernet sauvignon, le merlot, le cabernet franc, le malbec et le petit-verdot. Leur subtile combinaison permet aux viticulteurs bordelais d'obtenir des crus millésimés de grande qualité.

MEILLEURS CRUS

Médoc/Haut Médoc	Saint-Émilion
Pomerol	Graves
Margaux	

Bordeaux blanc. Le cépage principal est le sauvignon blanc.

MEILLEURS CRUS

Graves	Sauternes/Barsac
Entre-deux-Mers	

Loire

La plupart des vins de Loire, obtenus à partir de deux cépages, le chenin blanc et le sauvignon blanc, sont blancs. À signaler cependant quelques vins rouges, rosés et pétillants.

MEILLEURS CRUS

Sancerre	Pouilly-fumé
Vouvray	Coteaux du Layon
Muscadet	Chinon

Vallée du Rhône

C'est une région de production de vins savoureux qui ont du corps et du bouquet. Jusqu'à treize cépages peuvent entrer dans leur composition, le plus fréquent est la syrah.

MEILLEURS CRUS

Côte-Rôtie	Hermitage
Cornas	Châteauneuf-du-Pape
Condrieu	Saint-Joseph
Côte-du-Rhône	

Bourgogne

Bourgogne rouge. Les principaux cépages utilisés pour ces vins sont le pinot noir et le gamay.

MEILLEURS CRUS

Côte de Nuits	Gevrey-Chambertin
Volnay	Chambolle-Musigny
Côte de Beaune	Mâconnais

Bourgogne blanc. Principalement à base de chardonnay et d'aligoté

MEILLEURS CRUS

Chablis	Meursault
Montrachet	Aloxe-Corton
Côte de Nuits	Mâconnais

Proches géographiquement et de par les cépages utilisés, les vignobles du Beaujolais produisent également des crus de qualité.

Alsace

Les plus connus des vins d'Alsace sont le riesling et le gewürztraminer. Deux vins blancs proches des vins de la vallée du Rhin, mais plus secs.

Champagne

Trois cépages entrent dans la composition des vins de Champagne : le chardonnay, le pinot noir et le pinot meunier. Mis en bouteilles après la première fermentation, le champagne devient pétillant par la dissolution dans le vin du gaz carbonique résultant de la seconde fermentation. Le champagne est plus ou moins sec et plus ou moins pétillant suivant les producteurs. Le champagne frappé est particulièrement pétillant. Le champagne brut est très très sec, l'extra dry est un peu plus doux, le dry est sec et le demi-sec est moelleux.

Brut non millésimé. Obtenu en un à deux ans.

Brut millésimé. Produit les années où la récolte est de bonne qualité, vieux de cinq ans ou plus.

Champagne rosé. Sa coloration est obtenue par l'ajout d'une petite quantité de jus de fermentation rouge. Les champagnes rosés sont en général plus savoureux que les champagnes blancs.

VINS ITALIENS

Ils portent le nom soit de leur cépage, soit de la ville proche du vignoble. Ils sont classés ci-dessous par région et, à l'intérieur de chaque région, par ville ou cépage.

Piémont

Les deux principaux cépages utilisés dans cette région sont le barbera et le nebbiolo. Les vins portent le nom de leur cépage suivi de leur localisation, par exemple barbera d'Alba, barbera d'Asti, nebbiolo d'Alba, etc.

Barolo. Le cépage principal de ce vin rouge est le nebbiolo. Tous les baroli doivent rester au moins deux ans en fût de chêne ou de châtaignier.

Barbaresco. Également à base de nebbiolo, les variations du sol permettent d'obtenir des vins différents.

Toscane

Chianti. La région est divisée en sept zones, et le vin est obtenu à partir de sept cépages, les principaux étant le sangiovese, le canaiolo nero, le trebbiano tuscano blanc et la malvasia del chianti.

L'appellation chianti regroupe un vin léger, de couleur claire, à boire jeune (chianti) ; un vin de meilleure qualité, dont les caractéristiques tanniques s'estompent au bout d'un an (chianti vecchio) ; un vin de grande qualité, dont le degré d'alcool est plus élevé et qui met plus longtemps à s'adoucir (chianti classico) ; le chianti riserva, qui est resté deux années supplémentaires en fût.

Brunello di Montalcino. Un vin rouge fait exclusivement avec un clone du sangiovese, appellé localement le brunello.

Vino Nobile di Montepulciano. Ce vin, fait avec les mêmes cépages que le chianti, doit rester deux ans en fût de chêne. S'il porte l'appellation riserva, il est resté un à deux ans de plus en fût.

Vénétie

Valpolicella, Soave.

Vins blancs italiens (toutes régions) :

Trentin, Haut-Adige, Frioul.

VINS ALLEMANDS

20 % du vignoble allemand est planté en riesling. Le cépage le plus utilisé est le müeller-thurgau (27 % de la production). Il s'agit d'une variété de raisin précoce, qui donne des vins légers, à l'arôme subtil. Le sylvaner est présent dans 11 % de la production. Le gewürztraminer donne un vin très parfumé. Le ruländer, ou pinot de Bourgogne, donne un vin fruité qui a du bouquet.

Les vins allemands vont de très sec à moelleux. L'appellation figurant sur les bouteilles correspond à un classement selon la maturité. Les vins dits de Kabinett sont les plus secs et les Eiswein, résultats de vendanges tardives, sont les plus sucrés.

VINS ESPAGNOLS

Les deux principales régions vinicoles sont la Rioja et le Valdepeñas, auxquelles il faut ajouter la zone de production du xérès à proximité de Jérez de la Frontera, en Andalousie.

Rioja

Cette région est divisée en trois zones de production viticole. La Rioja Alta produit des vins acides. La Rioja Alavesa produit des vins fruités. La Rioja Baja, zone la plus chaude, produit des vins très alcoolisés. Les vins de la Rioja que l'on trouve dans le commerce sont en général un mélange de vins en provenance des trois zones.

Les cépages du rioja rouge sont le tempranillo, la garnacha tinta (grenache), le graciano et le mazuelo. Les cépages du rioja blanc sont la viura, qui est mélangée avec la garnacha blanca et la malvasia.

Valdepeñas

Cette région du centre de l'Espagne produit des vins moins fins que ceux du nord, on les boit à Madrid comme vins de table. Le cépage du vin rouge est le cencibel, celui du vin blanc l'airen.

Xérès

Le xérès est connu dans le monde entier. Ce vin liquoreux présente une gamme allant du plus sec au plus doux.

VINS PORTUGAIS

Le Portugal produit essentiellement le porto et des vins de table.

Porto

Vintage. Vin liquoreux de couleur très foncée.

Ruby (rouge) et **tawny.** Dans les deux cas, ils sont le résultat d'un assemblage de vins. Le ruby est le porto rouge, le tawny est ambré et en général plus sec.

Late Bottled Vintage (LBV). C'est un porto tawny millésimé, conservé en fût et qui ne peut être mélangé avec des vins d'une autre année.

Vins de table

Colares. Vin blanc sec.

Bucelas. Vin rouge

Vinho Verde. Blanc, rouge ou rosé, mais toujours léger.

Madère.

L'île portugaise de Madère, au large des côtes d'Afrique du Nord, a donné son nom à un vin qui comme le xérès peut être très sec ou très doux.

VINS DES ÉTATS-UNIS

Les régions de production les plus connues sont la Californie, le Nord-Ouest et New York. Il y a également une production viticole non négligeable dans d'autres États : Texas, Idaho, Nouveau-Mexique et Virginie, entre autres. Les vins américains sont classés par cépages.

Vins rouges

Pinot Noir. Les meilleurs crus sont peu colorés. Ceux en provenance d'Oregon sont réputés, c'est la version américaine du bourgogne rouge.

Merlot. La fermentation se fait en fût de chêne, le vin en conserve l'arôme.

Cabernet Sauvignon. Les vins faits à partir de ce cépage rappellent le bordeaux français.

Zinfandel. Rappelant les vins de la vallée du Rhône, ce vin peut accompagner n'importe quelle partie du repas.

Vins blancs

Sauvignon blanc. Même cépage que le bordeaux blanc.

Chardonnay. Même cépage que le bourgogne blanc. Suivant la méthode de fermentation, ce vin est plus ou moins charpenté et parfumé.

Gewürztraminer. Vin doux et fruité.

Vins rosés. C'est la peau du raisin qui donne au vin sa coloration. Les vins américains sont uniquement classés en blancs et rouges, ces derniers vont du rose au rouge foncé.

Vins mousseux

Ils sont élaborés selon le même procédé que les champagnes français, mais ne peuvent légalement être appelés champagnes. Les vins mousseux californiens sont plus fruités que le champagne.

VINS D'ARGENTINE

Ils sont issus de trois régions : Mendoza, San Juan et Río Negro. Les cépages utilisés pour le vin rouge sont : criolla, malbec, cabernet sauvignon, barbera, petite syrah, pinot noir, tempranilla, merlot, sangiovese et lambrusco. Les cépages utilisés pour le vin blanc sont : criolla, sémillon, sauvignon blanc, pinot blanc, riesling, chardonnay et trebbiano. Les vins liquoreux et les vins de dessert sont obtenus à partir de malvasia, muscat d'Alexandrie, et pedro ximenez. Les cépages les plus utilisés sont le criolla, le malbec et le barbera.

VINS CHILIENS

Ils sont classés en fonction de leur provenance :

Atacama et Coquimbo.
Les vins de cette région du nord sont des vins doux, qui comportent une adjonction d'alcool et sont donc très alcoolisés.

D'Aconcagua à Talca.
Ces provinces du centre du Chili produisent les meilleurs vins de table du pays.

De Maule à Bío Bío.
Ces provinces du sud produisent la majeure partie de la production viticole du pays.

Les producteurs de vin rouge utilisent principalement le cabernet sauvignon, le malbec, le cabernet franc, le merlot, le pinot noir et le petit-verdot. Pour le vin blanc sont utilisés le sauvignon blanc, le sémillon, le pinot blanc, le chardonnay, le trebbiano, le riesling, ainsi qu'un cépage chilien, la loca blanca.

VINS AUSTRALIENS

Les vins australiens sont produits dans les États d'Australie-Méridionale, de Nouvelle-Galles du Sud, de Victoria et dans l'île de Tasmanie. Divers cépages sont utilisés, mais, pour qu'un vin porte le nom d'un cépage, il faut que ce dernier soit présent à hauteur de 80 % dans la composition du vin.

Le cépage le plus utilisé pour les vins rouges et les vins liquoreux est le shiraz. Le cabernet sauvignon, le merlot et le pinot noir entrent également dans la composition des vins rouges. Pour les vins blancs sont utilisés le sémillon, le chardonnay, le riesling du Rhin, le sultanat, le muscat gordo blanco, le traminer, le doradillo, le palomino et le pedro ximenez.

VINS DE NOUVELLE-ZÉLANDE

La Nouvelle-Zélande est un État insulaire dont les deux plus grandes îles sont l'île du Nord et l'île du Sud. Les deux principales régions viticoles sont Marlborough, sur l'île du Sud, et Poverty et la baie Hawke, sur l'île du Nord. 80 % des vignobles sont plantés en raisin blanc. Sont également présents, parmi les cépages utilisés pour le vin blanc : riesling, sylvaner, chardonnay, gewürztraminer, sauvignon blanc et riesling du Rhin. Pour les vins rouges sont utilisés : le pinot noir, le cabernet sauvignon, le pinotage (un hybride de pinot noir et de cinsaut) et le shiraz.

GUIDE DE LA BIÈRE

Il existe de nombreuses sortes de bières, plus ou moins alcoolisées et d'origines diverses. La bière est une boisson fermentée à base de grains germés, essentiellement de l'orge, et du houblon qui lui donne son goût amer. Deux procédés de fermentation existent, le plus courant est la fermentation basse, ainsi appelée parce que la levure tombe au fond. Bière est le nom générique de toutes les boissons maltées, les différents types de bière sont les suivants :

Ale. Alcoolisée, amère et parfumée, l'ale est obtenue par fermentation haute, à une température de 12 à 15 °C qui fait monter la levure à la surface.

Bitter. Piquante et amère parce que fortement houblonnée.

Bière de Munich. Brune, moins houblonnée, donc plus douce, plus maltée également.

Dry Beer. Cette bière filtrée à froid n'a aucun arrière-goût.

Lager. C'est une bière légère, claire et très mousseuse, à base d'orge malté, de houblon et d'eau – dans certains cas, l'orge est remplacé par du riz ou de l'avoine. Le moût est fermenté, puis stocké dans des foudres où il continue à fermenter. Toutes les bières américaines sont de type lager.

BIÈRE

Malt liquor. Boisson maltée, transparente et claire, brassée comme la bière, mais ayant une teneur en alccol plus élevée.

Pilsen. Bière blonde et légère, proche du type lager.

Porter. Bière brune douce-amère, proche de la stout, mais moins alcoolisée.

Stout. Sorte d'ale, très sombre, amère et maltée. L'adjonction d'orge grillé accentue le goût et la couleur de cette bière épaisse.

Les recettes des cocktails sont classées par ordre alphabétique, et leurs ingrédients sont répertoriés dans l'index. Les quantités sont indiquées en doses, pour faciliter le calcul des proportions. À côté du nom du cocktail, un symbole de couleur indique le verre à utiliser. Les bleus, qui sont les plus nombreux, signalent les boissons alcoolisées, les verts signalent les boissons sans alcool.

ABBEY

3 doses de gin (45 ml)
3 doses de Lillet (45 ml)
2 doses de jus d'orange (30 ml)
2 traits de bitter à l'orange
1 cerise au marasquin ou 1 écorce d'orange

Verser dans un shaker tous les
ingrédients, sauf la cerise ou l'écorce
d'orange. Verser sur de la glace pilée.
Garnir avec cerise ou écorce d'orange.

ACAPULCO

4 doses de rhum léger (60 ml)
1 dose de Cointreau ou triple sec (15 ml)
1 dose de jus de citron vert (15 ml)
1 c. à café de sucre en poudre
1 blanc d'œuf
1 feuille de menthe fraîche

Mélanger rhum, Cointreau, jus de
citron vert, sucre et blanc d'œuf dans
un shaker à moitié plein de glaçons.
Bien secouer. Verser dans un verre
presque rempli de glaçons. Garnir avec
la menthe.

ACAPULCO CLAM DIGGER

3 doses de tequila (45 ml)
6 doses de jus de tomate (90 ml)
6 doses de jus de clams (90 ml)
3/4 c. à café de raifort
Tabasco à volonté
Sauce Worcestershire à volonté
1 trait de jus de citron frais
1 rondelle de citron ou de citron vert
N.B. 12 doses (180 ml) de jus de clams à la
tomate peuvent remplacer jus de tomate et
jus de clams.

Mélanger tous les ingrédients dans un
verre avec de la glace pilée. Garnir avec
une rondelle de citron ou de citron vert.

N.B. Les symboles bleus représentent les
boissons alcoolisées, les symboles verts
représentent les boissons sans alcool.

ADONIS

6 doses de xérès (90 ml)
2 doses de vermouth doux (30 ml)
1 trait de bitter à l'orange
1 écorce d'orange

Mélanger xérès, vermouth, bitter à
l'orange et glace dans un shaker. Verser
dans un verre rafraîchi. Presser l'écorce
au-dessus du verre avant de l'y mettre.

AFFINITY

2 doses de vermouth sec (30 ml)
2 doses de vermouth doux (30 ml)
2 doses de scotch (30 ml)
3-6 traits d'angustura

Mélanger les ingrédients dans un verre
doseur et verser dans un verre à
cocktail rafraîchi.

AFTER DINNER COCKTAIL

2 doses d'eau-de-vie d'abricot (30 ml)
2 doses de Cointreau ou triple sec (30 ml)
Jus d'un citron vert, 1 rondelle de citron vert

Verser eau-de-vie, triple sec et jus de
citron vert dans un shaker. Verser dans
un verre à cocktail et garnir avec la
rondelle de citron vert.

A J

3 doses d'applejack
ou de calvados (45 ml)
2 doses de jus de pamplemousse (30 ml)

Mélanger les ingrédients dans un shaker
et verser dans un verre rafraîchi.

ALABAMA SLAMMER

2 doses d'amaretto (30 ml)
2 doses de Southern Comfort (30 ml)
1 dose de gin à la prunelle (15 ml)
1 trait de jus de citron frais

Mélanger les ingrédients, sauf le jus de
citron, dans un verre à long drinks sur
glace. Ajouter le jus de citron.

ALABAMA SLAMMER

ALASKA

4 doses de gin (60 ml)
1 dose de chartreuse verte (15 ml)
3 traits de bitter à l'orange
1 zeste de citron

Mélanger les ingrédients, sauf le jus de citron, dans un verre doseur avec de la glace. Verser dans un verre rafraîchi et garnir avec le zeste de citron.

ALBERMARLE FIZZ

4 doses de gin (60 ml)
1 dose de jus de citron frais (15 ml)
1 c. à café de sirop de framboise
1 trait de liqueur de framboise
Eau gazeuse

Mélanger tous les ingrédients, sauf l'eau gazeuse, avec de la glace pilée dans un shaker. Verser dans un verre à long drinks sur glaçons et remplir le verre d'eau gazeuse.

ALEXANDER

2 doses de gin (30 ml)
2 doses de crème de cacao (30 ml)
1 dose de lait (15 ml)
1 dose de crème (15 ml)
Noix muscade à volonté

Dans un shaker, bien mélanger glace pilée et ingrédients, sauf la noix muscade. Verser dans un verre à cocktail rafraîchi et saupoudrer avec la noix muscade fraîchement râpée.

ALEXANDER'S SISTER

3 doses de gin (45 ml)
2 doses de crème de menthe, blanche ou
verte (30 ml)
1 dose de lait (15 ml) et 1 de crème
Noix muscade à volonté

Dans un shaker, mélanger à de la glace
pilée tous les ingrédients, sauf la noix
muscade. Passer sur glaçons dans un
verre à cocktail rafraîchi et saupoudrer
avec la noix muscade fraîchement râpée.

ALGONQUIN

3 doses de whiskey américain
(45 ml)
1 dose de vermouth sec (15 ml)
2 doses de jus d'ananas (30 ml)

Dans un shaker à cocktail, mélanger
tous les ingrédients avec des glaçons et
bien secouer. Passer dans un verre à
cocktail rafraîchi.

ALGONQUIN
BLOODY MARY

4 doses de vodka (60 ml)
8 doses de jus de tomate (120 ml)
Sel à volonté
Poivre à volonté
Jus d'1/2 citron
1 c. à café 1/2 de sauce Worcestershire
6-8 traits de Tabasco
1 petite rondelle de citron

Mélanger dans un shaker plein de glace
tous les ingrédients, sauf la rondelle de
citron. Secouer vivement 9 ou 10 fois.
Passer dans un verre à long drinks sur
glace. Ajouter la rondelle de citron.

ALHAMBRA ROYALE

3 doses de cognac (45 ml)
Chocolat chaud (1 tasse)
1 gros morceau d'écorce d'orange
Crème fouettée (selon le goût)

Verser du chocolat chaud dans une
grande tasse. Presser l'écorce d'orange
au-dessus de la tasse et la laisser
dedans. Flamber dans une louche du
cognac déjà chaud. Verser doucement
dans la tasse. Ajouter au besoin une
bonne cuillérée de crème.

ALLEGHENY

3 doses de bourbon (45 ml)
2 doses de vermouth sec (30 ml)
1 c. à soupe d'eau-de-vie de mûre
2 c. à café de jus de citron
1 zeste de citron

Mélanger les ingrédients, sauf le zeste
de citron, dans un shaker. Passer dans
un verre à cocktail rafraîchi. Garnir
avec le zeste de citron.

ALLEN COCKTAIL

3 doses de gin (45 ml)
1 dose de cherry au marasquin (15 ml)
1 c. à café 1/2 de jus de citron

Mélanger les ingrédients dans un
shaker avec de la glace pilée. Passer
dans un verre à cocktail rafraîchi.

ALLIES

2 doses de gin (30 ml)
2 doses de vermouth sec (30 ml)
3/4 c. à café de Kummel ou de Jägermeister

Dans un shaker, mélanger tous les
ingrédients à de la glace pilée. Verser
dans un verre à whisky rafraîchi.

ALMOND COCKTAIL

4 doses de gin (60 ml)
2 doses de vermouth sec (30 ml)
1 dose d'eau-de-vie de pêche (15 ml)
1 c. à café de kirsch
1 dose de sirop de canne(15 ml)
6 amandes pilées

Chauffer le gin dans un verre doseur.
Ajouter l'eau-de-vie de pêche, le sirop
de canne et les amandes. Rafraîchir le
mélange. Verser dans un verre à whisky
rafraîchi et rempli de glaçons. Ajouter
les autres ingrédients et bien mélanger.

ALLEGHENY

ALOHA

3 doses de crème de rhum (45 ml)
2 doses de rhum brun (30 ml)
1 dose de jus de citron vert (15 ml)
4 doses de jus d'ananas (60 ml)
4 doses de jus d'orange frais (60 ml)
2 doses de sirop de noix de coco (30 ml)
1 boule de glace à la vanille
1 pointe d'ananas

Mélanger tous les ingrédients, sauf la
pointe d'ananas, dans un mixeur avec
de la glace pilée. Mixer sans excès, pour
éviter un mélange trop fluide. Verser
dans un verre à orangeade rafraîchi et
garnir avec la pointe d'ananas.

AMARETTO AND CREAM

4 doses d'amaretto (60 ml)
4 doses de crème liquide (60 ml) ou
2 doses de crème (30 ml) et 2 de lait.

Dans un shaker, bien mélanger les
ingrédients à de la glace pilée. Passer
dans un verre à cocktail rafraîchi.

AMARETTO COFFEE

1 tasse de café chaud (250 ml)
3 doses d'amaretto (45 ml)
Crème fouettée (facultatif)
Coriandre moulue

Verser l'amaretto dans le café et remuer.
Napper de crème fouettée, selon les
goûts, et saupoudrer de coriandre.

AMARETTO MIST

4 doses d'amaretto (60 ml)
1 zeste de citron

Remplir un verre à whisky avec de la
glace pilée. Verser l'amaretto dans
le verre et garnir avec le zeste de
citron.

AMARETTO SOUR

4 doses d'amaretto (60 ml)
2 doses de jus de citron frais (30 ml)
1 rondelle d'orange

Bien mélanger dans un shaker
l'amaretto et le jus de citron. Passer
dans un verre tulipe rafraîchi. Garnir
avec la rondelle d'orange.

AMARETTO STINGER

4 doses d'amaretto (60 ml)
2 doses de crème de menthe blanche
(30 ml)

Bien mélanger les ingrédients dans un
shaker. Passer sur de la glace pilée
dans un verre à cocktail rafraîchi.

AMBROSIA

3 doses de brandy (45 ml)
3 doses d'eau-de-vie de pomme (45 ml)
1/2 c. à café de sirop de framboise
Champagne frappé ou vin mousseux
Framboises fraîches

Verser les deux alcools et le sirop dans
un shaker avec de la glace pilée. Bien
agiter. Passer dans un verre à vin blanc
rafraîchi. Compléter avec le champagne.
Ajouter quelques framboises.

AMERICAN BEAUTY

3 doses de brandy (45 ml)
2 doses de vermouth sec (30 ml)
2 doses de jus d'orange frais (30 ml)
2-3 traits de grenadine
2-3 traits de crème de menthe blanche
1 dose de porto (15 ml)

Dans un shaker, bien mélanger à de la
glace pilée tous les ingrédients, sauf le
porto. Passer dans un verre à cocktail
rafraîchi. Ajouter le porto.

AMERICAN FLYER

3 doses de rhum léger (45 ml)
1 c. à soupe de jus de citron vert frais
1/2 c. à café de sirop de canne
Champagne ou vin mousseux

Mélanger rhum, jus de citron vert et
sirop de canne à de la glace pilée dans
un shaker. Bien agiter. Passer dans un
verre à vin blanc rafraîchi et compléter
avec du champagne.

AMERICAN ROSE

3 doses de brandy (45 ml)
1 trait de grenadine
1/2 pêche fraîche, pelée et écrasée
1/2 c. à café de Pernod
Champagne ou vin mousseux
1 petit morceau de pêche

Mélanger les ingrédients dans un
shaker, sauf le champagne et la pêche.
Verser dans un verre à vin blanc
rafraîchi. Compléter avec le champagne
et remuer. Garnir avec la pêche.

AMERICANO

3 doses de vermouth doux (45 ml)
3 doses de Campari (45 ml)
Eau gazeuse
1 écorce de citron

Verser vermouth et Campari sur des
glaçons dans un verre à long drinks
rafraîchi. Remplir d'eau gazeuse et
remuer. Garnir avec l'écorce de citron.

AMARETTO SOUR

AMER PICON COCKTAIL

4 doses d'Amer Picon (60 ml)
2 doses de jus de citron vert frais (30 ml)
1 trait de grenadine

Dans un shaker, verser les ingrédients sur de la glace pilée. Bien agiter. Passer dans un verre à cocktail rafraîchi.

ANATOLE COFFEE

1 dose de cognac (15 ml)
1 dose de liqueur de café (15 ml)
1 dose de Frangelico (15 ml)
12 doses de café glacé (180 ml)
Crème fouettée
Copeaux de chocolat

Dans un mixeur, mélanger avec un peu de glace pilée tous les ingrédients, sauf la crème fouettée et les copeaux de chocolat. Verser dans un verre à vin blanc rafraîchi. Compléter avec la crème fouettée et saupoudrer de copeaux de chocolat.

ANCHORS AWEIGH

3 doses de bourbon (45 ml)
2 c. à café de triple sec
2 c. à café d'eau-de-vie de pêche
2 c. à café de cherry
1 c. à soupe de crème et 1 de lait

Mélanger ingrédients et glace pilée
dans un shaker ou un mixeur. Verser
dans un verre à whisky rafraîchi.

ANDALUSIA

4 doses de xérès (60 ml)
2 doses de brandy (30 ml)
2 doses de rhum léger (30 ml)
1/4 c. à café d'angustura

Verser les ingrédients sur des glaçons
dans un verre doseur. Bien remuer.
Passer dans un verre à cocktail rafraîchi.

ANGEL FACE

3 doses de gin (45 ml)
1 dose d'eau-de-vie d'abricot (15 ml)
1 dose d'eau-de-vie de pomme (15 ml)

Verser les ingrédients dans un shaker
sur de la glace pilée. Bien agiter. Passer
dans un verre à cocktail rafraîchi.

ANGEL'S DELIGHT

1/2 dose de grenadine (7,5 ml)
1/2 dose de triple sec (7,5 ml)
1/2 dose de gin à la prunelle (7,5 ml)
1/4 dose de crème (7,5 ml) et 1/4 de lait

Verser doucement dans le verre les
ingrédients selon l'ordre indiqué, pour
que chacun d'eux flotte à la surface du
précédent sans se mélanger avec lui.

ANGEL'S KISS

1/2 dose de crème de cacao blanc
(7,5 ml)
1/2 dose de gin à la prunelle (7,5 ml)
1/2 dose de brandy (7,5 ml)
1/4 dose de crème (3,75 ml) et 1/4 de lait

Verser doucement dans le verre les
ingrédients selon l'ordre indiqué, pour
que chacun d'eux flotte à la surface du
précédent sans se mélanger avec lui.

ANGEL'S TIT

1/2 dose de crème de cacao blanc
(7,5 ml)
1/2 dose de cherry au marasquin (7,5 ml)
1/4 dose de crème (7,5 ml) et 1/4 de lait
1 cerise au marasquin

Verser doucement dans le verre les
ingrédients selon l'ordre indiqué, pour
que chacun d'eux flotte à la surface du
précédent sans se mélanger avec lui.
Rafraîchir 1/2 heure avant de servir.
Ajouter la cerise.

ANGLER'S COCKTAIL

4 doses de gin (60 ml)
3 traits d'angustura
3 traits de bitter à l'orange
3 traits de grenadine

Dans un shaker, mélanger ingrédients
et glace pilée. Passer sur des glaçons
dans un verre à whisky rafraîchi.

ANKLE BREAKER

4 doses de rhum fort (60 ml)
2 doses de kirsch (30 ml)
2 doses de jus de citron frais (30 ml)
1 c. à café de sirop de canne

Verser les ingrédients dans un shaker
sur de la glace pilée. Bien agiter. Passer
dans un verre à whisky rafraîchi.

ANNABELLE SPECIAL

4 doses de Bénédictine (60 ml)
1/2 dose de vermouth sec (7,5 ml)
1/2 dose de jus de citron vert frais (7,5 ml)

Dans un verre doseur, mélanger les
ingrédients avec de la glace pilée.
Passer dans un verre à cocktail
rafraîchi.

ANNA'S BANANA

4 doses de vodka (60 ml)
2 doses de jus de citron vert frais
1/2 banane, pelée et finement tranchée
1 c. à café de miel (on peut aussi utiliser du sirop d'orgeat)
1 rondelle de citron vert

Dans un mixeur, verser tous les ingrédients sur 120 g de glace pilée. Mélanger 10 à 15 secondes à vitesse moyenne. Verser dans un verre à vin blanc rafraîchi. Garnir avec la rondelle de citron.

ANTIBES

4 doses de gin (60 ml)
1 dose 1/2 de Bénédictine (22,5 ml)
5 doses de jus de pamplemousse (75 ml)
1 rondelle d'orange

Verser dans un verre doseur sur de la glace pilée tous les ingrédients sauf la rondelle d'orange. Bien remuer. Verser dans un verre à whisky rafraîchi et garnir avec la rondelle d'orange.

APERITIVO

4 doses de gin (60 ml)
3 doses de Sambuca blanche (45 ml)
3-5 traits de bitter à l'orange

Verser les ingrédients dans un doseur sur de la glace pilée. Remuer et passer dans un verre à cocktail rafraîchi.

APPETIZER

6 doses de vin doux naturel rouge, Dubonnet par exemple (90 ml)
Jus d'1 orange fraîchement pressée

Mélanger vin, jus d'orange et glace pilée. Passer dans un verre à cocktail.

APPLE ANNIE FRUIT PUNCH

1 litre d'eau-de-vie de pomme
6 doses de liqueur de framboise (90 ml)
20 doses de jus d'orange frais (300 ml ou 1 tasse 1/2)
16 doses de jus de pamplemousse frais (240 ml ou 1 tasse)
4 doses de jus de citron frais (60 ml)
1 litre de ginger ale

1 litre d'eau gazeuse ou de soda au citron-citron vert
1 orange finement tranchée
1 pomme finement tranchée
1 citron finement tranché
12-15 framboises fraîches

Dans un grand bol à punch, verser l'eau-de-vie de pomme, la liqueur de framboise et les jus de fruits. Bien remuer. Ajouter une bonne quantité de glace. Garnir avec les fruits frais. Ajouter les sodas avant de servir et remuer à nouveau. Pour 20 personnes.

APPLE BLOSSOM

4 doses de brandy (60 ml)
3 doses de jus de pomme (45 ml)
1 c. à café de jus de citron frais
1 rondelle de citron

Mélanger tous les ingrédients, sauf la rondelle de citron, dans un doseur. Bien remuer. Verser sur des glaçons dans un verre à whisky rafraîchi. Garnir avec la rondelle de citron.

APPLE BLOW FIZZ

6 doses d'eau-de-vie de pomme ou d'applejack (90 ml)
1 c. à café de sirop de canne
1/2 c. à café de jus de citron frais
1 blanc d'œuf
Eau gazeuse

Dans un shaker, incorporer à de la glace pilée tous les ingrédients, sauf l'eau gazeuse. Bien agiter. Passer dans un grand verre à long drinks sur des glaçons. Compléter d'eau gazeuse.

APPLE BRANDY COCKTAIL

4 doses d'eau-de-vie de pomme
1 c. à café de grenadine
1 c. à café de jus de citron

Dans un shaker, mélanger les ingrédients à de la glace pilée et bien agiter. Passer dans un verre à cocktail rafraîchi.

APPLE BRANDY COOLER

4 doses de brandy (60 ml)
2 doses de rhum léger (30 ml)
2 doses de rhum brun (30 ml)
8 doses de jus de pomme (120 ml)
1 c. à café de sirop de canne
1 dose de jus de citron vert frais (15 ml)
1 rondelle de citron vert

Dans un shaker, mélanger à de la glace pilée tous les ingrédients sauf le rhum brun et la rondelle de citron vert. Bien agiter. Verser dans un verre à orangeade rafraîchi. Compléter avec le rhum brun et garnir avec la rondelle de citron.

APPLE BRANDY HIGHBALL

4 doses d'eau-de-vie de pomme (60 ml)
Eau gazeuse
1 zeste de citron

Verser l'eau-de-vie sur des glaçons dans un grand verre. Remplir d'eau gazeuse. Ajouter le zeste de citron. Bien remuer.

APPLE CART

2 doses d'eau-de-vie de pomme (30 ml)
1 dose 1/2 de Cointreau (22,5 ml)
1 dose de jus de citron frais (15 ml)

Verser les ingrédients dans un doseur et remuer. Verser sur des glaçons dans un verre à whisky rafraîchi.

APPLE DAIQUIRI

4 doses de rhum léger (60 ml)
1 dose 1/2 de calvados (22,5 ml)
1 dose de jus de citron (15 ml)
1 c. à café de sirop de canne (plus ou moins, selon le degré de douceur désiré)
1 tranche de pomme

Dans un shaker, incorporer à de la glace pilée tous les ingrédients, sauf la tranche de pomme. Bien agiter. Passer dans un verre à cocktail rafraîchi. Garnir avec la tranche de pomme.

APPLE DUBONNET

4 doses d'eau-de-vie de pomme (60 ml)
3 doses de Dubonnet rouge (45 ml)
1 rondelle de citron

Dans un shaker, mélanger à de la glace pilée tous les ingrédients sauf le citron. Bien agiter. Passer dans un verre à whisky rafraîchi. Garnir avec la rondelle de citron.

APPLE FIZZ

4 doses d'eau-de-vie de pomme (60 ml)
8 doses de jus de pomme (120 ml)
1/2 c. à café de jus de citron vert frais
Eau gazeuse
1 rondelle de citron vert

Verser les liquides dans un grand verre plein de glaçons. Remuer doucement et garnir avec la rondelle de citron vert.

APPLE FRAZZLE

8 doses de jus de pomme (120 ml)
1 c. à café de sirop de canne
1/2 c. à café de jus de citron frais
Eau gazeuse

Dans un shaker, incorporer à de la glace pilée tous les ingrédients, sauf l'eau gazeuse. Bien agiter. Passer dans un verre à long drinks sur des glaçons. Remplir avec l'eau gazeuse.

APPLE PIE

4 doses de rhum léger (60 ml)
1 dose 1/2 d'eau-de-vie de pomme
1 dose de vermouth doux (15 ml)
1 c. à café de jus de citron
1 trait d'eau-de-vie d'abricot
1 trait de grenadine

Mélanger tous les ingrédients à de la glace pilée dans un shaker. Bien agiter. Passer dans un verre à cocktail rafraîchi. (N.B. On peut aussi utiliser un mixeur, 10 secondes à vitesse moyenne.)

APPLE RUM RICKEY

2 doses d'eau-de-vie de pomme
1 dose de rhum léger (15 ml)
Eau gazeuse
1 zeste de citron

Dans un shaker, mélanger à de la glace pilée le rhum et l'eau-de-vie. Bien agiter. Passer sur des glaçons dans un verre à long drinks rafraîchi. Remplir d'eau gazeuse et ajouter le citron.

APPLE SWIZZLE

4 doses d'eau-de-vie de pomme
3 doses de rhum léger (45 ml)
1 dose de jus de citron vert frais (15 ml)
1 c. à café de sirop de canne
2-3 traits d'angustura

Mélanger les ingrédients à de la glace pilée dans un verre doseur. Verser dans un verre à whisky rafraîchi.

APPLEJACK COLLINS

4 doses d'applejack ou d'eau-de-vie de pomme (60 ml)
2 doses de jus de citron frais (30 ml)
1/2 c. à café de sucre en poudre
3-5 traits de bitter à l'orange
Eau gazeuse
1 rondelle de citron

Verser tous les ingrédients dans un mixeur, sauf l'eau gazeuse et la rondelle de citron. Mixer à vitesse moyenne 10 secondes environ. Verser dans un verre à orangeade rafraîchi et le remplir avec l'eau gazeuse. Remuer doucement. Garnir avec la rondelle de citron.

APPLEJACK DAISY

4 doses d'applejack ou d'eau-de-vie de pomme (60 ml)
2 doses de jus de citron vert frais (30 ml)
1/2 c. à café de sucre en poudre
1/2 c. à café de grenadine
1 rondelle de citron
1 cerise au marasquin

Dans un shaker, mélanger à de la glace pilée tous les ingrédients, sauf la cerise et la rondelle de citron. Bien agiter. Passer dans un verre à whisky rafraîchi. Garnir avec les fruits.

APPLEJACK MANHATTAN

4 doses d'applejack ou d'eau-de-vie de pomme (60 ml)
1 dose de vermouth doux (15 ml)
1 trait de bitter à l'orange
1 cerise au marasquin

Dans un verre doseur, mélanger à de la glace pilée les ingrédients liquides. Passer dans un verre à cocktail rafraîchi. Garnir avec cerise et bitter.

APPLEJACK SOUR

4 doses d'applejack
ou d'eau-de-vie de pomme (60 ml)
2 doses de jus de citron frais (30 ml)
1/2 c. à café de sucre en poudre
1 rondelle de citron

Dans un shaker, mélanger à de la glace pilée tous les ingrédients, sauf la rondelle de citron. Bien agiter. Passer dans un verre à cocktail rafraîchi. Garnir avec la rondelle de citron.

APRICOT COCKTAIL

2 doses d'eau-de-vie d'abricot (30 ml)
1 c. à café de vodka ou d'alcool neutre
1 c. à café de jus de citron frais
1 c. à café de jus d'orange frais

Mélanger les ingrédients à de la glace pilée dans un shaker. Agiter et passer dans un verre à cocktail rafraîchi.

APRICOT FIZZ

4 doses d'eau-de-vie d'abricot (60 ml)
2 doses de jus de citron frais (30 ml)
1 c. à café de sirop de canne
Eau gazeuse
1 écorce de citron

Dans un verre doseur, mélanger à de la glace pilée tous les ingrédients, sauf l'eau gazeuse et l'écorce de citron. Bien remuer. Passer sur des glaçons dans un verre à long drinks rafraîchi. Remplir avec l'eau gazeuse et remuer à nouveau. Presser l'écorce de citron au-dessus du verre avant de l'y mettre.

APRICOT LADY

3 doses de rhum léger (45 ml)
2 doses d'eau-de-vie d'abricot (30 ml)
1/2 c. à café de triple sec
1 c. à café de jus de citron vert frais
1 blanc d'œuf
1 rondelle d'orange

Dans un shaker, mélanger à de la glace
pilée tous les ingrédients, sauf la
rondelle d'orange. Bien agiter. Passer
sur des glaçons dans un verre à whisky
rafraîchi. Garnir avec la rondelle
d'orange.

APRICOT SHAKE

6 doses de nectar d'abricot (90 ml)
4 doses de jus d'ananas (60 ml)
2 doses de jus de citron vert frais (30 ml)
2 doses de sirop de cerise (30 ml)

Dans un mixeur, mélanger les
ingrédients à de la glace pilée. Passer
dans un verre à orangeade rafraîchi.

APRICOT SOUR

4 doses d'eau-de-vie d'abricot (60 ml)
2 doses de jus de citron frais (30 ml)
1/2 c. à café de sucre en poudre
1 rondelle de citron

Dans un shaker, mélanger à de la glace
pilée tous les ingrédients, sauf la
rondelle de citron. Bien agiter. Passer
dans un verre à cocktail rafraîchi.
Garnir avec la rondelle de citron.

APRICOT SPARKLER

4 doses de nectar d'abricot (60 ml)
2 doses de jus de citron frais (30 ml)
Eau gazeuse
1 écorce de citron

Dans un verre doseur, mélanger à de la
glace pilée tous les ingrédients, sauf
l'eau gazeuse. Bien remuer. Passer
dans un verre à long drinks rafraîchi.
Remplir avec l'eau gazeuse et remuer
à nouveau. Presser l'écorce de citron
au-dessus du verre et l'y incorporer.

AQUEDUCT COCKTAIL

4 doses de vodka (60 ml)
1 1/2 c. à café de curaçao blanc
1 c. à café d'eau-de-vie d'abricot
1 c. à café de jus de citron vert frais
1 c. à café de jus de citron frais
1 zeste de citron

Dans un shaker, mélanger à de la glace
pilée tous les ingrédients, sauf le zeste
de citron. Bien agiter. Passer dans un
verre à cocktail rafraîchi. Garnir avec
le zeste de citron.

ARAWAK CUP

4 doses de rhum brun (60 ml)
1 dose de jus d'ananas (15 ml)
1 dose de sirop de fruit de la passion (15 ml)
1 dose de jus de citron vert frais (15 ml)
1 c. à café de sirop d'orgeat
1 pointe d'ananas

Dans un shaker, mélanger à de la glace
pilée tous les ingrédients, sauf la
pointe d'ananas. Bien agiter. Passer
dans un verre à whisky rafraîchi.
Garnir avec la pointe d'ananas.

ARTILLERY COCKTAIL

4 doses de gin (60 ml)
1 dose de vermouth doux (15 ml)

Dans un shaker, mélanger gin et
vermouth à de la glace pilée. Bien
remuer. Passer dans un verre à
cocktail rafraîchi.

ARTILLERY PUNCH

1 litre de bourbon ou de whisky de seigle
1 litre de vin rouge
1/2 litre de rhum brun
1/4 litre d'eau-de-vie d'abricot (ou 1 tasse)
1/4 litre de gin (ou 1 tasse)
1 litre de thé noir, fort
1/2 litre de jus d'orange frais
8 doses de jus de citron frais (125 ml)
8 doses de jus de citron vert frais (125 ml)
1/4 de tasse de sucre en poudre
1 citron finement tranché
1 citron vert finement tranché

Mélanger tous les ingrédients, sauf les fruits, et les mettre au réfrigérateur une heure au moins. Au moment de servir, verser sur beaucoup de glace dans un grand bol à punch. Garnir avec les fruits. Pour 30 à 35 personnes.

ARUBA

4 doses de gin (60 ml)
1 dose de curaçao blanc (15 ml)
2 doses de jus de citron frais (30 ml)
1/2 blanc d'œuf
1 c. à café de sirop d'orgeat

Dans un shaker, mélanger les ingrédients à de la glace pilée. Bien agiter. Passer dans un verre à cocktail rafraîchi.

AVIATION

4 doses de gin (60 ml)
1 dose de jus de citron frais (15 ml)
1/2 c. à café de marasquin
1/2 c. à café d'eau-de-vie d'abricot

Mélanger les ingrédients à de la glace pilée dans un shaker. Bien agiter. Passer dans un verre à cocktail rafraîchi.

AZTEC PUNCH

2 litres de tequila blanche
2 litres de jus de pamplemousse
8 doses de curaçao blanc (125 ml)
1 litre de thé noir froid, fort
8 doses de jus de citron frais (125 ml)
12 doses de sirop d'orgeat (180 ml)
1 dose de bitter à l'orange (15 ml)
Cannelle moulue

Bien mélanger tous les ingrédients sur beaucoup de glace dans un grand bol à punch. Pour 40 personnes.

B

BABBIE'S SPECIAL COCKTAIL

4 doses d'eau-de-vie d'abricot (60 ml)
1 dose de crème (15 ml) et 1 de lait
1 c. à café de gin

Mélanger les ingrédients à de la glace pilée dans un shaker. Bien agiter. Passer dans un verre à cocktail rafraîchi.

BABY BELLINI

Cidre frappé
4 doses de nectar de pêche (60 ml)
2 doses de jus de citron frais (30 ml)

Verser les jus de fruits dans une flûte à champagne rafraîchie. Bien remuer. Remplir de cidre et remuer à nouveau.

BACHELOR'S BAIT

4 doses de gin (60 ml)
3 traits de bitter à l'orange
3/4 c. à café de grenadine
1 blanc d'œuf

Mélanger les ingrédients à de la glace pilée dans un shaker. Bien agiter. Passer dans un verre à cocktail rafraîchi.

BAHAMA MAMA

2 doses de rhum brun (30 ml)
2 doses de rhum blanc (30 ml)
2 doses de rhum paille (30 ml)
2 doses de liqueur de noix de coco (30 ml)
4 doses de jus d'orange frais (60 ml)
4 doses de jus d'ananas (60 ml)
1 dose de jus de citron frais (15 ml)
2 traits de grenadine
1 cerise au marasquin
1 rondelle d'orange

Mélanger les ingrédients avec des glaçons dans un shaker. Bien agiter. Passer dans un verre à orangeade rafraîchi et garnir avec les fruits.

BAIRN

4 doses de scotch (60 ml)
2 doses de Cointreau (30 ml)
3-5 traits de bitter à l'orange

Mélanger les ingrédients à de la glace pilée dans un shaker. Bien agiter. Passer dans un verre à cocktail rafraîchi.

BALI HAI

4 doses de rhum blanc (60 ml)
2 doses d'aguardiente (30 ml)
4 doses de jus de citron frais (60 ml)
4 doses de jus de citron vert frais (60 ml)
1 c. à café de sirop d'orgeat
1 c. à café de grenadine
Champagne ou vin mousseux

Dans un shaker, mélanger à de la glace pilée tous les ingrédients, sauf le champagne. Bien agiter. Verser dans un verre à orangeade rafraîchi. Compléter avec le champagne.

BALLYLICKEY BELT

4 doses de whiskey irlandais (60 ml)
3/4 c. à café de miel
Eau gazeuse froide
1 écorce de citron

Au fond d'un verre à whisky rafraîchi, remuer le miel avec un peu d'eau pour le faire fondre. Ajouter whiskey et glaçons. Remplir d'eau gazeuse et remuer doucement. Presser l'écorce de citron au-dessus du verre avant de l'y mettre.

BALMORAL COCKTAIL

4 doses de scotch (60 ml)
1 dose de Dubonnet rouge (15 ml)
1 dose de Dubonnet blanc (15 ml)
3 traits d'angustura

Dans un verre doseur, mélanger les ingrédients avec des glaçons. Bien agiter. Passer dans un verre à cocktail rafraîchi.

BALTIMORE BRACER

3 doses de brandy (45 ml)
2 doses d'anisette ou de Pernod
(30 ml)
1 blanc d'œuf

Dans un shaker, mélanger les
ingrédients à de la glace pilée. Agiter
vigoureusement. Passer dans un verre
à cocktail rafraîchi.

BALTIMORE EGGNOG

4 doses de brandy (60 ml)
2 doses de rhum brun (30 ml)
2 doses de madère (30 ml)
6 doses de crème (90 ml) et 6 de lait
1 œuf
1 c. à café de sucre en poudre
Noix muscade fraîchement râpée

Dans un mixeur, mélanger à de la glace
pilée tous les ingrédients, sauf la noix
muscade. Mixer 10 s à vitesse moyenne.
Verser dans un verre à orangeade
rafraîchi et saupoudrer de muscade.

BAMBOO COCKTAIL

4 doses de xérès (60 ml)
1 dose de vermouth sec (15 ml)
1 trait de bitter à l'orange

Mélanger les ingrédients à des glaçons
dans un verre à cocktail rafraîchi.

BANANA DAIQUIRI

4 doses de rhum blanc(60 ml)
1 dose de triple sec (15 ml)
1 dose de jus de citron frais (15 ml)
1/2 dose de crème (15 ml) et 1 de lait
1 c. à café de sucre en poudre
1/4 banane coupée en rondelles
1 rondelle de citron vert

Placer tous les ingrédients, sauf la
rondelle de citron, dans un mixeur avec
1/2 tasse de glace pilée. Mixer à petite
vitesse jusqu'à ce que le mélange soit
onctueux. Verser dans un grand verre
ballon rafraîchi et garnir avec la
rondelle de citron vert.

BANANA ITALIANO

3 doses de Galliano (45 ml)
2 doses de crème de banane (30 ml)
1 dose de crème (15 ml) et 1 de lait

Mélanger les ingrédients à de la glace
pilée dans un mixeur. Mixer et passer
dans un verre à cocktail rafraîchi.

BANANA MILK SHAKE

4 doses de rhum blanc (60 ml)
2 doses de crème de banane (30 ml)
4 doses de crème (60 ml) et 4 de lait
1 trait de grenadine
1 rondelle de banane
Noix muscade fraîchement râpée

Dans un shaker, mélanger les liquides
à de la glace pilée. Bien agiter. Passer
dans un verre à cocktail rafraîchi,
garnir avec la rondelle de banane et
saupoudrer de noix muscade.

BANANA RUM FRAPPÉ

2 doses de rhum blanc (30 ml)
1 dose de liqueur de banane (15 ml)
1 dose de jus d'orange frais (15 ml)
1 rondelle de banane

Dans un mixeur, mélanger glace pilée et
ingrédients, sauf la rondelle de banane.
Mixer 10 secondes à grande vitesse.

BANFF COCKTAIL

4 doses de whiskey canadien
(60 ml)
1 dose de Grand Marnier (15 ml)
1 dose de kirsch (15 ml)
1 trait d'angustura

Mélanger les ingrédients à de la glace
pilée dans un shaker. Bien agiter. Passer
dans un verre à cocktail rafraîchi.

BANSHEE

4 doses de crème de banane
(60 ml)
2 doses de crème de cacao blanc (30 ml)
1/2 dose de crème (7,5 ml) et 1/2 de lait

Mélanger les ingrédients à de la glace
pilée dans un shaker. Bien agiter. Passer
dans un verre à cocktail rafraîchi.

BARBADOS PLANTER'S PUNCH

6 doses de rhum paille (90 ml)
2 doses de jus de citron vert frais (30 ml)
1/2 c. à café de sucre en poudre
1 trait de bitter à l'orange
Eau gazeuse
1 rondelle de banane
1 rondelle d'orange
1 cerise au marasquin
Noix muscade fraîchement râpée

Dans un shaker, mélanger à de la glace pilée tous les ingrédients sauf les fruits et la noix muscade. Bien agiter. Verser dans un verre à orangeade rafraîchi. Garnir avec fruits et noix muscade.

BARBARELLA

4 doses de Cointreau (60 ml)
2 doses de Sambuca blanche (30 ml)

Mélanger ingrédients et glace pilée dans un shaker. Agiter. Verser dans un verre à whisky rafraîchi.

BARBARY COAST

2 doses de rhum blanc (30 ml)
1 dose de gin (15 ml)
1 dose de scotch (15 ml)
1 dose de crème de cacao blanc (15 ml)
1/2 dose de crème (7,5 ml) et 1/2 de lait

Mélanger les ingrédients à de la glace pilée dans un shaker. Bien agiter. Passer dans un verre à cocktail rafraîchi.

BARNUM

4 doses de gin (60 ml)
1 dose d'eau-de-vie d'abricot (15 ml)
3-5 traits d'angustura
3-5 traits de jus de citron

Mélanger les ingrédients à de la glace pilée dans un shaker. Bien agiter. Passer dans un verre à cocktail rafraîchi.

BARTON SPECIAL

4 doses d'eau-de-vie de pomme
ou de calvados (60 ml)
2 doses de gin (30 ml)
2 doses de scotch (30 ml)
1 écorce de citron

Dans un shaker, mélanger à de la glace pilée tous les ingrédients sauf l'écorce de citron. Bien agiter. Verser dans un verre à whisky rafraîchi. Presser l'écorce de citron au-dessus du verre avant de l'y mettre.

BATIDA DE PIÑA

6 doses de rhum blanc (90 ml)
Jus d'1 ananas frais
(si vous utilisez des conserves, prenez les fruits conservés dans leur jus naturel)
1/2 c. à café de sucre en poudre
1 feuille de menthe fraîche

Dans un mixeur, mélanger à de la glace pilée tous les ingrédients sauf la menthe. Mixer à grande vitesse. Quand le mélange est onctueux, verser dans un verre à whisky rafraîchi. Garnir avec la feuille de menthe.

BAYARD FIZZ

4 doses de gin (60 ml)
1 c. à soupe de marasquin
1 c. à soupe de jus de citron vert
1 c. à café de sirop de framboise
Eau gazeuse
Framboises fraîches

Dans un shaker, mélanger à des glaçons tous les ingrédients sauf l'eau gazeuse et les framboises. Bien agiter. Verser sur glaçons dans un verre à long drinks rafraîchi. Compléter avec l'eau gazeuse et incorporer quelques framboises fraîches.

BEACHCOMBER

BEACHBUM

4 doses de rhum blanc (60 ml)
1 dose 1/2 de triple sec (22,5 ml)
1 dose 1/2 de jus de citron vert frais
(22,5 ml)
1 trait de grenadine

Givrer le bord d'un verre à cocktail
rafraîchi en y passant une rondelle de
citron vert et en le plongeant dans le
sucre. Bien mélanger les ingrédients
dans un shaker et verser dans le verre.

BEACHCOMBER

10 doses de nectar de goyave (150 ml)
2 doses de sirop de framboise (30 ml)
4 doses de jus de citron vert frais (60 ml)

Mélanger les ingrédients à de la glace
pilée dans un shaker. Bien agiter. Passer
dans un verre à orangeade rafraîchi.

BEACHCOMBER'S GOLD

4 doses de rhum blanc (60 ml)
1 dose de vermouth sec (15 ml)
1 dose de vermouth doux (15 ml)

Mélanger les ingrédients à de la glace pilée dans un shaker. Bien agiter. Passer dans un verre à cocktail rafraîchi rempli de glace pilée.

BEADLESTONE

4 doses de scotch (60 ml)
3 doses de vermouth sec (45 ml)

Remuer les ingrédients avec des glaçons dans un verre doseur et passer dans un verre a cocktail rafraîchi.

BEAUTY SPOT

4 doses de gin (60 ml)
1 dose de vermouth sec (15 ml)
1 dose de vermouth doux (15 ml)
2 c. à café de jus d'orange frais
2 traits de grenadine

Verser la grenadine dans le fond d'un verre à cocktail rafraîchi. Mélanger dans un shaker les autres ingrédients à de la glace pilée et bien agiter. Passer dans le verre.

BEER BUSTER

1 bouteille de bière glacée
4 doses de vodka glacée (60 ml)
Tabasco à volonté

Verser les ingrédients dans une chope rafraîchie et remuer doucement.

BEE'S KISS

4 doses de rhum blanc (60 ml)
1 c. à café de miel
1/2 c. à café de crème et 1/2 de lait

Dans un shaker, mélanger tous les ingrédients à de la glace pilée. Agiter vigoureusement. Passer dans un verre à cocktail rafraîchi.

BEE'S KNEES

BEE'S KNEES

4 doses de rhum paille (60 ml)
1 dose de jus d'orange frais
(15 ml)
1 dose de jus de citron vert frais (15 ml)
1/2 c. à café de sucre en poudre
3-5 traits de curaçao blanc
1 écorce d'orange

Dans un shaker, mélanger à de la glace pilée tous les ingrédients, sauf l'écorce d'orange. Bien agiter. Verser dans un verre à cocktail rafraîchi. Garnir avec l'écorce d'orange.

BELLINI

Champagne frappé (ou vin mousseux, à la rigueur)
4 doses de nectar de pêche (60 ml)
1 dose de jus de citron frais (15 ml)

Verser les jus de fruits dans une flûte à champagne rafraîchie. Bien remuer. Ajouter du champagne jusqu'au bord. Remuer à nouveau doucement.

BELMONT

4 doses de gin (60 ml)
1 dose de sirop de framboise (15 ml)
3/4 dose de crème (11,25 ml) et 3/4 de lait

Dans un verre doseur, mélanger les ingrédients à de la glace pilée. Passer dans un verre à cocktail rafraîchi.

BELLINI

BELMONT STAKES

4 doses de vodka (60 ml)
2 doses de rhum paille (30 ml)
1 dose de liqueur de fraise (15 ml)
1 dose de jus de citron vert frais (15 ml)
1 dose de grenadine
1 rondelle de citron vert
1 rondelle d'orange

Mélanger les ingrédients liquides à de
la glace pilée dans un shaker. Bien
agiter. Passer dans un verre à cocktail
rafraîchi et garnir avec les fruits.

BENNETT

4 doses de gin (60 ml)
1 dose de jus de citron vert frais
1/2 c. à café de sucre en poudre
3 traits d'angustura

Mélanger les ingrédients à de la glace
pilée dans un shaker. Bien agiter. Passer
dans un verre à cocktail rafraîchi.

BENTLEY COCKTAIL

4 doses d'eau-de-vie de pomme
ou de calvados (60 ml)
2 doses de Dubonnet rouge (30 ml)
1 zeste de citron

Dans un verre doseur, mélanger les
ingrédients liquides à de la glace pilée.
Passer dans un verre à cocktail
rafraîchi et garnir avec le zeste de
citron.

BERMUDA BOUQUET

4 doses de gin (60 ml)
2 doses d'eau-de-vie d'abricot (30 ml)
1 dose de jus de citron frais (15 ml)
1 dose de jus d'orange frais (15 ml)
1 c. à café de sucre en poudre
1 c. à café de grenadine
1 c. à café de Cointreau
1 zeste d'orange

Dans un shaker, mélanger à de la glace
pilée tous les ingrédients, sauf le zeste
d'orange. Bien agiter. Verser dans un
grand verre à long drinks rafraîchi.
Garnir avec le zeste d'orange.

47

BERMUDA HIGHBALL

3 doses de gin (45 ml)
2 doses de brandy (30 ml)
2 doses de vermouth sec (30 ml)
Eau gazeuse
1 écorce de citron

Verser les alcools sur des glaçons dans un verre à long drinks rafraîchi. Bien remuer. Remplir d'eau gazeuse. Ajouter l'écorce de citron et remuer à nouveau.

BERMUDA ROSE

4 doses de gin (60 ml)
1 c. à soupe de jus de citron vert frais
2 c. à café d'eau-de-vie d'abricot
2 c. à café de grenadine

Dans un shaker, mélanger ingrédients et glace pilée. Passer sur des glaçons dans un verre à whisky rafraîchi.

BERTA'S SPECIAL

4 doses de tequila (60 ml)
1 c. à café de miel
1 blanc d'œuf
5-7 traits de bitter à l'orange
Jus d'1 citron vert
Eau gazeuse
1 rondelle de citron vert

Dans un shaker, mélanger tous les ingrédients, sauf l'écorce de citron vert et l'eau gazeuse. Bien agiter. Verser dans un verre à orangeade rafraîchi sur des glaçons et compléter avec l'eau gazeuse. Garnir avec le citron vert.

BETSY ROSS

3 doses de brandy (45 ml)
3 doses de porto (45 ml)
1/2 c. à café de sucre en poudre
1 jaune d'œuf
3-5 traits de triple sec
3-5 traits d'angustura
Noix muscade fraîchement râpée

Dans un shaker, mélanger à de la glace pilée tous les ingrédients, sauf la noix muscade. Bien agiter. Verser dans un verre à cocktail rafraîchi. Saupoudrer de noix muscade.

BETWEEN THE SHEETS

4 doses de brandy ou de cognac (60 ml)
3 doses de rhum blanc (45 ml)
1 dose de curaçao blanc (15 ml)
1 dose de jus de citron frais (15 ml)

Mélanger les ingrédients à de la glace pilée dans un shaker. Bien agiter. Passer dans un verre à cocktail rafraîchi.

BEVERLY HILLS

4 doses de triple sec (60 ml)
2 doses de cognac (30 ml)
1 dose de liqueur de café (15 ml)

Mélanger les ingrédients à de la glace pilée dans un shaker. Bien agiter. Passer dans un verre à cocktail rafraîchi.

BIFFY COCKTAIL

4 doses de gin (60 ml)
2 doses de punch suédois (30 ml)
2 dose de jus de citron frais (30 ml)

Mélanger les ingrédients dans un shaker. Bien agiter. Passer dans un verre à cocktail rafraîchi.

BIG APPLE

4 doses d'eau-de-vie de pomme (60 ml)
1 dose d'amaretto (15 ml)
6 doses de jus de pomme (90 ml)
1 c. à soupe de compote de pomme
Cannelle moulue

Dans un mixeur, mélanger à de la glace tous les ingrédients, sauf la cannelle. Mixer à vitesse moyenne jusqu'à onctuosité. Verser dans un verre à parfait et saupoudrer de cannelle.

BIJOU COCKTAIL

3 doses de gin (45 ml)
2 doses de chartreuse verte (30 ml)
2 doses de vermouth doux (30 ml)
1 trait de bitter à l'orange
1 écorce de citron (facultatif)
1 cerise au marasquin (facultatif)

Dans un verre doseur, mélanger les liquides à de la glace pilée. Passer dans un verre à cocktail rafraîchi et garnir avec l'écorce de citron et/ou la cerise.

BIG APPLE

BILLY TAILOR

4 doses de gin (60 ml)
3 doses de jus de citron vert frais (45 ml)
1/2 c. à café de sucre en poudre
Eau gazeuse

Dans un shaker, mélanger à de la glace pilée tous les ingrédients, sauf l'eau gazeuse. Bien agiter. Passer sur des glaçons dans un verre à orangeade rafraîchi. Compléter avec l'eau gazeuse et remuer doucement.

BIRD OF PARADISE COOLER

4 doses de gin (60 ml)
2 doses de jus de citron frais (30 ml)
1 c. à café de sucre en poudre
1 c. à café de grenadine
1 blanc d'œuf
Eau gazeuse

Dans un shaker, mélanger à de la glace pilée tous les ingrédients, sauf l'eau gazeuse. Bien agiter. Passer sur des glaçons dans un verre à long drinks rafraîchi. Remplir d'eau gazeuse et remuer doucement.

BISCAYNE COCKTAIL

4 doses de gin (60 ml)
2 doses de rhum blanc (30 ml)
2 doses de fruit défendu (30 ml)
2 doses de jus de citron vert frais (30 ml)
1 rondelle de citron vert

Mélanger les liquides à de la glace pilée dans un shaker. Bien agiter. Passer dans un verre à cocktail rafraîchi et garnir avec la rondelle de citron vert.

BISHOP

4 doses de jus d'orange frais (60 ml)
4 doses de jus de citron frais (60 ml)
1 c. à café de sucre en poudre
Cabernet sauvignon ou un autre vin rouge aussi corsé
1 rondelle d'orange
1 rondelle de citron

Dans un verre doseur, mélanger les jus de fruits à du sucre. Passer sur des glaçons dans un verre à long drinks rafraîchi. Remplir de vin rouge et garnir avec les rondelles de fruits.

BITE OF THE APPLE

10 doses de jus de pomme (150 ml)
2 doses de jus de citron vert frais (30 ml)
1 dose de sirop d'orgeat (15 ml)
1 c. à soupe de comp. de pomme non sucrée
Cannelle moulue

Mélanger les ingrédients à de la glace dans un mixeur, sauf la cannelle. Mixer à vitesse moyenne. Quand le mélange est onctueux, verser dans un verre à bière rafraîchi. Saupoudrer de cannelle.

BITTERSWEET COCKTAIL

3 doses de vermouth sec (45 ml)
3 doses de vermouth doux (45 ml)
3 traits d'angustura
3 traits de bitter à l'orange
1 zeste d'orange

Mélanger dans un shaker tous les ingrédients, sauf le zeste d'orange. Bien agiter. Passer sur des glaçons dans un verre à whisky rafraîchi. Garnir avec le zeste d'orange.

BLACK AND TAN

Ginger ale frappé
Bière au gingembre frappée
1 rondelle de citron vert

Verser des doses égales de chaque
boisson dans un verre à bière rafraîchi.
Ne pas remuer. Garnir avec le citron.

BLACK DEVIL

4 doses de rhum blanc (60 ml)
1 dose de vermouth sec (15 ml)
Olive noire dénoyautée

Dans un verre doseur, mélanger
les ingrédients à de la glace pilée.
Passer dans un verre à cocktail
rafraîchi et ajouter l'olive.

BLACK DOG

6 doses de bourbon (90 ml)
2 doses de vermouth sec (30 ml)
1 dose d'eau-de-vie de mûre (15 ml)

Dans un verre doseur, mélanger les
ingrédients à de la glace pilée. Bien
remuer et passer sur des glaçons dans
un verre à whisky.

BLACK HAWK

4 doses de whisky (60 ml)
2 doses de gin à la prunelle (30 ml)

Remuer les ingrédients avec de la glace
pilée dans un verre doseur. Passer dans
un verre à cocktail rafraîchi.

BLACK JACK

4 doses de brandy (60 ml)
1 dose de kirsch (15 ml)
3 doses de café noir froid (45 ml)
1 zeste de citron

Dans un doseur, mélanger ingrédients
liquides et glace pilée. Passer sur des
glaçons dans un verre à whisky
rafraîchi. Garnir avec le citron.

BLACK MAGIC

4 doses de vodka (60 ml)
2 doses de liqueur de café (30 ml)
1-2 traits de jus de citron frais

Remuer les ingrédients avec de la glace
pilée dans un doseur. Passer sur glaçons
dans un verre à whisky rafraîchi.

BLACK MARIA

4 doses de liqueur de café (60 ml)
4 doses de rhum blanc (60 ml)
8 doses de café noir froid (120 ml)
1 c. à café de sucre en poudre

Brasser les ingrédients dans un grand
verre à cognac. Ajouter de la glace pilée.

BLACK RUSSIAN

4 doses de vodka (60 ml)
2 doses de liqueur de café (30 ml)

Verser sur des glaçons dans un verre à
whisky et remuer.

BLACK STRIPE

6 doses de rhum brun (90 ml)
2 c. à café de mélasse
8 doses d'eau bouillante (120 ml)
1 zeste de citron
1 bâton de cannelle
Noix muscade fraîchement râpée

Dans une grande tasse, faire fondre la
mélasse dans un peu d'eau bouillante.
Ajouter la cannelle, le zeste de citron
et le reste d'eau bouillante. Verser le
rhum en surface et le flamber pendant
quelques instants. Remuer pour
éteindre la flamme. Saupoudrer de
cannelle.

BLACK JACK

51

BLACKTHORN

4 doses de whiskey irlandais (60 ml)
3 doses de vermouth sec(45 ml)
3-5 traits de Pernod
3-5 traits d'angustura

Dans un doseur, mélanger ingrédients
et glace pilée. Verser dans un verre à
whisky rafraîchi.

BLACK VELVET

250 ml de champagne frappé
ou de vin mousseux
250 ml de bière brune très fraîche

Verser doucement les deux ingrédients
ensemble dans un verre à long drinks
rafraîchi. Ne pas remuer.

BLANCHE

2 doses d'anisette ou de Pernod
(30 ml)
2 doses de Cointreau (30 ml)
1 dose de curaçao blanc (15 ml)

Mélanger les ingrédients à de la glace
pilée dans un shaker. Bien agiter. Passer
dans un verre à cocktail rafraîchi.

BLENDED COMFORT

4 doses de bourbon (60 ml)
2 doses de Southern Comfort (30 ml)
1 dose de vermouth sec (15 ml)
2 doses de jus de citron frais (30 ml)
1/2 c. à café de sucre en poudre
Tranches de pêche fraîche

Dans un mixeur, mélanger à de la glace
pilée tous les ingrédients, sauf la pêche.
Mixer à basse vitesse et verser sur des
glaçons dans un verre à orangeade
rafraîchi. Garnir avec la pêche.

BLINKER

4 doses de whisky de seigle (60 ml)
5 doses de jus de pamplemousse
1 trait de grenadine

Mélanger les ingrédients à de la glace
pilée dans un shaker. Bien agiter. Passer
dans un verre à cocktail rafraîchi.

BLIZZARD

6 doses de bourbon (90 ml)
2 doses de jus d'airelle rouge (30 ml)
1 c. à soupe de jus de citron frais
1 c. à soupe de sucre en poudre

Mélanger les ingrédients à de la glace
pilée dans un shaker. Verser dans un
verre à long drinks rafraîchi.

BLOOD AND SAND

2 doses de scotch (30 ml)
1 dose de kirsch (15 ml)
1 dose de vermouth sec (15 ml)
1 dose de jus d'orange frais (15 ml)

Mélanger les ingrédients à de la glace
pilée dans un shaker. Passer dans un
verre à cocktail rafraîchi.

BLOODHOUND

4 doses de gin (60 ml)
2 doses de vermouth sec (30 ml)
2 doses de vermouth doux (30 ml)
3 fraises fraîches équeutées
et coupées en deux

Mélanger les ingrédients à de la glace
pilée dans un mixeur. Mixer à basse
vitesse. Lorsque le mélange est
onctueux, le verser dans un verre à
cocktail rafraîchi.

BLOODY BREW

4 doses de vodka (60 ml)
6 doses de bière (90 ml)
8 doses de jus de tomate (120 ml)
Sel à volonté
1 brin d'aneth

Dans un verre à long drinks, mélanger
tous les ingrédients, sauf l'aneth, à de
la glace. Garnir avec l'aneth.

BLOODY BULL

4 doses de vodka (60 ml)
8 doses de jus de tomate (120 ml)
8 doses de bouillon de bœuf froid (120 ml)
1 dose de jus de citron frais (15 ml)
Tabasco à volonté
Poivre fraîchement moulu
1 rondelle de citron vert

Dans un shaker, mélanger à de la glace
pilée tous les ingrédients, sauf le
citron, et bien agiter. Passer sur des
glaçons dans un verre à long drinks
rafraîchi. Poivrer et garnir avec la
rondelle de citron vert.

BLOODY MARY

4 doses de vodka (60 ml)
12 doses de jus de tomate (180 ml)
1/2 c. à café de jus de citron frais
1/2 c. à café de sauce Worcestershire
1/2 c. à café de raifort
Tabasco à volonté
Poivre fraîchement moulu à volonté
Sel à volonté
1 rondelle de citron vert

Dans un shaker, mélanger glace pilée
et ingrédients, sauf le citron. Agiter
doucement. Passer sur des glaçons
dans un verre à long drinks rafraîchi et
garnir avec la rondelle de citron vert.
Assaisonner selon le goût.

BLUE ANGEL

2 doses de brandy (30 ml)
1 dose de curaçao bleu (15 ml)
1 dose de liqueur de vanille (15 ml)
1/2 dose de crème (7,5 ml) et 1/2 de lait
1 trait de jus de citron

Dans un shaker, mélanger tous les
ingrédients à de la glace pilée. Bien
agiter. Passer dans un verre à cocktail
rafraîchi

BLUE BLAZER FOR TWO

10 doses de scotch ou de
whisky (150 ml)
10 doses d'eau bouillante (150 ml)
2 c. à café de sucre en poudre
2 écorces de citron

Réchauffer les 2 grandes tasses en les
laissant 5 min remplies d'eau
bouillante. Jeter l'eau. Verser le scotch
dans une tasse et l'eau bouillante dans
l'autre. Flamber le scotch. Pendant
qu'il brûle, le mélanger à l'eau en le
versant délicatement d'une tasse à
l'autre. Éteindre la flamme et répartir.

dans les 2 tasses. Ajouter une c. à café
de sucre en poudre et 1 écorce de
citron dans chaque boisson. Avec un
peu d'expérience, cette préparation
peut être très spectaculaire en donnant
l'impression d'un liquide en feu.

BLUE DEVIL

4 doses de gin (60 ml)
1 dose de jus de citron vert frais (15 ml)
1 c. à soupe de marasquin
1 c. à soupe de curaçao bleu

Mélanger les ingrédients à de la glace
pilée dans un shaker. Bien agiter. Passer
dans un verre à cocktail rafraîchi.

BLOODY MARY

BLUE HAWAIIAN

BLUE GRASS COCKTAIL

4 doses de bourbon (60 ml)
2 doses de jus d'ananas (30 ml)
2 doses de jus de citron frais (30 ml)
1 c. à café de marasquin

Mélanger les ingrédients à de la glace pilée dans un shaker. Bien agiter. Passer dans un verre à cocktail rafraîchi.

BLUE HAWAIIAN

4 doses de rhum blanc (60 ml)
4 doses de curaçao bleu (60 ml)
4 doses de crème de noix de coco (60 ml)
8 doses de jus d'ananas (120 ml)
1 rondelle d'ananas
1 cerise au marasquin

Dans un mixeur, mélanger les ingrédients liquides à de la glace pilée. Mixer 10 s environ à grande vitesse. Verser dans un verre à long drinks rafraîchi et garnir avec la cerise et la rondelle d'ananas.

BLUE LADY

5 doses de curaçao bleu (75 ml)
2 doses de crème de cacao blanc
1 dose de crème (15 ml) et 1 de lait

Mélanger les ingrédients à de la glace pilée dans un shaker. Bien agiter. Passer dans un verre à cocktail rafraîchi.

BLUE LAGOON

4 doses de vodka (60 ml)
2 doses de curaçao bleu (30 ml)
4 doses de jus d'ananas (60 ml)
3-5 traits de triple sec
1 pointe d'ananas

Dans un shaker, mélanger à de la glace pilée tous les ingrédients, sauf la pointe d'ananas. Bien agiter. Verser dans un verre à long drinks rafraîchi. Garnir avec la pointe d'ananas.

BLUE MARGARITA

4 doses de tequila blanche (60 ml)
2 doses de curaçao bleu (30 ml)
1 c. à soupe de triple sec
3 doses de jus de citron vert frais (45 ml)
2 c. à café de sel
1 rondelle de citron vert

Saupoudrer une soucoupe de sel. Frotter le bord d'un verre à cocktail avec le citron et plonger le bord du verre dans le sel pour le givrer. Garder le citron pour garnir. Mélanger les ingrédients à de la glace pilée dans un shaker. Bien agiter. Passer dans le verre à cocktail salé. Garnir avec le citron.

BLUE MONDAY

4 doses de vodka (60 ml)
2 doses de Cointreau (30 ml)
1 dose de curaçao bleu (15 ml)

Mélanger les ingrédients à de la glace pilée dans un shaker. Bien agiter. Passer dans un verre à cocktail rafraîchi.

BLUE LAGOON

BLUE MARGARITA

BLUE MOON

4 doses de gin (60 ml)
1 dose de curaçao bleu (15 ml)
1 zeste de citron

Dans un doseur, mélanger à de la glace les ingrédients liquides. Passer dans un verre à cocktail rafraîchi et garnir avec le zeste de citron.

BLUE MOUNTAIN

4 doses de rhum brun (60 ml)
2 doses de vodka (30 ml)
2 doses de liqueur de café (30 ml)
8 doses de jus d'orange frais (120 ml)

Dans un shaker, mélanger tous les ingrédients à de la glace pilée. Bien agiter et passer dans un verre à whisky rafraîchi.

BLUE SHARK

4 doses de vodka (60 ml)
4 doses de tequila blanche (60 ml)
Quelques traits de curaçao bleu

Mélanger tous les ingrédients à de la
glace pilée dans un shaker. Bien agiter
et passer dans un verre à whisky
rafraîchi.

BLUEBERRY SHAKE

1/2 tasse de myrtilles fraîches
1 c. à café de sucre
1 tasse de lait (120 ml)

Dans un mixeur, mélanger les
ingrédients à de la glace pilée et mixer.
Quand le mélange est fluide, verser
dans un verre à orangeade rafraîchi et
garnir avec les myrtilles. (N.B. On peut
aussi utiliser des fraises fraîches).

BOBBY BURNS

4 doses de scotch (60 ml)
2 doses de vermouth doux (30 ml)
1 trait de Bénédictine
1 zeste de citron

Dans un verre doseur, mélanger les
ingrédients liquides à de la glace pilée.
Verser dans un verre à cocktail rafraîchi
et garnir avec le zeste de citron.

BOB DANBY

6 doses de Dubonnet rouge (90 ml)
3 doses de brandy (45 ml)

Mélanger les deux ingrédients dans un
doseur avec des glaçons. Verser dans
un verre à cocktail rafraîchi.

BOCCIE BALL

4 doses d'amaretto (60 ml)
Jus d'orange frais
1 rondelle d'orange

Verser sur des glaçons amaretto et jus
d'orange dans un verre à long drinks
rafraîchi. Remuer et garnir avec la
rondelle d'orange.

BOILERMAKER

250 ml de bière
3 doses de whisky de votre choix
(45 ml)

Verser le whisky dans un verre à
digestif. Vider le verre dans une chope
de bière d'un quart de litre.

BOLERO

4 doses de rhum blanc (60 ml)
1 dose de calvados ou d'eau-de-vie de
pomme (15 ml)
1 dose de vermouth doux (15 ml)
1 trait d'angustura

Mélanger les ingrédients à de la glace
pilée dans verre doseur. Bien remuer.
Passer sur des glaçons dans un verre à
whisky rafraîchi.

BOMBAY COCKTAIL

4 doses de brandy (60 ml)
1 dose de vermouth sec (15 ml)
1 dose de vermouth doux (15 ml)
1/2 c. à café de triple sec
1 trait de Pernod

Mélanger les ingrédients à de la glace
pilée dans verre doseur. Passer dans un
verre à whisky rafraîchi.

BOMBAY PUNCH

1 litre de brandy
1 litre de xérès
8 doses de triple sec (120 ml)
8 doses de marasquin (120 ml)
4 doses de kirsch (60 ml)
4 bouteilles (de 750 ml) de champagne
frappé ou de vin mousseux
1/2 tasse de sucre en poudre
Jus de 12 citrons
Jus de 6 citrons verts
2 litres d'eau gazeuse
Fruits frais de saison

Mélanger les jus de fruits avec le sucre
dans un grand bol à punch jusqu'à ce
que le sucre soit fondu. Ajouter les
autres liquides et bien remuer. Ajouter
une grande quantité de glaçons. Garnir
avec des tranches de fruits de saison.
Pour 25 personnes.

BOILERMAKER

BONGO COLA

4 doses de rhum paille (60 ml)
2 doses de liqueur de café (30 ml)
4 doses de jus d'ananas (60 ml)
1 trait de kirsch
1 trait de jus de citron frais
Coca
1 cerise au marasquin

Dans un shaker, mélanger à de la glace pilée tous les ingrédients, sauf le coca et la cerise. Bien agiter. Verser dans un verre à orangeade rafraîchi. Remuer doucement et garnir avec la cerise.

BONNIE PRINCE

4 doses de gin (60 ml)
1 dose de vin blanc (15 ml)
1/2 dose de Drambuie (7,5 ml)
1 écorce d'orange

Dans un shaker, mélanger à de la glace pilée tous les ingrédients, sauf l'écorce d'orange. Bien agiter. Passer dans un verre à cocktail. Garnir avec l'orange.

BOOMERANG

4 doses de gin (60 ml)
1 dose de vermouth sec (15 ml)
1 trait d'angustura
1 trait de marasquin
1 zeste de citron

Dans un verre doseur, mélanger les ingrédients avec des glaçons. Passer dans un verre à cocktail et ajouter le zeste de citron

BORINQUEN

4 doses de rhum blanc (60 ml)
2 doses de jus de citron vert frais (30 ml)
2 doses de jus d'orange frais (30 ml)
1 c. à soupe de sirop de fruit de la passion
1 c. à café de rhum fort

Mélanger les ingrédients à de la glace pilée dans un mixeur. Mixer 10 s environ à faible vitesse. Verser dans un verre à whisky rafraîchi.

BOSSA NOVA

4 doses de rhum brun (60 ml)
3 doses de Galliano (45 ml)
2 doses d'eau-de-vie d'abricot (30 ml)
8 doses de jus de fruit de la passion (120 ml)

Mélanger les ingrédients à de la glace dans un mixeur. Mixer 10 s environ à faible vitesse. Verser dans un verre à long drinks rafraîchi.

BOSOM CARESSER

4 doses de brandy (60 ml)
2 doses de madère (30 ml)
2 doses de triple sec (30 ml)
1 trait de grenadine
1 jaune d'œuf

Mélanger vigoureusement les ingrédients dans un shaker. Passer dans un verre ballon rafraîchi.

BOSTON COCKTAIL

3 doses de gin (45 ml)
2 doses d'eau-de-vie d'abricot (30 ml)
1 c. à café de jus de citron frais
1 c. à café de grenadine

Mélanger les ingrédients à de la glace pilée dans un shaker. Bien agiter. Passer dans un verre à cocktail rafraîchi.

BOSTON COOLER

4 doses de rhum blanc (60 ml)
1 dose de jus de citron frais (15 ml)
1/2 c. à café de sucre en poudre
Eau gazeuse
1 zeste de citron

Mélanger rhum, jus de citron et sucre dans un shaker avec de la glace pilée. Bien agiter. Passer sur des glaçons dans un verre à whisky rafraîchi. Remuer. Ajouter l'eau gazeuse et le citron.

BOSTON SIDECAR

3 doses de rhum blanc (45 ml)
1 dose de brandy (15 ml)
1 dose de triple sec (15 ml)
1 dose de jus de citron frais (15 ml)

Mélanger les ingrédients à des glaçons dans un shaker. Bien agiter. Passer dans un verre à cocktail rafraîchi.

BOSTON SOUR

4 doses de bourbon (60 ml)
2 doses de jus de citron frais (30 ml)
1 c. à café de sucre en poudre
1 blanc d'œuf
1 rondelle de citron
1 cerise au marasquin

Dans un shaker, mélanger à de la glace pilée tous les ingrédients, sauf les fruits. Agiter vigoureusement. Verser dans un verre tulipe rafraîchi. Garnir avec la cerise et le citron.

BOURBON À LA CRÈME

4 doses de bourbon (60 ml)
1 dose de crème de cacao noir (15 ml)
3 gousses de vanille

Mélanger les ingrédients à de la glace pilée dans un shaker. Laisser une heure au moins au réfrigérateur. Lorsque c'est prêt, bien agiter et passer dans un verre à cocktail rafraîchi.

BOURBON AND BRANCH

6 doses de bourbon vieilli en fût (90 ml)
4 doses d'eau bouillante (60 ml)

Dans un verre à long drinks, verser le bourbon et l'eau sur des glaçons. Ne pas rafraîchir le verre. Cette boisson peut aussi être servie telle quelle à la température ambiante.

BOURBON COBBLER

4 doses de bourbon (60 ml)
2 doses de Southern Comfort (30 ml)
1 c. à café d'eau-de-vie de pêche
2 c. à café de jus de citron frais
1/2 c. à café de sucre en poudre
Eau gazeuse
1 tranche de pêche

Dans un shaker, mélanger à de la glace pilée tous les ingrédients, sauf l'eau gazeuse et la pêche. Bien agiter. Verser sur des glaçons dans un verre à long drinks rafraîchi et compléter d'eau gazeuse. Remuer et garnir avec la tranche de pêche.

BOURBON COLLINS

4 doses de bourbon (60 ml)
1 dose de jus de citron frais (15 ml)
1/2 c. à café de sucre en poudre
Eau gazeuse
1 zeste de citron

Dans un shaker, mélanger à de la glace pilée tous les ingrédients, sauf l'eau gazeuse et le zeste de citron, et bien agiter. Verser sur des glaçons dans un verre à orangeade rafraîchi. Remplir d'eau gazeuse et garnir avec le zeste de citron.

BOURBON COBBLER

BOURBON COOLER

6 doses de bourbon (90 ml)
1 dose de grenadine (15 ml)
1/2 c. à café de sucre en poudre
3-5 traits de schnaps au peppermint
3-5 traits de bitter à l'orange
Eau gazeuse
1 pointe d'ananas

Dans un shaker, mélanger à de la glace pilée tous les ingrédients, sauf l'eau gazeuse et l'ananas. Bien agiter. Verser dans un verre à orangeade rafraîchi et compléter d'eau gazeuse. Remuer et garnir avec la pointe d'ananas.

BOURBON DAISY

4 doses de bourbon (60 ml)
2 doses de jus de citron frais (30 ml)
2 c. à café de grenadine
2 c. à café de Southern Comfort
Eau gazeuse
1 rondelle d'orange

Mélanger bourbon, jus de citron et grenadine à de la glace pilée dans un shaker. Bien agiter. Verser dans un verre à long drinks rafraîchi et compléter d'eau gazeuse. Faire flotter le Southern Comfort et garnir avec la rondelle d'orange.

BOURBON MILK PUNCH

4 doses de bourbon (60 ml)
6 doses de lait (90 ml)
1 c. à café de miel
1 trait d'extrait de vanille
Noix muscade fraîchement râpée

Dans un shaker, mélanger à de la glace pilée tous les ingrédients, sauf la noix muscade. Bien agiter. Verser dans un verre à whisky rafraîchi et saupoudrer avec la noix muscade.

BOURBON SATIN

3 doses de bourbon (45 ml)
2 doses de crème de cacao blanc (30
1 dose de crème (15 ml) et 1 de lait

Mélanger les ingrédients à de la glace pilée dans un shaker. Bien agiter. Passer dans un verre à cocktail rafraîchi.

BOURBON SIDECAR

4 doses de bourbon (60 ml)
2 doses de triple sec (30 ml)
1 dose de jus de citron frais (15 ml)

Mélanger les ingrédients à de la glace pilée dans un shaker. Bien agiter. Passer dans un verre à cocktail rafraîchi.

BOURBON SLOE GIN FIZZ

4 doses de bourbon (60 ml)
2 doses de gin à la prunelle (30 ml)
1 c. à café de jus de citron frais
1 c. à café de sirop de canne
Eau gazeuse
1 rondelle de citron
1 cerise au marasquin

Mélanger les ingrédients, sauf l'eau et les fruits, dans un verre à orangeade rafraîchi. Ajouter de la glace pilée et remuer. Ajouter trois glaçons, remplir d'eau gazeuse et garnir avec les fruits.

BOURBON SOUR

4 doses de bourbon (60 ml)
2 doses de jus de citron frais (30 ml)
1/2 c. à café de sucre en poudre
1 rondelle d'orange

Dans un shaker, mélanger à de la glace pilée tous les ingrédients, sauf la rondelle d'orange. Bien agiter. Verser dans un verre tulipe rafraîchi. Garnir avec la rondelle d'orange.

BRANDIED APRICOT

4 doses de brandy (60 ml)
1 dose d'eau-de-vie d'abricot (15 ml)
1 dose de jus de citron frais (15 ml)
1 tranche d'abricot frais

Dans un shaker, mélanger à de la glace pilée tous les ingrédients, sauf l'abricot. Bien agiter et verser dans un verre à cocktail rafraîchi. Garnir avec la tranche d'abricot.

BRANDIED MADEIRA

3 doses de brandy (45 ml)
3 doses de madère (45 ml)
1 dose de vermouth sec (15 ml)
1 zeste de citron

Mélanger les ingrédients dans un verre doseur. Verser dans un verre à cocktail et garnir avec le zeste de citron.

BRANDIED PORT

2 doses de brandy (30 ml)
2 doses de porto tawny (30 ml)
1 dose de marasquin (15 ml)
2 doses de jus de citron frais (30 ml)
1 rondelle d'orange

Dans un shaker, mélanger à de la glace pilée tous les ingrédients, sauf la rondelle d'orange. Bien agiter. Passer dans un verre à cocktail rafraîchi et garnir avec la rondelle d'orange.

BRANDY ALEXANDER

3 doses de brandy (45 ml)
3 doses de crème de cacao noir (45 ml)
1 dose 1/2 de crème (22,5 ml) et 1 1/2 de lait

Mélanger les ingrédients à de la glace pilée dans un shaker. Bien agiter. Passer dans un verre à cocktail rafraîchi.

BRANDY BUCK

4 doses de brandy (60 ml)
1 dose de crème de menthe blanche (15 ml)
1 dose de jus de citron frais (15 ml)
Eau gazeuse
Raisin épépiné

Dans un shaker, mélanger à de la glace pilée tous les ingrédients, sauf l'eau gazuse et le raisin. Bien agiter. Verser dans un verre à long drinks rafraîchi. Remplir d'eau gazeuse et garnir avec les grains de raisin.

BRANDY CASSIS

4 doses de brandy (60 ml)
1 dose de crème de cassis (15 ml)
1 dose de jus de citron frais (15 ml)
1 zeste de citron

Dans un verre doseur, mélanger à de la glace pilée tous les ingrédients, sauf le zeste de citron. Bien remuer. Passer dans un verre à cocktail rafraîchi et garnir avec le zeste de citron.

BRANDY COBBLER

4 doses de brandy (60 ml)
1 c. à café de sucre en poudre
6 doses d'eau gazeuse (90 ml)
1 cerise au marasquin
1 rondelle de citron

Faire fondre le sucre avec l'eau gazeuse dans un verre à whisky. Compléter avec de la glace pilée. Ajouter le brandy et remuer. Garnir avec la cerise et le zeste de citron.

BRANDY COCKTAIL

4 doses de brandy (60 ml)
1/2 c. à café de sucre en poudre
2 traits d'angustura
1 zeste de citron

Dans un verre doseur, mélanger les ingrédients liquides et remuer jusqu'à ce que le sucre soit fondu. Verser dans un shaker avec de la glace pilée et bien agiter. Passer dans un verre à cocktail rafraîchi et garnir avec le citron.

BRANDY CRUSTA

4 doses de brandy (60 ml)
1 dose 1/2 de Cointreau (22,5 ml)
2 c. à café de marasquin
1 dose de jus de citron frais (15 ml)
1 c. à soupe de sucre en poudre
1 rondelle de citron

Givrer le bord d'un verre à cocktail rafraîchi en y passant la rondelle de citron avant de le plonger dans le sucre. Mélanger tous les ingrédients liquides dans un shaker avec de la glace pilée. Bien agiter et passer dans le verre givré.

BRANDY ALEXANDER

BRANDY DAISY

4 doses de brandy (60 ml)
1 dose de jus de citron frais (15 ml)
1 c. à café de grenadine
1/2 c. à café de sucre en poudre
1 cerise au marasquin

Dans un shaker, mélanger glace pilée
et ingrédients, sauf la cerise. Bien
agiter. Verser dans un verre à long
drinks rafraîchi. Garnir avec la cerise.

BRANDY FIX

6 doses de brandy (90 ml)
2 doses de jus de citron frais (30 ml)
1/2 c. à café de sucre en poudre
Eau minérale

Dans un verre à long drinks rafraîchi,
mélanger le jus de citron, le sucre et
l'eau minérale. Remplir le verre de
glace pilée et de brandy. Remuer.

BRANDY FIZZ

4 doses de brandy (60 ml)
1/2 c. à café de sucre en poudre
1 dose de jus de citron frais (15 ml)
Eau gazeuse

Dans un shaker, mélanger à de la glace
pilée tous les ingrédients, sauf l'eau
gazeuse, et bien agiter. Passer sur des
glaçons dans un verre tulipe rafraîchi
et remplir d'eau gazeuse.

BRANDY FLIP

4 doses de brandy (60 ml)
1/2 c. à soupe de crème et 1/2 de lait
1/2 c. à café de sucre en poudre
1 œuf
Noix muscade fraîchement râpée

Dans un shaker, mélanger à de la glace
pilée tous les ingrédients, sauf la noix
muscade. Agiter vigoureusement.
Passer dans un verre tulipe rafraîchi et
saupoudrer de noix muscade.

63

BRANDY GUMP

6 doses de brandy (90 ml)
1 dose de jus de citron frais (15 ml)
1/2 c. à café de grenadine

Mélanger les ingrédients à de la glace pilée dans un shaker. Bien agiter. Passer dans un verre à cocktail rafraîchi.

BRANDY MANHATTAN

4 doses de brandy (60 ml)
1 dose de vermouth doux (15 ml)
1 trait d'angustura
1 cerise au marasquin

Dans un doseur, mélanger à de la glace pilée tous les ingrédients, sauf la cerise. Remuer et passer dans un verre à cocktail rafraîchi. Garnir avec la cerise.

BRANDY MELBA

4 doses de brandy (60 ml)
1 dose d'eau-de-vie de pêche (15 ml)
1 dose de liqueur de framboise (15 ml)
1 dose de jus de citron frais (15 ml)
3-5 traits de bitter à l'orange
1 tranche de pêche

Dans un shaker, mélanger à de la glace pilée tous les ingrédients, sauf la tranche de pêche. Bien agiter et passer dans un verre à cocktail rafraîchi. Garnir avec la tranche de pêche.

BRANDY MILK PUNCH

4 doses de brandy (60 ml)
12 doses de lait (180 ml)
1 c. à café de sucre en poudre
Noix muscade fraîchement râpée

Dans un shaker, mélanger à de la glace pilée tous les ingrédients, sauf la noix muscade. Bien agiter. Verser dans un verre à whisky rafraîchi et saupoudrer de noix muscade.

BRANDY OLD FASHIONED

6 doses de brandy (90 ml)
3-5 traits d'angustura
1 morceau de sucre
Un peu d'eau
1 zeste de citron

Dans un verre à whisky rafraîchi, écraser le sucre dans le bitter additionné d'un peu d'eau. Ajouter le brandy et des glaçons. Remuer et garnir avec le zeste de citron.

BRANDY SANGAREE

5 doses de brandy (75 ml)
1/2 c. à café de sucre en poudre
Un peu d'eau
Noix muscade fraîchement râpée

Faire fondre le sucre avec un peu d'eau dans un verre à whisky. Ajouter le brandy et des glaçons et bien remuer. Saupoudrer de noix muscade.

BRANDY SOUR

5 doses de brandy (75 ml)
2 doses de jus de citron frais (30 ml)
1/2 c. à café de sucre en poudre
1 rondelle d'orange
1 cerise au marasquin

Dans un shaker, mélanger à de la glace pilée tous les ingrédients, sauf les fruits. Bien agiter et passer dans un verre tulipe rafraîchi. Garnir avec la cerise et l'orange.

BRANDY SWIZZLE

4 doses de brandy (60 ml)
3 doses de jus de citron frais (45 ml)
1 c. à café de sucre en poudre
1 trait d'angustura
Eau gazeuse

Dans un shaker, mélanger à de la glace pilée tous les ingrédients, sauf l'eau gazeuse. Bien agiter. Passer dans un verre à orangeade rempli de glace pilée. Ajouter l'eau gazeuse. Remuer doucement et servir avec un fouet à champagne.

BRANDY VERMOUTH COCKTAIL

6 doses de brandy (90 ml)
1 dose de vermouth doux (15 ml)
1 trait d'angustura

Mélanger tous les ingrédients à de la glace pilée dans un shaker. Passer dans un verre à cocktail rafraîchi.

BRAVE BULL

4 doses de tequila silver (60 ml)
2 doses de liqueur de café (30 ml)
1 zeste de citron

Verser dans un verre à whisky rafraîchi les ingrédients liquides sur glaçons. Remuer. Garnir avec le citron.

BRAZIL COCKTAIL

4 doses de xérès (60 ml)
3 doses de vermouth sec (45 ml)
1 trait de Pernod
1 trait d'angustura
1 zeste de citron

Dans un verre doseur, mélanger à des glaçons les ingrédients liquides et bien remuer. Passer dans un verre à cocktail rafraîchi et garnir avec le citron.

BRAZILIAN CHOCOLATE

Chocolat amer, env. 30 g
1/4 tasse de sucre
1 pincée de sel
16 doses d'eau bouillante (240 ml)
8 doses de crème (120 ml) et 8 de lait
24 doses de café fort, chaud (360 ml)
1 c. à café d'extrait de vanille
Cannelle râpée

Faire fondre le chocolat avec le sucre et le sel au micro-ondes ou au bain-marie. Remuer le mélange jusqu'à ce qu'il soit chaud et homogène. Ajouter crème, lait et café chauds. Bien remuer et ajouter vanille et cannelle. Servir dans des grandes tasses réchauffées. Pour 4 personnes.

BRIGHTON PUNCH

4 doses de B & B (60 ml)
3 doses de bourbon (45 ml)
2 doses de jus d'orange frais (30 ml)
2 doses de jus de citron frais (30 ml)
Eau gazeuse
1 rondelle d'orange

Dans un shaker, mélanger à de la glace pilée tous les ingrédients, sauf l'eau gazeuse et l'orange. Agiter et passer sur des glaçons dans un verre à long drinks rafraîchi. Ajouter l'eau gazeuse. Remuer. Garnir avec la rondelle d'orange.

BRITTANY

4 doses de gin (60 ml)
1 dose d'Amer Picon (15 ml)
1 dose de jus de citron frais (15 ml)
1 dose de jus d'orange frais (15 ml)
1/2 c. à café de sucre en poudre
1 zeste d'orange

Dans un shaker, mélanger à de la glace pilée tous les ingrédients, sauf le zeste d'orange. Bien agiter. Passer dans un verre à cocktail rafraîchi. Garnir avec le zeste d'orange.

BRONX CHEER

4 doses d'eau-de-vie d'abricot (60 ml)
Soda à la framboise
1 écorce d'orange
Framboises fraîches

Verser l'eau-de-vie dans un verre à orangeade rafraîchi plein de glaçons. Remplir de soda à la framboise. Remuer doucement et garnir avec l'écorce d'orange et les framboises.

BRONX COCKTAIL

4 doses de gin (60 ml)
1 dose de vermouth sec (15 ml)
1 dose de vermouth doux (15 ml)
2 doses de jus d'orange frais (30 ml)

Dans un verre doseur, mélanger les ingrédients à de la glace pilée. Remuer et passer dans un verre à cocktail rafraîchi.

BRONX CHEER

BRONX SILVER
COCKTAIL

4 doses de gin (60 ml)
1 dose de vermouth sec (15 ml)
1 blanc d'œuf
2 doses de jus d'orange frais (30 ml)

Mélanger les ingrédients à de la glace
pilée dans un shaker. Agiter
vigoureusement. Passer dans un verre à
cocktail rafraîchi.

BRONX TERRACE
COCKTAIL

4 doses de gin (60 ml)
1 dose de vermouth sec (15 ml)
2 doses de jus de citron vert frais (30 ml)
1 cerise au marasquin

Mélanger les ingrédients liquides à de la
glace pilée dans un shaker et bien
agiter. Passer dans un verre à cocktail
rafraîchi et garnir avec la cerise.

BROWN COCKTAIL

3 doses de gin (45 ml)
2 doses de rhum blanc (30 ml)
1 dose de vermouth sec (15 ml)

Dans un verre doseur, mélanger les ingrédients à de la glace pilée et passer dans un verre à cocktail rafraîchi.

BUDDHA PUNCH

32 doses de gewürztraminer ou de riesling (480 ml)
16 doses de rhum blanc (240 ml)
16 doses de jus d'orange frais (240 ml)
8 doses de jus de citron frais (120 ml)
8 doses de triple sec (120 ml)
1 dose de kirsch (15 ml)
1 dose de sirop de canne (15 ml)
Traits de bitter à l'orange
1 bouteille de champagne ou de vin mousseux (750 ml)
Rondelles de citron vert

Rafraîchir d'abord tous les ingrédients. Les verser tous, sauf le champagne, dans un bol à punch rafraîchi. Remuer. Avant de servir, ajouter le champagne et de la glace. Remuer doucement et placer les rondelles de citron vert à la surface. Pour 20 personnes.

BUDDY'S BLOODY MARY

4 doses de vodka (60 ml)
12 doses de V-8 (180 ml)
1/2 c. à café de jus de citron vert frais
Traits de sauce Worcestershire
Traits de Tabasco
1 c. à café de raifort blanc
Poivre fraîchement moulu à volonté
Sel de céleri à volonté
1 rondelle de citron vert

Dans un shaker, mélanger vodka, V-8, jus de citron, sauce Worcestershire, Tabasco et raifort. Bien agiter. Remplir de glaçons un verre à whisky rafraîchi, et les assaisonner avec le poivre et le sel de céleri. Verser le mélange de jus dans le verre à long drinks et remuer doucement. Presser la rondelle de citron vert au-dessus du verre avant de l'y mettre.

BULLDOG

4 doses de kirsch (60 ml)
2 doses de rhum blanc (30 ml)
2 doses de jus de citron vert frais (30 ml)

Mélanger les ingrédients à de la glace pilée dans un shaker. Bien agiter. Passer dans un verre à cocktail rafraîchi.

BULLFROG

4 doses de vodka (60 ml)
1 c. à café de triple sec
Limonade au citron vert
1 rondelle de citron vert

Dans un verre à long drinks rafraîchi, verser sur glaçons vodka et triple sec. Remuer. Remplir de limonade. Remuer à nouveau et garnir avec le citron.

BULLSHOT

4 doses de vodka (60 ml)
8 doses de bouillon de bœuf froid (120 ml)
1 c. à café de jus de citron vert frais
Traits de sauce Worcestershire
Tabasco à volonté
Sel de céleri à volonté
Poivre fraîchement moulu à volonté

Mélanger les ingrédients à des glaçons dans un verre à long drinks rafraîchi.

BUNNY BONANZA

4 doses de tequila (60 ml)
2 doses d'eau-de-vie de pomme (30 ml)
1 dose de jus de citron frais (15 ml)
3/4 c. à café de sirop d'érable
3 traits de triple sec
1 rondelle de citron

Dans un shaker, mélanger à de la glace pilée tous les ingrédients, sauf la rondelle de citron. Bien agiter. Passer dans un verre à whisky rafraîchi. Garnir avec la rondelle de citron.

BURGUNDY PUNCH

2 bouteilles (750 ml) de bourgogne
ou de cabernet sauvignon
16 doses de kirsch (240 ml)
16 doses de porto (240 ml)
32 doses de jus d'orange frais
(480 ml)
8 doses de jus de citron frais
(120 ml)
2 doses de sirop de canne (30 ml)
Rondelles d'orange

Rafraîchir d'abord les ingrédients.
Verser dans un bol à punch avec de la
glace. Remuer et garnir avec les
rondelles d'orange. Pour 20 personnes.

BUSHRANGER

4 doses de rhum blanc (60 ml)
3 doses de Dubonnet rouge
(45 ml)
1 trait d'angustura
1 zeste de citron

Dans un shaker, mélanger à de la glace
pilée tous les ingrédients, sauf le zeste
de citron. Bien agiter. Passer dans un
verre à cocktail rafraîchi et garnir avec
le zeste de citron.

BUTTON HOOK

2 doses de brandy (30 ml)
2 doses d'eau-de-vie d'abricot (30 ml)
2 doses de crème de menthe blanche
(30 ml)
2 doses de Pernod (30 ml)

Mélanger les ingrédients à de la glace
pilée dans un shaker. Bien agiter. Passer
dans un verre à cocktail rafraîchi.

BUTTAFUOCO

4 dose de tequila blanche (60 ml)
1 dose de Galliano (15 ml)
1 dose de cherry (15 ml)
1 dose de jus de citron frais (15 ml)
Soda
1 cerise au marasquin

Dans un shaker, mélanger à de la glace
pilée tous les ingrédients, sauf le soda
et la cerise. Bien agiter. Verser sur des
glaçons dans un verre à long drinks
rafraîchi et remplir de soda. Remuer
doucement. Ajouter la cerise.

BULL'S MILK

5 doses de brandy (75 ml)
2 doses de rhum brun (30 ml)
10 doses de lait (150 ml)
1/2 c. à café de sucre en poudre
Noix muscade fraîchement râpée

Dans un doseur, mélanger à de la glace
pilée tous les ingrédients, sauf la noix
muscade. Bien remuer. Verser dans un
verre à long drinks rafraîchi et
saupoudrer de noix muscade.

BYRRH CASSIS

4 doses de Byrrh (60 ml)
2 doses de crème de cassis (30 ml)
Eau gazeuse

Mélanger Byrrh et crème de cassis
dans un grand verre ballon rafraîchi.
Ajouter des glaçons et compléter avec
de l'eau gazeuse bien fraîche.

C

CABARET

4 doses de gin (60 ml)
3 doses de Dubonnet rouge
(45 ml)
3-5 traits d'angustura
3-5 traits de Pernod
1 cerise au marasquin

Dans un shaker, mélanger tous les ingrédients, sauf la cerise. Bien agiter. Passer dans un verre à cocktail rafraîchi et garnir avec la cerise.

CABLEGRAM

4 doses de whisky (60 ml)
1 dose de jus de citron frais (15 ml)
1/2 c. à café de sucre en poudre
Ginger ale

Dans un bol mixeur, mélanger tous les ingrédients, sauf le ginger ale, à de la glace pilée. Passer dans une verre à long drinks rafraîchi, sur glaçons. Compléter avec le ginger ale et mélanger à nouveau.

CADIZ

3 doses de xérès (45 ml)
2 doses d'eau-de-vie de mûre (30 ml)
1 dose de triple sec (60 ml)
1/2 dose de crème (7,5 ml) et 1/2 de lait

Dans un shaker, mélanger tous les ingrédients à de la glace pilée. Bien agiter. Passer dans un verre à whisky rafraîchi.

CAFÉ AU LAIT

Café chaud
Lait chaud
Sucre (facultatif)

Mélanger café et lait à doses égales dans une grande tasse. Sucrer éventuellement.

CAFÉ BRÛLOT

16 doses de cognac (1 tasse
ou 240 ml)
4 doses de curaçao bleu
(60 ml)
64 doses de café chaud (1/4 l)
2 bâtons de cannelle
12 clous de girofle
Écorces de 2 citrons et 2 oranges coupées en fines lamelles
4 morceaux de sucre

Écraser la cannelle, la girofle et les écorces avec le sucre. Incorporer brandy et curaçao. Flamber puis verser peu à peu le café chaud, en remuant doucement, jusqu'à ce que la flamme s'éteigne. Servir dans des grandes tasses réchauffées. Pour 6-8 personnes.

CAFÉ DE PARIS COCKTAIL

4 doses de gin (60 ml)
1 c. à café de Pernod
1 dose de crème (15 ml) et 1 de lait
1 blanc d'œuf

Dans un shaker, mélanger tous les ingrédients à de la glace pilée. Agiter vigoureusement. Passer dans un verre à cocktail rafraîchi.

CAFÉ DIABLO

4 doses de cognac (60 ml)
2 doses de Cointreau (30 ml)
2 doses de curaçao blanc (30 ml)
32 doses de café chaud (480 ml)
2 bâtons de cannelle
8 clous de girofle
6 grains de café

Placer tous les ingrédients, sauf le café, dans un plat allant sur le feu. Chauffer à feu doux. Flamber. Ajouter le café et remuer jusqu'à ce que les flammes s'éteignent. Servir dans des grandes tasses réchauffées. Pour 4 personnes.

CAFÉ ROMANO

2 doses de Sambuca (30 ml)
2 doses de liqueur de café (30 ml)
1 dose de crème et 1 de lait (30 ml)

Mélanger les ingrédients à de la glace
pilée dans un shaker. Bien agiter. Passer
dans un verre à cocktail rafraîchi.

CAFÉ ROYAL

4 doses de brandy ou de cognac
(60 ml)
1 morceau de sucre
1 tasse de café chaud (250 ml)
1 dose de crème et 1 de lait

Verser le café chaud dans une grande
tasse. Placer une cuiller à soupe en
équilibre sur la tasse, avec un morceau
de sucre arrosé de brandy. Faire
chauffer la cuiller puis flamber le
sucre. Tenir la cuiller jusqu'à ce
qu'elle soit brûlante, puis plonger le
sucre et le brandy dans le café.
Couronner de crème et lait mélangés.

CAIPIRINHA

4 doses de cachaça (alcool de sucre de
canne brésilien) (60 ml)
1 dose de jus de citron vert frais (15 ml)
1 c. à soupe de sucre cristallisé
Quelques écorces de citron vert

Dans un shaker, mélanger tous les
ingrédients à de la glace pilée. Bien
agiter. Passer dans un verre à whisky
rafraîchi, sur glaçons.

CAJUN MARTINI

6 doses de vodka au poivre (90 ml)
1 trait de vermouth sec
1 grosse rondelle de piment jalapeño
au vinaigre

Mélanger vodka et vermouth à de la
glace pilée dans un bol mixeur. Bien
remuer. Passer dans un verre à
cocktail. Ajouter la rondelle de piment.

N.B. Pour un cocktail plus corsé, faire
macérer les piments dans la vodka au
moins 1 heure au congélateur.

CAFÉ ROYAL

CAIPIRINHA

CALIFORNIA LEMONADE

4 doses de whisky (60 ml)
2 doses de jus de citron frais (30 ml)
2 doses de jus de citron vert frais (30 ml)
1 c. à café de sucre
Eau gazeuse
1 rondelle d'orange

Dans un shaker, mélanger le whisky, les jus et le sucre à de la glace pilée. Bien agiter. Passer dans un verre à long drinks rafraîchi bien garni de glaçons. Compléter avec de l'eau gazeuse. Mélanger doucement et garnir avec une rondelle d'orange.

CALIFORNIA SMOOTHIE

1 banane finement émincée
1/2 tasse de fraises
1/2 tasse de dattes dénoyautées hachées
3 doses de miel (45 ml)
16 doses de jus d'orange frais glacé (240 ml)
Glace pilée

Mixer les fruits et le miel jusqu'à consistance crémeuse. Ajouter le jus d'orange et la glace pilée. Mixer. Quand le mélange est onctueux, verser dans un verre à orangeade rafraîchi.

CALM VOYAGE

3 doses de rhum blanc (45 ml)
2 doses de Strega (30 ml)
1 c. à soupe de sirop de fruit de la passion
1 c. à soupe de jus de citron frais
1/2 blanc d'œuf

Mixer à petite vitesse les ingrédients avec de la glace pilée. Lorsque le mélange est onctueux, verser dans des flûtes à champagne rafraîchies.

71

CALYPSO

4 doses de rhum paille (60 ml)
2 doses de jus d'ananas (30 ml)
1 dose de jus de citron frais (15 ml)
1 c. à soupe de Falernum
1 trait d'angustura
Noix muscade fraîchement râpée

Dans un shaker, mélanger à de la glace pilée tous les ingrédients, sauf la noix muscade. Bien agiter et passer dans un verre à cocktail rafraîchi. Saupoudrer de noix muscade fraîchement râpée.

CAMPARI-SODA

4 doses de Campari (60 ml)
Eau gazeuse
1 petit quartier de citron

Remplir de glaçons un verre à long drinks puis verser le Campari. Remplir d'eau gazeuse et remuer doucement. Presser le quartier de citron au-dessus du verre avant de l'y plonger.

CANADIAN AND CAMPARI

3 doses de whiskey canadien (45 ml)
2 doses de Campari (30 ml)
1 dose de vermouth sec (15 ml)
1 zeste de citron

Mélanger tous les ingrédients, sauf le zeste, à de la glace pilée. Passer dans un verre à cocktail rafraîchi et garnir avec le zeste de citron torsadé.

CANADIAN APPLE

4 doses de whiskey canadien (60 ml)
1 dose d'eau-de-vie de pomme (15 ml)
1 c. à café de sirop de canne
1 c. à café 1/2 de jus de citron frais
Cannelle en poudre
1 rondelle de citron

Dans un shaker, mélanger tous les ingrédients, sauf la rondelle de citron, à de la glace pilée. Bien agiter. Verser dans un verre à whisky rafraîchi et garnir avec la rondelle de citron.

CANADIAN BLACKBERRY COCKTAIL

4 doses de whiskey canadien (60 ml)
1 dose d'eau-de-vie de mûre (15 ml)
1 dose de jus d'orange frais (15 ml)
1 c. à café de jus de citron frais
1/2 c. à café de sucre en poudre

Dans un shaker, mélanger tous les ingrédients à de la glace pilée. Bien agiter. Passer dans une verre à whisky rafraîchi.

CANADIAN CHERRY

4 doses de whiskey canadien (60 ml)
2 doses de kirsch (30 ml)
2 c. à café de jus de citron frais
2 c. à café de jus d'orange frais
Sucre en poudre

Verser du kirsch dans une coupelle et du sucre en poudre dans une autre. Givrer un verre à whisky rafraîchi en plongeant le bord du verre dans la coupelle remplie de cherry, puis dans l'autre coupelle remplie de sucre. Agiter tous les ingrédients dans un shaker avec de la glace pilée et passer dans le verre préparé.

CANADIAN COCKTAIL

4 doses de whiskey canadien (60 ml)
2 c. à café de triple sec
1 trait d'angustura
1/2 c. à café de sucre en poudre

Mélanger les ingrédients à de la glace pilée dans un shaker. Bien agiter. Passer dans un verre à whisky rafraîchi.

CANADIAN DAISY

CANADIAN DAISY

4 doses de whiskey canadien
(60 ml)
1 c. à café de brandy
1 dose de jus de citron frais (15 ml)
1 c. à café de sirop de framboise
Eau gazeuse
Framboises fraîches

Dans un shaker, mélanger whisky, jus
de citron et sirop de framboise à des
glaçons. Bien agiter. Verser dans un
verre à long drinks rafraîchi et remplir
d'eau gazeuse. Terminer avec le sirop
de framboise et garnir avec des
framboises fraîches.

CANADIAN OLD
FASHIONED

4 doses de whiskey canadien (60 ml)
1 c. à café de triple sec
1 trait de jus de citron frais
1 trait d'angustura
1 zeste de citron
1 zeste d'orange

Dans un shaker, mélanger tous les
ingrédients, sauf les zestes, à de la
glace pilée. Passer dans une verre à
whisky rafraîchi. Garnir avec les zestes
torsadés de citron et d'orange.

CANTALOUPE CUP

CANADIAN PINEAPPLE

4 doses de whiskey canadien (60 ml)
1 c. à soupe de jus d'ananas
2 c. à soupe de marasquin
2 c. à café de jus de citron frais
1 pointe d'ananas

Dans un shaker, mélanger tous les
ingrédients, sauf la pointe d'ananas, à
de la glace pilée. Bien agiter. Passer
dans un verre à cocktail rafraîchi.
Garnir avec la pointe d'ananas.

CANTALOUPE CUP

4 doses de rhum blanc (60 ml)
1 dose de jus de citron vert frais (15 ml)
1 dose de jus d'orange frais (15 ml)
1/3 de tasse de chair émincée de cantaloup
1/2 c. à café de sucre
1 tranche de cantaloup

Dans un mixeur, mélanger tous les
ingrédients, sauf la tranche de
cantaloup, à de la glace pilée. Mixer
jusqu'à obtenir un mélange onctueux.
Verser dans un verre à whisky rafraîchi
et garnir avec la tranche de cantaloup.

CAPE COD COOLER

4 doses de gin à la prunelle (60 ml)
2 doses de gin (30 ml)
1 dose de jus de citron vert frais (15 ml)
1 dose de sirop d'orgeat (15 ml)
10 doses de jus d'airelle rouge (150 ml)
1 zeste de citron vert

Dans un shaker, mélanger à de la glace pilée tous les ingrédients, sauf le zeste de citron vert. Passer dans une verre à orangeade rafraîchi. Ajouter le zeste.

CAPE COD SUNRISE

6 doses de jus d'airelle rouge (90 ml)
2 doses de jus de citron vert frais (30 ml)
1 zeste de citron vert
1 brin de menthe fraîche

Dans un shaker, mélanger tous les ingrédients à de la glace pilée. Passer dans un grand verre ballon rafraîchi. Garnir avec le citron vert et la menthe.

CAPE CODDER

4 doses de vodka (60 ml)
12 doses de jus d'airelle rouge (180 ml)
1 petit quartier de citron vert

Mélanger vodka et jus dans un verre à long drinks avec des glaçons. Presser quelques gouttes avant de plonger le quartier de citron dans le verre.

CAPRI

2 doses de crème de cacao blanc (30 ml)
2 doses de crème de banane (30 ml)
1 dose de crème (15 ml) et 1 de lait

Dans un shaker, mélanger tous les ingrédients, à de la glace pilée. Agiter. Passer sur glaçons.dans une verre à whisky rafraîchi.

CARA SPOSA

3 doses de liqueur de café (45 ml)
2 doses de Cointreau (30 ml)
1 dose de crème (15 ml) et 1 de lait

Dans un mixeur, mélanger les ingrédients à de la glace pilée. Mixer jusqu'à consistance crémeuse. Verser dans un verre à cocktail rafraîchi.

CAPE CODDER

CARDINAL

4 doses de rhum blanc (60 ml)
1 dose d'amaretto (15 ml)
1 dose de triple sec (15 ml)
2 doses de jus de citron vert frais (30 ml)
1/2 c. à café de grenadine
1 zeste de citron vert

Dans un shaker, mélanger à de la glace pilée tous les ingrédients, sauf le zeste. Verser dans un verre à whisky rafraîchi. Garnir avec le citron.

CARIBBEAN CHAMPAGNE

Champagne frappé ou
vin mousseux
1/2 c. à café de rhum blanc
1/2 c. à café de crème de banane
1 rondelle de banane

Verser le rhum et la crème de banane dans une flûte à champagne. Compléter avec le champagne et mélanger doucement. Garnir avec une rondelle de banane.

CHAMBORLADA

CAROLINA

6 doses de tequila ambrée (90 ml)
1 part de crème (15 ml) et 1 de lait
1 c. à café de grenadine
1 c. à café d'extrait de vanille
1 blanc d'œuf
Cannelle en poudre
1 cerise au marasquin

Dans un shaker, mélanger à de la glace pilée tous les ingrédients, sauf la cannelle et la cerise. Agiter vivement. Passer dans un verre à cocktail rafraîchi. Saupoudrer de cannelle et garnir avec la cerise.

CARROL COCKTAIL

4 doses de brandy (60 ml)
1 dose de vermouth doux (15 ml)
1 cerise au marasquin

Mixer les ingrédients liquides avec de la glace pilée. Passer dans un verre à cocktail rafraîchi et garnir avec la cerise au marasquin.

CARROT COCKTAIL

6 doses de jus d'ananas (90 ml)
1/4 de tasse d'ananas écrasé
Carottes râpées (2 petites ou 1 grosse)

Mélanger ingrédients et glace pilée dans un mixeur. Mixer, puis verser dans un verre à long drinks rafraîchi.

CARUSO

4 doses de gin (60 ml)
1 dose de vermouth sec (15 ml)
1 dose de crème de menthe verte (15 ml)

Bien mixer les ingrédients dans un bol mixeur avec la glace pilée. Passer dans un verre à cocktail rafraîchi.

CASA BLANCA

4 doses de rhum blanc (60 ml)
1 dose de triple sec (15 ml)
1 dose de cherry (15 ml)
1 dose de jus de citron frais (15 ml)

Mélanger les ingrédients à de la glace pilée dans un shaker. Bien agiter. Passer dans un verre à cocktail rafraîchi.

CASINO

5 doses de gin (75 ml)
1 dose de jus de citron frais (15 ml)
1 c. à café de marasquin
2 traits de bitter à l'orange

Mélanger les ingrédients à de la glace pilée dans un shaker. Bien agiter. Passer dans un verre à cocktail rafraîchi.

CHAMBORLADA

4 doses de rhum blanc (60 ml)
2 doses de rhum brun (30 ml)
6 doses de jus d'ananas (90 ml)
4 doses de crème de noix de coco (60 ml)
4 doses de vin de Loire (60 ml)

Dans un mixeur, mélanger tous les ingrédients, sauf le vin, à de la glace pilée. Mixer jusqu'à consistance crémeuse. Verser le vin au fond d'un grand verre ballon, puis le mélange à l'ananas en deuxième couche, sans remuer. Compléter en rajoutant un peu de vin.

CHAMPAGNE COCKTAIL

1 morceau de sucre
Traits d'angustura
Champagne frappé
1 zeste de citron

Mettre le sucre au fond d'une flûte. Ajouter plusieurs traits d'angustura. Compléter avec le champagne frais et remuer. Garnir avec le citron.

CHAMPAGNE COOLER

3 doses de brandy (45 ml)
2 doses de triple sec (30 ml)
Champagne ou vin mousseux
Menthe fraîche

Mettre le brandy et le triple sec dans un verre ballon rafraîchi. Compléter avec le champagne et remuer. Garnir avec un brin de menthe fraîche.

CHAMPAGNE COCKTAIL

CHAMPAGNE CUP

1 dose de cognac (15 ml)
1 dose de curaçao blanc (15 ml)
Champagne ou vin mousseux
1 rondelle d'orange
1 brin de menthe fraîche

Verser cognac et curaçao dans un grand verre ballon rafraîchi, ajouter un glaçon et remplir de champagne. Garnir avec la menthe et la rondelle d'orange.

CHAMPAGNE PUNCH

16 doses de cognac (240 ml)
16 doses de cherry (1 tasse ou 240 ml)
16 doses de triple sec (240 ml)
8 doses de sirop de canne (120 ml)
8 doses de jus de citron frais (120 ml)
Champagne ou vin mousseux (2 bouteilles de 750 ml)

Mettre les ingrédients au frais avant de les réunir, sauf le champagne, dans un grand bol à punch, avec de la glace. Bien remuer. Avant de servir, ajouter le champagne et remuer doucement. Pour 15-20 personnes.

CHAMPAGNE
SORBET PUNCH

Champagne ou vin mousseux
(2 bouteilles de 750 ml)
Vin blanc moelleux
(1 bouteille ou 750 ml)
1 litre de sorbet au citron

Mélanger le champagne et le vin dans
un bol à punch avec de la glace.
Remuer doucement. Ajouter glaçons et
boules de sorbet. Pour 20-25 personnes.

CHAMPS-ÉLYSÉES

4 doses de cognac (60 ml)
1 dose de Chartreuse jaune (15 ml)
1 dose de jus de citron frais (15 ml)
1/2 c. à café de sucre en poudre
1 trait d'angustura

Mélanger les ingrédients à de la glace
pilée dans un shaker. Bien agiter. Passer
dans un verre à cocktail rafraîchi.

CHANGUIRONGO

4 doses de tequila (60 ml)
Ginger ale
1 quartier de citron vert

Dans un verre à long drinks rafraîchi,
mélanger à des glaçons tequila et soda.
Remuer et garnir avec le citron vert.

CHANTICLEER

4 doses de gin (60 ml)
2 doses de jus de citron vert frais (30 ml)
1 c. à soupe de sirop de framboise
1 blanc d'œuf

Dans un shaker, mélanger tous les
ingrédients à de la glace pilée. Bien
agiter. Passer dans un verre à whisky à
demi rafraîchi avec de la glace pilée.

CHAPALA

4 doses de tequila ambrée (60 ml)
1 dose de triple sec (15 ml)
4 doses de jus d'orange frais (60 ml)
2 doses de jus de citron vert frais (30 ml)
1 dose de grenadine (15 ml)

Dans un shaker, mélanger ingrédients
et pilée. Bien agiter. Passer sur de la
glace pilée dans un verre à long drinks
rafraîchi. Remuer.

CHAPEL HILL

4 doses de bourbon (60 ml)
1 dose de curaçao blanc (15 ml)
1 dose de jus de citron frais (15 ml)
1 rondelle d'orange

Dans un shaker, mélanger à de la glace
pilée tous les ingrédients, sauf la
rondelle d'orange. Bien agiter et passer
dans un verre à cocktail rafraîchi.
Garnir avec la rondelle d'orange.

CHARLES COCKTAIL

4 doses de brandy (60 ml)
1 dose de vermouth doux (15 ml)
2-3 traits d'angustura

Dans un doseur, verser les ingrédients
sur de la glace pilée. Remuer et passer
dans un verre à cocktail rafraîchi.

CHARLIE CHAPLIN

4 doses de gin à la prunelle (60 ml)
4 doses d'eau-de-vie d'abricot (60 ml)
3 doses de jus de citron frais (45 ml)

Dans un shaker, mélanger à de la glace
pilée tous les ingrédients. Bien agiter.
Passer sur des glaçons dans un verre à
whisky rafraîchi.

CHARMER

3 doses de scotch (45 ml)
1 dose de curaçao bleu (15 ml)
1 trait de vermouth sec
1 trait de bitter à l'orange

Mélanger les ingrédients à de la glace
pilée dans un shaker. Bien agiter. Passer
dans un verre à cocktail rafraîchi.

CHATHAM COCKTAIL

4 doses de gin (60 ml)
1 dose d'eau-de-vie au gingembre
1 dose de jus de citron frais (15 ml)
1/2 c. à café de sucre
1 petit morceau de gingembre confit

Dans un shaker, mélanger à de la
glace pilée tous les ingrédients, sauf le
gingembre. Bien agiter. Passer dans un
verre à cocktail rafraîchi et garnir avec
le gingembre.

CHARMER

CHEERY CHERRY

8 doses de cidre de cerise brut
(120 ml)
2 doses de jus de citron vert frais (30 ml)
Eau gazeuse
1 rondelle de citron

Dans un verre à long drinks rafraîchi,
verser cidre, jus et eau gazeuse sur
glaçons. Remuer et garnir avec une
rondelle de citron.

CHELSEA SIDECAR

4 doses de gin (60 ml)
1 dose de triple sec (15 ml)
1 dose de jus de citron frais (15 ml)

Dans un shaker, mélanger tous les
ingrédients à de la glace pilée. Bien
agiter. Passer dans un verre à cocktail
rafraîchi.

79

CHATAM

CHERRY BLOSSOM

4 doses de brandy (60 ml)
2 doses de kirsch (30 ml)
1 dose de triple sec (15 ml)
1 dose de jus de citron frais (15 ml)
1 c. à soupe de grenadine
1/2 c. à café de sucre

Dans un shaker, mélanger à de la glace
pilée tous les ingrédients. Bien agiter.
Passer dans un verre à cocktail
rafraîchi.

CHERRY COBBLER

4 doses de gin (60 ml)
1 dose de Cherry Heering (15 ml)
1 dose de crème de cassis (15 ml)
1 dose de jus de citron frais (15 ml)
1 c. à soupe de sirop de canne
1 cerise au marasquin
1 rondelle de citron

Dans un shaker, mélanger à de la glace
pilée tous les ingrédients, sauf la
rondelle de citron et la cerise. Bien
agiter. Passer dans un verre à whisky
rafraîchi. Garnir avec la cerise et la
rondelle de citron.

CHERRY COOLER

4 doses de kirsch (60 ml)
Coca
Rondelle de citron

Verser kirsch et coca sur glaçons dans un verre à whisky rafraîchi. Remuer et garnir avec une rondelle de citron.

CHERRY DAIQUIRI

4 doses de rhum blanc (60 ml)
1 dose de cherry (15 ml)
1 dose de jus de citron vert frais (15 ml)
1/4 de c. à café de kirsch
1 zeste de citron vert

Dans un shaker, mélanger à de la glace pilée les ingrédients liquides. Bien agiter. Passer dans un verre à cocktail rafraîchi. Garnir avec le zeste de citron.

CHERRY FIZZ

4 doses de kirsch (60 ml)
1 dose de jus de citron frais (15 ml)
1/2 c. à café de sucre
Eau gazeuse
1 cerise au marasquin

Dans un shaker, mélanger à de la glace pilée tous les ingrédients, sauf l'eau et la cerise. Bien agiter. Passer sur glaçons dans un verre à orangeade rafraîchi. Remplir d'eau gazeuse et remuer doucement. Garnir avec la cerise.

CHERRY RASPBERRY SHAKE

8 doses de cidre de cerise brut (120 ml)
8 doses de sorbet à la framboise (120 ml)
1 c. à café de jus de citron frais

Mélanger les ingrédients à de la glace pilée dans un mixeur. Mixer jusqu'à consistance onctueuse et verser dans un verre à orangeade rafraîchi.

CHERRY RUM

4 doses de rhum blanc (60 ml)
2 doses de kirsch (30 ml)
1/2 dose de crème (7,5 ml) et 1/2 de lait

Mélanger les ingrédients à de la glace pilée dans un shaker. Bien agiter. Passer dans un verre à cocktail rafraîchi.

CHI-CHI

CHI-CHI

4 doses de rhum blanc (60 ml)
1 dose d'eau-de-vie de mûre (15 ml)
Jus d'ananas

Dans un verre à whisky rafraîchi bien rempli de glaçons, mélanger rhum et jus d'ananas. Compléter en versant l'eau-de-vie en surface.

CHICAGO

4 doses de brandy (60 ml)
1 trait de triple sec
1 trait d'angustura
Champagne ou vin mousseux
1 quartier de citron
Sucre en poudre

Humecter les bords d'un verre ballon rafraîchi avec un quartier de citron, puis givrez-les avec du sucre en poudre. Dans un bol mixeur, mixer le brandy, le triple sec et l'angustura avec de la glace pilée. Passer dans le verre ballon. Compléter avec du champagne.

CHOCOLATE COCKTAIL

CHICAGO FIZZ

3 doses de rhum paille (45 ml)
2 doses de porto (30 ml)
1 dose de jus de citron frais (15 ml)
1/2 c. à café de sucre en poudre
1 blanc d'œuf
Eau gazeuse

Dans un shaker, mélanger à de la glace
pilée tous les ingrédients, sauf l'eau
gazeuse. Agiter vigoureusement.
Passer sur des glaçons dans un verre à
orangeade rafraîchi et remplir d'eau
gazeuse. Remuer doucement.

CHICKEN SHOT

4 doses de bouillon de poule froid
(60 ml)
4 doses de bouillon de bœuf froid (60 ml)
1 dose de jus de citron frais (15 ml)
Tabasco à volonté
Sauce Worcestershire à volonté
Poivre fraîchement moulu à volonté
Sel de céleri à volonté

Mélanger ingrédients et glace pilée
dans un doseur. Remuer. Passer dans
un verre à whisky rafraîchi.

CHINESE COCKTAIL

4 doses de rhum brun (60 ml)
1 c. à soupe de grenadine
3-5 traits de curaçao blanc
3-5 traits de marasquin
1 trait d'angustura

Mélanger les ingrédients à de la glace
pilée dans un shaker. Bien agiter. Passer
dans un verre à cocktail rafraîchi.

CHIQUITA

4 doses de vodka (60 ml)
1 dose de liqueur de banane
(15 ml)
1 dose de jus de citron frais (15 ml)
1/4 tasse de rondelles de bananes
1 c. à café de sirop d'orgeat

Mélanger les ingrédients à de la glace
pilée dans un verre doseur et remuer.
Verser dans un grand verre ballon
rafraîchi.

CHOCOLATE
COCKTAIL

6 doses de porto (90 ml)
1 dose de chartreuse jaune (15 ml)
1 jaune d'œuf
1 c. à soupe de chocolat râpé semi-amer

Dans un mixeur, mélanger à de la glace
pilée porto, chartreuse et jaune d'œuf.
Mixer. Quand le mélange est onctueux,
verser dans un verre à cocktail rafraîchi
et saupoudrer de chocolat râpé.

CHOCOLATE RUM

4 doses de rhum blanc (60 ml)
2 doses de crème de cacao noir (30 ml)
2 doses de crème de menthe blanche (30 ml)
1 dose de rhum fort (15 ml)
1 dose de crème (15 ml) et 1 de lait

Dans un shaker, agiter les ingrédients
avec de la glace pilée. Passer sur
des glaçons dans un verre à whisky
rafraîchi.

CHOCOLATIER CAKE

2 doses de crème de cacao (30 ml)
2 doses de brandy (30 ml)
2 doses de crème épaisse (30 ml)

Rafraîchir à l'avance les ingrédients,
puis, à l'aide d'une cuiller, les verser
doucement un par un, selon l'ordre
indiqué, dans un petit verre à liqueur
rafraîchi.

CHOCOLATIER CAKE

CHRYSANTHEMUM COCKTAIL

4 doses de vermouth sec (60 ml)
3 doses de Bénédictine (45 ml)
1/4 c. à café de Pernod
1 zeste d'orange

Dans un verre doseur, mélanger à de la glace pilée vermouth et Bénédictine. Remuer et passer dans un verre à cocktail rafraîchi. Ajouter le Pernod et remuer. Plonger le zeste d'orange.

CIDER CUP

8 doses de brandy (120 ml)
4 doses de Cointreau (60 ml)
32 doses de cidre (480 ml)
16 doses d'eau gazeuse (240 ml)
4 c. à café de sucre en poudre
Rondelles de pomme
Feuilles de menthe fraîche

Dans un pichet, mélanger à des glaçons tous les ingrédients, sauf la pomme et la menthe. Garnir et servir dans des verres ballons. Pour 3-4 personnes.

CLAM DIGGER

16 doses de jus de clams-tomate (240 ml)
2 doses de jus de citron vert frais (30 ml)
3-5 traits de Tabasco
3-5 traits de sauce Worcestershire
Poivre fraîchement moulu à volonté
Sel de céleri à volonté
1/4 c. à café de raifort blanc
1 branche de céleri, 1 rondelle de citron vert

Dans un shaker, mélanger à de la glace pilée tous les ingrédients. Bien agiter. Passer sur des glaçons dans un verre à orangeade rafraîchi. Garnir avec la rondelle de citron et le céleri.

CLARET COBBLER

8 doses de bordeaux ou de cabernet sauvignon (120 ml)
1 c. à café de jus de citron frais
1 c. à café de sucre en poudre
4 doses d'eau gazeuse très fraîche (60 ml)
1 rondelle d'orange

Dans un verre ballon rafraîchi, faire fondre le sucre dans l'eau et le citron. Ajouter bordeaux et glace pilée. Remuer doucement et garnir avec l'orange.

CLARET CUP

32 doses de bordeaux
ou de cabernet sauvignon
(480 ml)
4 doses de brandy (60 ml)
2 doses de Cointreau (30 ml)
3 c. à café de sucre en poudre
16 doses d'eau gazeuse (240 ml)
Rondelles d'orange
Brins de menthe fraîche

Dans un pichet, mélanger à des glaçons tous les ingrédients, sauf les rondelles d'orange et la menthe. Garnir avec orange et menthe et servir dans des verres ballons. Pour 3-4 personnes.

CLARET PUNCH

3 bouteilles de 750 ml de bordeaux
ou de cabernet sauvignon
32 doses de brandy (480 ml)
16 doses de Cointreau (240 ml)
48 doses de jus de citron frais (720 ml)
Sucre en poudre à volonté
Fruits de saison en rondelles

Mélanger tous les ingrédients, sauf les fruits, dans un grand bol à punch. Ajouter de la glace et garnir avec les fruits. Pour 15-20 personnes.

CLARIDGE COCKTAIL

4 doses de gin (60 ml)
1 dose de vermouth sec (15 ml)
1 dose d'eau-de-vie d'abricot (15 ml)
1 dose de triple sec (15 ml)

Mélanger les ingrédients à de la glace pilée dans un shaker. Bien agiter. Passer dans un verre à cocktail rafraîchi.

CLASSIC COCKTAIL

4 doses de brandy (60 ml)
1 dose de curaçao blanc (15 ml)
1 dose de marasquin (15 ml)
1 dose de jus de citron frais (15 ml)
1 zeste de citron
1 quartier de citron
Sucre en poudre

Givrer un verre à cocktail rafraîchi en humectant le bord avec le quartier de citron et en le plongeant dans le sucre. Mélanger les autres ingrédients, sauf le zeste de citron, à de la glace pilée dans un shaker. Bien agiter. Passer dans le verre givré et garnir avec le zeste de citron.

CLOISTER

4 doses de gin (60 ml)
1 dose de chartreuse jaune (15 ml)
1 dose de jus de pamplemousse frais (15 ml)
1 c. à café de jus de citron frais
1/2 c. à café de sucre en poudre

Mélanger les ingrédients à de la glace pilée dans un shaker. Bien agiter. Passer dans un verre à cocktail rafraîchi.

CLOVER CLUB COCKTAIL

4 doses de gin (60 ml)
2 doses de jus de citron frais (30 ml)
2 c. à café de grenadine
1 blanc d'œuf

Dans un shaker, mélanger les ingrédients à de la glace pilée. Agiter vigoureusement. Passer dans le verre à cocktail rafraîchi.

COCK N' BULL SHOT

4 doses de vodka (60 ml)
4 doses de bouillon de poule (60 ml)
4 doses de bouillon de bœuf (60 ml)
1 dose de jus de citron frais (15 ml)
Tabasco à volonté
Sauce Worcestershire à volonté
Poivre fraîchement moulu à volonté
Sel de céleri à volonté

Mélanger ingrédients et glace pilée dans un doseur. Bien remuer. Passer dans un verre à whisky rafraîchi.

COCO CHANEL

3 doses de gin (45 ml)
3 doses de liqueur de café (45 ml)
1 dose 1/2 de crème (22,5 ml)
et 1 1/2 de lait

Mélanger les ingrédients à de la glace pilée dans un shaker. Bien agiter. Passer dans un verre à cocktail rafraîchi.

COCO COLA

4 doses de lait de noix de coco (60 ml)
2 doses de jus de citron vert frais (30 ml)
Coca
1 rondelle de citron vert

Dans un shaker, mélanger lait de noix de coco et jus de citron vert. Bien agiter. Verser sur glace dans un verre à long drinks rafraîchi. Remplir de coca et garnir avec la rondelle de citron vert.

COCO LOCO

1 noix de coco fraîche avec son jus
1 tasse de glace pilée
4 doses de tequila silver (60 ml)
2 doses de gin (30 ml)
2 doses de rhum blanc (30 ml)
4 doses de jus d'ananas (60 ml)
1 c. à café de sirop de canne
1/2 citron vert

Ouvrir une noix de coco fraîche en découpant le sommet. Ne pas jeter le jus. Ajouter la glace pilée dans la noix de coco et y verser les ingrédients liquides. Presser le citron au-dessus de la boisson avant de l'y mettre. Remuer.

COCONUT COOLER

4 doses de lait de noix de coco (60 ml)
4 doses de jus de citron vert frais (60 ml)
Eau gazeuse
1 brin de menthe fraîche

Mélanger le lait de noix de coco et le jus de citron dans un shaker. Agiter et verser sur des glaçons dans un verre à orangeade rafraîchi. Remplir d'eau gazeuse et remuer doucement. Garnir avec la menthe fraîche.

COFFEE COCKTAIL

6 doses de porto rouge (90 ml)
2 doses de brandy (30 ml)
2-3 traits de curaçao blanc
1 jaune d'œuf
1/2 c. à café de sucre en poudre
Noix muscade fraîchement râpée

Dans un mixeur, mélanger tous les ingrédients, sauf la noix muscade, à de la glace pilée. Mixer. Quand le mélange est onctueux, verser dans un verre tulipe rafraîchi et saupoudrer de muscade.

85

COCO LOCO

COFFEE EGG NOG

4 doses de whisky (60 ml)
2 doses de liqueur de café (30 ml)
12 doses de lait (180 ml)
1 dose de crème (15 ml) et 1 de lait
1 c. à café de sirop de canne
1/2 c. à café de café soluble
1 œuf
Noix muscade fraîchement râpée

Dans un mixeur, mélanger à de la
glace pilée tous les ingrédients, sauf la
muscade. Mixer. Quand le mélange est
onctueux, verser dans un verre à
orangeade rafraîchi et saupoudrer de
muscade.

COFFEE FLIP

4 doses de cognac (60 ml)
2 doses de porto rouge (30 ml)
10 doses de café froid (150 ml)
1/2 c. à café de sucre en poudre
1 œuf
Noix muscade fraîchement râpée

Dans un mixeur, mélanger à de la
glace pilée tous les ingrédients, sauf la
muscade. Mixer. Quand le mélange est
onctueux, verser dans un verre ballon
rafraîchi et saupoudrer de muscade.

COFFEE GRASSHOPPER

3 doses de liqueur de café (45 ml)
2 doses de crème de menthe blanche (30 ml)
1 dose de crème (15 ml) et 1 de lait

Dans un shaker, mélanger tous les ingrédients à de la glace pilée. Bien agiter et passer dans un verre à whisky rafraîchi.

COGNAC COUPLING

4 doses de cognac (60 ml)
2 doses de porto rouge (30 ml)
1 dose de Pernod (15 ml)
2-3 traits de bitter Peychaud
1 c. à café de jus de citron frais

Mélanger les ingrédients à de la glace pilée dans un shaker. Passer dans un verre à whisky rafraîchi.

COLD AND CLAMMY BLOODY MARY

4 doses de vodka glacée (60 ml)
12 doses de jus de clams-tomate (180 ml)
1/2 c. à café de jus de citron vert frais
1/2 c. à café de sauce Worcestershire
Traits de Tabasco
Poivre fraîchement moulu à volonté
Sel à volonté
1 rondelle d'oignon frais

Dans un shaker, mélanger à de la glace pilée tous les ingrédients, sauf la rondelle d'oignon. Bien agiter. Passer sur des glaçons dans un verre à long drinks rafraîchi. Garnir avec l'oignon frais. Assaisonner selon le goût.

COLD DECK

4 doses de brandy (60 ml)
1 dose de vermouth doux(15 ml)
1 dose de crème de menthe blanche (15 ml)

Mélanger les ingrédients à de la glace pilée dans un shaker. Bien agiter. Passer dans un verre à cocktail rafraîchi.

COLONIAL COCKTAIL

4 doses de gin (60 ml)
1 c. à café de marasquin
1 dose de jus de pamplemousse (15 ml)
Olive verte

Dans un shaker, mélanger à de la glace pilée tous les ingrédients, sauf l'olive. Passer dans un verre à cocktail rafraîchi et garnir avec l'olive.

COLONY CLUB

4 doses de gin (60 ml)
1 c. à café de Pernod
3-5 traits de bitter à l'orange

Mélanger les ingrédients à de la glace pilée dans un shaker. Bien agiter. Passer dans un verre à cocktail rafraîchi.

COLUMBIA

4 doses de brandy (60 ml)
1 dose de vermouth doux (15 ml)
1 c. à soupe de jus de citron frais
1 c. à café de grenadine
1 trait d'angustura

Mélanger les ingrédients à de la glace pilée dans un shaker. Bien agiter. Passer dans un verre à cocktail rafraîchi.

COMBO

4 doses de vermouth sec (60 ml)
1 dose de brandy
1/2 dose de Cointreau
1/2 c. à café de sucre en poudre
1 trait d'angustura

Dans un shaker, mélanger les ingrédients à de la glace pilée. Passer sur des glaçons dans un verre à whisky rafraîchi.

COMMODORE COCKTAIL

4 doses de bourbon (60 ml)
2 doses de crème de cacao blanc (30 ml)
1 dose de jus de citron frais (15 ml)

Mélanger les ingrédients à de la glace pilée dans un shaker. Bien agiter. Passer dans un verre à cocktail rafraîchi.

COMMONWEALTH COCKTAIL

4 doses de whiskey canadien (60 ml)
1 dose de Grand Marnier (15 ml)
1 c. à café de jus de citron frais
1 zeste d'orange

Dans un doseur, mélanger à de la glace pilée tous les ingrédients, sauf le zeste d'orange. Bien remuer. Verser dans un verre à cocktail rafraîchi et garnir avec le zeste d'orange.

CONEY ISLAND BABY

4 doses de schnaps au peppermint (60 ml)
2 doses de crème de cacao noir (30 ml)
Eau de Seltz

Mélanger schnaps et crème de cacao à de la glace pilée dans un shaker. Bien agiter. Passer sur des glaçons dans un verre à long drinks rafraîchi. Remplir d'eau de Seltz et remuer doucement.

CONFETTI

8 doses de cidre de cerise brut (120 ml)
2 doses de sirop d'orgeat (30 ml)
env. 50 g de pommes hachées
env. 50 g de poires hachées
env. 50 g de pêches hachées

Mixer les ingrédients dans de la glace pilée. Quand tout est onctueux, verser dans un verre à long drinks rafraîchi. N.B. Si l'on doit prendre des fruits en conserve, choisir ceux qui sont mis en boîte dans leur propre jus.

CONTINENTAL COCKTAIL

4 doses de rhum blanc (60 ml)
1 dose de crème de menthe verte (15 ml)
1 dose de jus de citron frais (15 ml)
1/2 c. à café de sucre en poudre

Mélanger les ingrédients à de la glace pilée dans un shaker. Bien agiter. Passer dans un verre à cocktail rafraîchi.

COOL COLLINS

4 doses de jus de citron frais (60 ml)
1 c. à café de sucre en poudre
7 feuilles de menthe fraîche
Eau gazeuse
1 rondelle de citron
Brins de menthe fraîche

Verser le jus de citron et le sucre dans un verre à orangeade rafraîchi. Mettre ensuite les feuilles de menthe et les écraser à la cuiller. Ajouter des glaçons et remplir d'eau gazeuse. Remuer doucement et garnir avec la rondelle de citron et les brins de menthe.

COOL COLONEL

4 doses de bourbon (60 ml)
2 doses de Southern Comfort (30 ml)
8 doses de thé fort, glacé (120
1 dose de jus de citron frais (15 ml)
1/2 c. à café de sucre en poudre
Eau gazeuse
1 zeste de citron

Dans un doseur, mélanger glace pilée et ingrédients, sauf le zeste de citron et l'eau gazeuse. Bien remuer. Verser dans un verre à orangeade rafraîchi. Remplir d'eau gazeuse et remuer doucement. Garnir avec le zeste de citron.

COOPERSTOWN COCKTAIL

4 doses de gin (60 ml)
1 dose de vermouth sec (15 ml)
1 dose de vermouth doux (15 ml)
1 brin de menthe fraîche

Dans un shaker, mélanger à de la glace pilée les ingrédients liquides. Bien agiter. Verser dans un verre à cocktail rafraîchi. Garnir avec la menthe.

CORKSCREW

4 doses de rhum blanc (60 ml)
1 dose de vermouth sec (15 ml)
1 dose de liqueur de pêche (15 ml)
1 rondelle de citron vert

Dans un shaker, mélanger à de la glace pilée tous les ingrédients, sauf le citron vert. Bien agiter. Passer dans un verre à cocktail rafraîchi. Garnir avec le zeste de citron vert.

CORNELL COCKTAIL

4 doses de gin (60 ml)
1 dose de marasquin
(15 ml)
1/2 blanc d'œuf

Mélanger les ingrédients à de la glace
pilée dans un shaker. Bien agiter. Passer
dans un verre à cocktail rafraîchi.

CORONADO

4 doses de gin (60 ml)
1 dose de curaçao blanc (15 ml)
4 doses de jus d'ananas (60 ml)
3-5 traits de kirsch
1 cerise au marasquin

Dans un shaker, mélanger à de la glace
pilée tous les ingrédients, sauf la cerise.
Bien agiter. Verser dans un verre à
whisky rafraîchi. Garnir avec la cerise.

CORPSE REVIVER

4 doses d'eau-de-vie de pomme (60 ml)
2 doses de brandy (30 ml)
1 dose de vermouth sec (15 ml)

Mélanger les ingrédients à de la glace
pilée dans un shaker. Bien agiter. Passer
dans un verre à cocktail rafraîchi.

COSMOPOLITAN

4 doses de vodka (60 ml)
2 doses de triple sec (30 ml)
2 doses de jus d'airelle rouge (30 ml)
1 dose de jus de citron vert frais (15 ml)

Mélanger les ingrédients à de la glace
pilée dans un shaker. Bien agiter. Passer
dans un verre à cocktail rafraîchi.

COSMOPOLITAN

COSSACK

4 doses de vodka (60 ml)
2 doses de cognac (30 ml)
2 doses de jus de citron vert frais (30 ml)
1/2 c. à café de sucre en poudre

Mélanger les ingrédients à de la glace
pilée dans un shaker. Bien agiter. Passer
dans un verre à cocktail rafraîchi.

COSTA DEL SOL

4 doses de gin (60 ml)
2 doses d'eau-de-vie d'abricot (30 ml)
2 doses de Cointreau (30 ml)

Dans un shaker, mélanger tous les
ingrédients à de la glace pilée. Bien
agiter. Passer dans un verre à whisky
rafraîchi.

COUNT STROGANOFF

4 doses de vodka (60 ml)
2 doses de crème de cacao blanc (30 ml)
1 dose de jus de citron frais (15 ml)

Mélanger les ingrédients à de la glace
pilée dans un shaker. Bien agiter. Passer
dans un verre à cocktail rafraîchi.

COUNTRY CLUB COOLER

8 doses de Lillet blanc (120 ml)
1 c. à café de grenadine
Eau gazeuse
1 zeste d'orange

Verser Lillet et grenadine dans un
verre à orangeade rafraîchi et remuer.
Ajouter des glaçons et remplir d'eau
gazeuse. Remuer doucement et garnir
avec le zeste d'orange.

COWBOY COCKTAIL

6 doses de whisky de seigle (90 ml)
1 c. à soupe de crème et 1 de lait

Mélanger les ingrédients à de la glace
pilée dans un shaker. Bien agiter. Passer
dans un verre à cocktail rafraîchi.

COWGIRL'S PRAYER

4 doses de tequila ambrée (60 ml)
Citronnade fraîche maison
2 doses de jus de citron vert frais (30 ml)
1 rondelle de citron
1 rondelle de citron vert

Verser tequila et jus de citron vert sur
des glaçons dans un verre à orangeade
rafraîchi. Remplir de citronnade et
remuer. Ajouter les rondelles de citron.

CRANBERRY CREAM COCKTAIL

5 doses de jus d'airelle rouge (75 ml)
4 doses de jus de pomme (60 ml)
1 dose de crème de noix de coco (15 ml)
2 doses de jus de citron vert frais (30 ml)
2 traits de grenadine

Dans un mixeur, mélanger tous les
ingrédients à de la glace pilée. Mixer.
Quand le mélange est onctueux, verser
dans un grand verre ballon rafraîchi.

CREAMSICLE

4 doses de liqueur de vanille (60 ml)
8 dose de jus d'orange frais (120 ml)
2 doses de crème (30 ml) et 2 de lait
1 rondelle d'orange

Dans un shaker, mélanger à de la glace
pilée tous les ingrédients, sauf la
rondelle d'orange. Bien agiter. Passer
sur des glaçons dans un verre à long
drinks rafraîchi. Garnir avec l'orange.

CREAMY ORANGE

2 doses de crème de xérès (30 ml)
2 doses de jus d'orange frais (30 ml)
1 dose de brandy (15 ml)
1 dose de crème (7,5 ml et 1 de lait)

Mélanger les ingrédients à de la glace
pilée dans un shaker. Bien agiter. Passer
dans un verre à cocktail rafraîchi.

CREAMSICLE

CREAMY SCREWDRIVER

4 doses de vodka (60 ml)
1 jaune d'œuf
1/2 c. à café de sucre en poudre
12 doses de jus d'orange frais (180 ml)

Dans un mixeur, mélanger tous les
ingrédients à de la glace pilée. Mixer.
Quand le mélange est onctueux, verser
sur des glaçons dans un verre à
orangeade rafraîchi.

CRÈME DE MENTHE FRAPPÉE

4 doses de crème de menthe verte (60 ml)
Glace pilée

Remplir un verre à whisky de glace
pilée. Ajouter la crème de menthe et
servir avec une paille courte.

CUBA LIBRE

CREOLE

4 doses de rhum blanc (60 ml)
1 c. à café de jus de citron frais
Tabasco à volonté
Poivre fraîchement moulu à volonté
Sel à volonté
Bouillon de bœuf

Mélanger à de la glace pilée rhum, jus
de citron et Tabasco dans un shaker.
Bien agiter, et verser sur des glaçons
dans un verre à whisky rafraîchi.
Remplir de bouillon et remuer. Saler
et poivrer.

CREOLE LADY

4 doses de bourbon (60 ml)
3 doses de madère (45 ml)
1 c. à café de grenadine
1 cerise rouge au marasquin
1 cerise verte au marasquin

Mélanger les ingrédients avec de la
glace dans un verre doseur. Passer
dans un verre à cocktail rafraîchi et
garnir avec les cerises.

CRIMSON

4 doses de gin (60 ml)
1 dose de porto rouge (15 ml)
2 c. à café de jus de citron vert frais
1 c. à café de grenadine

Dans un shaker, mélanger à de la glace pilée tous les ingrédients, sauf le porto. Passer dans un verre à cocktail rafraîchi et verser le porto en surface.

CUBA LIBRE

4 doses de rhum blanc (60 ml)
Coca
1 rondelle de citron vert

Verser rhum et coca dans un verre à long drinks rafraîchi plein de glaçons. Remuer et garnir avec le citron vert.

CURAÇAO COOLER

CUBAN COCKTAIL

4 doses de brandy (60 ml)
2 doses d'eau-de-vie d'abricot (30 ml)
1 c. à café de rhum blanc
2 doses de jus de citron vert frais (30 ml)

Mélanger les ingrédients à de la glace pilée dans un shaker. Bien agiter. Passer dans un verre à cocktail rafraîchi.

CUBAN SPECIAL

4 doses de rhum blanc (60 ml)
1 c. à café de triple sec
2 doses de jus de citron vert frais (30 ml)
1 c. à soupe de jus d'ananas
1 pointe d'ananas

Mélanger tous les ingrédients à de la glace pilée dans un shaker. Bien agiter. Passer dans un verre à cocktail rafraîchi et garnir avec la pointe d'ananas.

CUBANO

4 doses de rhum blanc (60 ml)
2 doses de jus de citron vert frais
1/2 c. à café de sucre en poudre

Mélanger les ingrédients à de la glace pilée dans un shaker. Bien agiter. Passer dans un verre à cocktail rafraîchi.

CULROSS

4 doses de rhum blanc (60 ml)
1 dose d'eau-de-vie d'abricot (15 ml)
1 dose de Lillet blanc (15 ml)
1 c. à café de jus de citron frais

Mélanger les ingrédients à de la glace pilée dans un shaker. Bien agiter. Passer dans un verre à cocktail rafraîchi.

CURAÇAO COOLER

4 doses de rhum brun (60 ml)
3 doses de curaçao blanc (45 ml)
2 doses de jus de citron vert frais (30 ml)
Eau gazeuse
1 rondelle d'orange

Dans un shaker, mélanger à de la glace pilée tous les ingrédients, sauf l'eau gazeuse et la rondelle d'orange. Bien agiter. Verser dans un verre à long drinks rafraîchi et remplir d'eau gazeuse. Remuer doucement et garnir avec la rondelle d'orange.

D

DAIQUIRI

4 doses de rhum blanc (60 ml)
1 dose 1/2 de jus de cit. vert frais
1/2 c. à café de sirop de canne

Mélanger les ingrédients à de la glace pilée dans un shaker. Bien agiter. Passer dans un verre à cocktail rafraîchi.

DAMN THE WEATHER

4 doses de gin (60 ml)
1 c. à soupe de vermouth doux
2 c. à café de triple sec
1 dose de jus d'orange frais (15 ml)

Mélanger les ingrédients à de la glace pilée dans un shaker. Bien agiter. Passer dans un verre à cocktail rafraîchi.

DANIEL'S COCKTAIL

4 doses de jus d'orange frais (60 ml)
3 doses de jus de citron vert frais (45 ml)
2 c. à café de grenadine

Mélanger les ingrédients à de la glace pilée dans un shaker. Bien agiter. Passer dans un verre à cocktail rafraîchi.

DANISH GIN FIZZ

4 doses de gin (60 ml)
1 dose de Cherry Heering (15 ml)
1 c. à café de kirsch
1 dose de jus de citron vert frais (15 ml)
1/2 c. à café de sucre en poudre
Eau gazeuse
1 rondelle de citron vert
1 cerise au marasquin

Dans un shaker, mélanger à de la glace pilée tous les ingrédients, sauf l'eau gazeuse et les fruits. Bien agiter et verser sur des glaçons dans un verre à long drinks rafraîchi. Remplir d'eau gazeuse. Garnir avec la rondelle de citron vert et la cerise.

DARB

3 doses de gin (45 ml)
2 doses de vermouth sec (30 ml)
2 doses d'eau-de-vie d'abricot (30 ml)
1 dose de jus de citron vert frais (15 ml)

Mélanger les ingrédients à de la glace pilée dans un shaker. Bien agiter. Passer dans un verre à cocktail rafraîchi.

DAYDREAM

3 doses de sirop de fruit de la passion (45 ml)
Jus d'orange frais
Noix muscade fraîchement râpée

Dans un verre à orangeade rafraîchi, verser sur des glaçons le sirop de fruit de la passion. Remplir de jus d'orange et remuer. Saupoudrer de muscade.

DEAUVILLE

3 doses de brandy (45 ml)
2 doses d'eau-de-vie de pomme (30 ml)
1 dose de Cointreau (15 ml)
1 dose de jus de citron vert frais (15 ml)

Mélanger les ingrédients à de la glace pilée dans un shaker. Bien agiter. Passer dans un verre à cocktail rafraîchi.

DEEP SEA

4 doses de gin (60 ml)
2 doses de vermouth sec (30 ml)
1/2 c. à café de Pernod
1 trait de bitter à l'orange

Mélanger les ingrédients à de la glace pilée dans un verre doseur. Passer dans un verre à cocktail rafraîchi.

DELMONICO COCKTAIL

3 doses de gin (45 ml)
2 doses de brandy (30 ml)
1 dose de vermouth sec (15 ml)
1 dose de vermouth doux (15 ml)
2 traits d'angustura
1 zeste de citron

Mélanger à des glaçons les ingrédients liquides dans un verre doseur. Bien remuer. Passer dans un verre à cocktail et garnir avec le zeste de citron.

DELTA

4 doses de whisky (60 ml)
1 dose de Southern Comfort (15 ml)
1 dose de jus de citron vert frais (15 ml)
1/2 c. à café de sucre en poudre
1 rondelle d'orange
1 tranche de pêche fraîche

Dans un shaker, mélanger glace pilée et ingrédients, sauf les fruits. Bien agiter. Verser dans un verre classique rafraîchi. Garnir avec les fruits.

DEMPSEY

4 dose de gin (60 ml)
2 doses d'eau-de-vie de pomme (30 ml)
1 dose de Pernod
1 c. à café de grenadine

Mélanger les ingrédients à de la glace pilée dans un shaker. Bien agiter. Passer dans un verre à cocktail rafraîchi.

DEPTH BOMB

4 doses de brandy (60 ml)
2 doses d'eau-de-vie de pomme (30 ml)
Jus de citron frais
1/2 c. à café de grenadine

Mélanger les ingrédients à de la glace pilée dans un shaker. Bien agiter. Passer sur des glaçons dans un verre à whisky classique rafraîchi.

DEPTH CHARGE

4 doses de schnaps, au parfum de votre choix (60 ml)
500 ml de bière

Verser le schnaps, puis la bière, dans une chope glacée.

DERBY DAIQUIRI

4 doses de rhum blanc (60 ml)
2 doses de jus d'orange frais (30 ml)
1 dose de jus de citron vert frais (15 ml)
1 c. à café de sucre en poudre

Mélanger les ingrédients à de la glace pilée dans un mixeur. Mixer à faible vitesse. Quand le mélange est onctueux, verser dans une flûte à champagne.

DERBY FIZZ

4 doses de scotch (60 ml)
1 dose de triple sec
1 dose de jus de citron vert frais (15 ml)
1/2 c. à café de sucre en poudre
1 œuf
Eau gazeuse

Dans un shaker, mélanger à de la glace pilée tous les ingrédients, sauf l'eau gazeuse. Bien agiter. Verser sur glaçons dans un verre à orangeade rafraîchi. Remplir d'eau gazeuse et remuer.

DERBY SPECIAL

4 doses de rhum blanc (60 ml)
1 dose de Cointreau (15 ml)
2 doses de jus d'orange frais (30 ml)
1 dose de jus de citron vert frais (15 ml)

Mélanger les ingrédients à de la glace pilée dans un mixeur. Mixer. Quand le mélange est onctueux, verser dans un verre à cocktail rafraîchi.

DEVIL'S COCKTAIL

4 doses de porto rouge (60 ml)
2 doses de vermouth sec (30 ml)
1/2 c. à café de jus de citron

Mélanger les ingrédients à de la glace pilée dans un verre doseur. Passer dans un verre à cocktail rafraîchi.

DEVIL'S TAIL

4 doses de rhum blanc (60 ml)
2 doses de vodka (30 ml)
2 c. à café d'eau-de-vie d'abricot
1 dose de jus de citron vert frais (15 ml)
2 c. à café de grenadine
1 zeste de citron vert

Dans un mixeur, mélanger glace pilée
et ingrédients, sauf le zeste de citron.
Mixer à basse vitesse jusqu'à onctuosité,
verser dans une flûte à champagne
rafraîchie et garnir avec le citron vert.

DIABLO

4 doses de porto blanc (60 ml)
2 doses de vermouth sec (30 ml)
Jus de citron frais
1 zeste de citron

Dans un shaker, mélanger à de la glace
pilée tous les ingrédients, sauf le zeste
de citron. Bien agiter. Passer dans un
verre à cocktail rafraîchi. Garnir avec
l'écorce d'orange.

DIAMOND FIZZ

4 doses de gin (60 ml)
1 dose de jus de citron frais (15 ml)
1 c. à café de sucre en poudre
Champagne ou vin mousseux

Dans un shaker, mélanger à de la glace
pilée tous les ingrédients, sauf le
champagne. Passer sur glaçons dans un
verre à long drinks rafraîchi et remplir
de champagne. Remuer doucement.

DIAMOND HEAD

4 doses de gin (60 ml)
1 dose d'eau-de-vie d'abricot (15 ml)
2 doses de jus de citron frais (30 ml)
1/2 c. à café de sucre en poudre
1/2 blanc d'œuf

Mélanger tous les ingrédients à de la
glace pilée dans un shaker. Agiter
vigoureusement et passer dans un
verre à cocktail rafraîchi.

DIANA

4 doses de crème de menthe
blanche (60 ml)
1 dose de cognac (15 ml)
Glace pilée

Verser la crème de menthe dans un
verre à cognac sur de la glace pilée.
Verser le cognac en surface.

DINAH

4 doses de whisky (60 ml)
1 dose de jus de citron frais (15 ml)
1/2 c. à café de sucre en poudre
1 brin de menthe fraîche

Dans un shaker, mélanger glace pilée
et ingrédients, sauf la menthe. Passer
dans un verre à cocktail rafraîchi.
Garnir avec le brin de menthe.

DIPLOMAT

4 doses de vermouth sec (60 ml)
1 dose de vermouth doux (15 ml)
1/2 c. à café de marasquin
3 traits d'angustura
1 rondelle de citron
1 cerise au marasquin

Mélanger ingrédients liquides et glace
pilée dans un verre doseur et remuer.
Passer dans un verre à cocktail
rafraîchi et garnir avec les fruits.

DIXIE

4 doses de gin (60 ml)
2 doses de Pernod (30 ml)
1 dose de vermouth sec (15 ml)
4 doses de jus d'orange frais (60 ml)
1/4 c. à café de grenadine

Mélanger les ingrédients à de la glace
pilée dans un shaker. Passer dans un
verre à whisky rafraîchi.

DIXIE WHISKY COCKTAIL

4 doses de bourbon (60 ml)
1/2 c. à café de Cointreau
1/2 c. à café de crème de menthe blanche
1/2 c. à café de sucre en poudre
1 trait d'angustura

Mélanger les ingrédients à de la glace pilée dans un shaker. Passer dans un verre à cocktail rafraîchi.

DOUBLE STANDARD SOUR

3 doses de whisky (45 ml)
3 doses de gin (45 ml)
2 doses de jus de citron frais (30 ml)
1/2 c. à café de sucre en poudre
1 c. à café de grenadine
1 cerise au marasquin
1 rondelle d'orange

Dans un shaker, mélanger à de la glace pilée tous les ingrédients, sauf les fruits. Bien agiter. Passer dans un verre tulipe rafraîchi et garnir avec les fruits.

DREAM COCKTAIL

4 doses de brandy (60 ml)
2 doses de triple sec (30 ml)
1/2 c. à café de Pernod

Mélanger les ingrédients à de la glace pilée dans un shaker. Bien agiter. Passer dans un verre à cocktail rafraîchi.

DRY MANHATTAN

6 doses de whisky de seigle (90 ml)
2 doses de vermouth sec (30 ml)
1 trait d'angustura
1 cerise au marasquin

Dans un doseur, mélanger à des glaçons tous les ingrédients, sauf la cerise. Bien remuer et verser dans un verre à cocktail rafraîchi. Garnir avec la cerise.

DUBARRY COCKTAIL

4 doses de gin (60 ml)
1 dose de vermouth sec (15 ml)
1/2 c. à café de Pernod
1 trait de bitter à l'orange
1 rondelle d'orange

Dans un shaker, mélanger glace pilée et ingrédients, sauf l'orange. Bien agiter. Passer dans un verre à cocktail rafraîchi et garnir avec l'orange.

DUBONNET COCKTAIL

4 doses de gin (60 ml)
3 doses de Dubonnet rouge (45 ml)
1 trait d'angustura
1 zeste de citron

Dans un doseur, mélanger glace pilée et ingrédients, sauf le citron. Passer dans un verre à whisky rafraîchi et garnir avec le zeste de citron.

DUBONNET FIZZ

4 doses de Dubonnet rouge (60 ml)
2 doses de Cherry Heering (30 ml)
2 doses de jus d'orange frais (30 ml)
1 dose de jus de citron frais (15 ml)
Eau gazeuse
1 rondelle de citron

Dans un shaker, mélanger à de la glace pilée tous les ingrédients, sauf l'eau gazeuse et la rondelle de citron. Bien agiter. Passer sur des glaçons dans un verre à long drinks rafraîchi. Remplir d'eau gazeuse. Garnir avec la rondelle de citron.

DUCHESS

4 doses de Pernod (60 ml)
1 dose de vermouth sec (15 ml)
1 dose de vermouth doux (15 ml)

Mélanger les ingrédients à de la glace pilée dans un shaker. Passer dans un verre à cocktail rafraîchi.

E

EARTHQUAKE

4 doses de whisky
(60 ml)
2 doses de gin (30 ml)
2 doses de Pernod (30 ml)

Mélanger les ingrédients à de la glace
pilée dans un shaker. Bien agiter. Passer
dans un verre à cocktail rafraîchi.

EAST INDIA

4 doses de brandy (60 ml)
1 dose 1/2 de triple sec (22,5 ml)
1 dose 1/2 de jus d'ananas (22,5 ml)
2 traits d'angustura

Mélanger les ingrédients à de la glace
pilée dans un doseur. Agiter et passer
dans un verre à cocktail rafraîchi.

ECLIPSE

4 doses de gin à la prunelle (60 ml)
2 doses de gin (30 ml)
Grenadine
1 cerise au marasquin
1 zeste d'orange

Placer la cerise dans un verre à cocktail
rafraîchi et recouvrir de grenadine.
Dans un shaker, mélanger les gins à de
la glace pilée. Passer avec soin dans un
verre à cocktail pour éviter que les gins
ne se mélangent avec la grenadine.
Garnir avec le zeste d'orange.

EGG CREAM

2 doses de sirop de chocolat (30 ml)
7 doses de lait froid (105 ml)
Eau de Seltz

Verser le sirop au fond du verre.
Ajouter le lait et remuer. Ajouter l'eau
de Seltz et remuer vigoureusement
pour faire mousser.

EGG NOG

1 bouteille de brandy
(750 ml)
1 litre 1/2 de lait
500 ml de crème épaisse fouettée
1 tasse de sucre en poudre
1 douzaine d'œufs
Noix muscade fraîchement râpée

Séparer les œufs et battre les jaunes
avec le sucre dans un grand bol à
punch. Réserver les blancs. Ajouter lait
et crème fouettée et mélanger. Ajouter
le brandy et placer une bonne heure
au réfrigérateur. Avant de servir, battre
les blancs en neige et les incorporer au
lait de poule. Saupoudrer de muscade.
Pour 25 personnes.

EGG NOG
(SANS ALCOOL)

16 doses de lait (240 ml)
1 œuf
1 c. à soupe de sucre
1/4 c. à café d'extrait d'amandes
1/4 c. à café d'extrait de vanille
Crème fouettée
Noix muscade fraîchement râpée

Battre l'œuf et le verser dans un shaker
avec le lait froid, le sucre et les extraits.
Bien agiter et verser dans une grande
tasse à café rafraîchie. Ajouter la crème
fouettée et saupoudrer de muscade.

EGG SOUR

4 doses de brandy (60 ml)
1 dose de jus de citron frais (15 ml)
1/2 c. à café de Cointreau
1/2 c. à café de sucre en poudre
1 œuf

Mélanger vigoureusement dans un
shaker les ingrédients à de la glace
pilée. Passer dans un verre tulipe
rafraîchi.

98

EGG NOG

ELK'S OWN

4 doses de whisky de seigle (60 ml)
2 doses de porto rouge (30 ml)
1 dose de jus de citron frais (15 ml)
1 blanc d'œuf
1 c. à café de sucre en poudre
1 pointe d'ananas

Dans un shaker, mélanger à de la glace pilée tous les ingrédients, sauf la pointe d'ananas. Bien agiter. Passer dans un verre à cocktail rafraîchi et garnir avec la pointe d'ananas.

EL PRESIDENTE

4 doses de rhum blanc (60 ml)
2 doses de jus de citron vert frais (30 ml)
1 c. à café de grenadine
1 c. à café de jus d'ananas

Mélanger les ingrédients à de la glace pilée dans un shaker. Passer dans un verre à cocktail rafraîchi.

EMERALD ISLE COCKTAIL

5 doses de gin (75 ml)
2 c. à café de crème de menthe verte
3 traits d'angustura
1 cerise verte au marasquin

Dans un verre doseur, mélanger les ingrédients à de la glace pilée. Passer dans un verre à cocktail rafraîchi et garnir avec la cerise.

EMERSON

4 doses de gin (60 ml)
2 doses de vermouth doux (30 ml)
1 dose de jus de citron vert frais (15 ml)
1 c. à café de marasquin

Mélanger les ingrédients à de la glace pilée dans un shaker. Bien agiter. Passer dans un verre à cocktail rafraîchi.

EYE OPENER

EVERYBODY'S IRISH

4 doses de whiskey irlandais (60 ml)
1 dose de chartreuse verte (15 ml)
1 dose de crème de menthe verte (15 ml)

Mélanger les ingrédients à de la glace pilée dans un shaker. Passer dans un verre à cocktail rafraîchi.

EXIT 13-E

8 doses de jus de ronce-framboise (120 ml)
8 doses de jus d'ananas (120 ml)
1 dose de jus de citron vert frais (15 ml)

Mélanger les ingrédients à de la glace pilée dans un verre doseur. Bien agiter. Passer sur des glaçons dans un verre à orangeade rafraîchi.

EYE OF THE HURRICANE

4 doses de sirop de fruit de la passion (60 ml)
2 doses de jus de citron vert frais (30 ml)
Soda au citron
1 rondelle de citron vert

Mélanger sirop et jus de citron à de la glace pilée dans un doseur. Passer sur des glaçons dans un verre à whisky rafraîchi et remplir de soda. Remuer doucement et garnir avec le citron.

EYE-OPENER

4 doses de rhum blanc (60 ml)
1 c. à café de Pernod
1 c. à café de Cointreau
1 c. à café de crème de cacao blanc
1/2 c. à café de sucre en poudre
1 jaune d'œuf

Mélanger vigoureusement à de la glace pilée les ingrédients dans un shaker. Passer dans un verre tulipe rafraîchi.

F

FAIR AND WARMER

4 doses de rhum blanc (60 ml)
1 dose de vermouth doux (15 ml)
3 traits de curaçao blanc
1 zeste de citron

Dans un shaker, mélanger glace pilée
et ingrédients, sauf le zeste de citron.
Passer dans un verre à cocktail
rafraîchi et garnir avec le citron.

FAIRY BELLE COCKTAIL

4 doses de gin (60 ml)
2 doses d'eau-de-vie d'abricot (30 ml)
1 c. à café de grenadine
1 blanc d'œuf

Mélanger vigoureusement dans un
shaker les ingrédients à de la glace
pilée. Passer dans un verre à cocktail
rafraîchi.

FALLEN ANGEL

4 doses de gin (60 ml)
1 c. à café de crème de menthe blanche
2 doses de jus de citron vert frais (30 ml)
1 trait d'angustura
1 cerise au marasquin

Dans un shaker, mélanger à de la glace
pilée tous les ingrédients, sauf la
cerise. Bien agiter er verser dans un
verre à cocktail rafraîchi. Garnir avec
la cerise.

FANCY BRANDY

4 doses de brandy (60 ml)
1/2 c. à café de Cointreau
1/2 c. à café de sucre en poudre
3 traits d'angustura
1 zeste de citron

Dans un shaker, mélanger à de la glace
pilée tous les ingrédients, sauf le zeste
de citron. Bien agiter er verser dans
un verre à cocktail rafraîchi. Garnir
avec le zeste de citron.

FANCY WHISKY

4 doses de whisky (60 ml)
1/2 c. à café de Cointreau
1/2 c. à café de sucre en poudre
3 traits d'angustura
1 zeste de citron

Dans un shaker, mélanger à de la glace
pilée tous les ingrédients, sauf le zeste
de citron. Bien agiter et verser dans un
verre à cocktail rafraîchi avant d'y
placer le zeste de citron.

FANTASIO

4 doses de brandy (60 ml)
2 doses de vermouth sec (30 ml)
2 c. à café de marasquin
2 c. à café de crème de menthe blanche

Mélanger ingrédients et glace pilée
dans un doseur et bien remuer. Passer
dans un verre à cocktail rafraîchi.

FARE THE WELL

4 doses de gin (60 ml)
1 dose de vermouth sec (15 ml)
1 trait de vermouth doux
1 trait de Cointreau

Mélanger tous les ingrédients à de la
glace pilée. Passer dans un verre à
cocktail rafraîchi.

FARMER'S COCKTAIL

4 doses de gin (60 ml)
1 dose de vermouth sec (15 ml)
1 dose de vermouth doux (15 ml)
3 traits d'angustura

Mélanger les ingrédients à de la glace
pilée dans un shaker. Bien agiter. Passer
dans un verre à cocktail rafraîchi.

FAUX KIR

2 doses de sirop de framboise (30 ml)
Jus de raisin blanc
1 zeste de citron

Verser le sirop sur des glaçons dans un
grand verre ballon rafraîchi. Remplir
de jus de raisin et remuer. Ajouter le
citron.

FAUX KIR ROYAL

3 doses de sirop de framboise
(45 ml)
Cidre

Dans un verre doseur, mélanger sirop
et glace pilée. Verser dans un grand
verre ballon rafraîchi et le remplir de
cidre frais. Remuer doucement.

FAVORITE

3 doses de gin (45 ml)
2 doses d'eau-de-vie d'abricot (30 ml)
2 doses de vermouth sec (30 ml)
1/2 c. à café de jus de citron

Mélanger les ingrédients à de la glace
pilée dans un shaker. Bien agiter. Passer
dans un verre à cocktail rafraîchi.

FERDINAND THE BULL

8 doses de jus de tomate (120 ml)
4 doses de bouillon de bœuf froid (60 ml)
2 doses de jus de citron vert frais (30 ml)
Tabasco à volonté
Sauce Worcestershire à volonté
Poivre fraîchement moulu à volonté
1 rondelle de citron

Dans un shaker, mélanger à de la glace
pilée tous les ingrédients, sauf le
poivre et le citron. Bien agiter. Passer
sur des glaçons dans un verre à
orangeade rafraîchi. Poivrer et garnir
avec la rondelle de citron.

FERN GULLY

4 doses de rhum brun (60 ml)
3 doses de rhum blanc (45 ml)
1 dose d'amaretto (15 ml)
1 dose de crème de noix de coco (15 ml)
2 doses de jus d'orange frais (30 ml)
2 doses de jus de citron vert frais (30 ml)

Mélanger les ingrédients à de la glace
pilée dans un mixeur. Mixer à faible
vitesse. Quand le mélange est onctueux,
verser dans un verre ballon rafraîchi.

FERRARI

4 doses de vermouth sec (60 ml)
2 doses d'amaretto (30 ml)
1 trait de bitter à l'orange
1 zeste de citron

Dans un shaker, mélanger glace pilée
et ingrédients, sauf le citron. Bien
agiter. Passer sur des glaçons dans un
verre à whisky rafraîchi. Garnir avec le
zeste de citron.

FIFTH AVENUE

3 doses de crème de cacao noir
(45 ml)
3 doses d'eau-de-vie d'abricot (45 ml)
3/4 dose de crème (11,25 ml) et 3/4 de lait

Verser les ingrédients selon l'ordre
indiqué dans un grand verre à digestif.

FIFTY-FIFTY

4 doses de gin (60 ml)
4 doses de vermouth sec (60 ml)
Olive d'Espagne

Mélanger les liquides à de la glace pilée
dans un doseur. Passer dans un verre à
cocktail rafraîchi. Garnir avec l'olive.

FINE AND DANDY

4 doses de gin (60 ml)
2 doses de triple sec (30 ml)
2 doses de jus de citron frais (30 ml)
1 trait de bitter à l'orange

Mélanger les ingrédients à de la glace
pilée dans un shaker. Bien agiter. Passer
dans un verre à cocktail rafraîchi.

FIREMAN'S SOUR

4 doses de rhum blanc (60 ml)
3 doses de jus de citron vert frais (45 ml)
1/2 c. à café de sucre en poudre
1 c. à soupe de grenadine
1 rondelle de citron
1 cerise au marasquin

Dans un shaker, mélanger à de la glace
pilée tous les ingrédients, sauf les
fruits. Bien agiter. Verser dans un verre
tulipe rafraîchi. Garnir avec la cerise et
le citron.

FISH HOUSE PUNCH

2 litres de rhum brun
1 litre de cognac
8 doses d'eau-de-vie de pêche (120 ml)
1 litre de jus de citron frais
2 litres d'eau de source (non gazeuse)
1 tasse 1/2 de sucre en poudre
Tranches de pêche fraîche

Dans un bol à punch rafraîchi, faire fondre le sucre dans l'eau et le citron. Incorporer les autres ingrédients. Ajouter un gros morceau de glace et garnir avec les tranches de pêche. Pour 40 personnes.

FINO MARTINI

6 doses de gin ou de vodka (90 ml)
1 c. à café de fino (xérès)
1 zeste de citron

Dans un doseur, mélanger à des glaçons le gin (ou la vodka) et le xérès. Passer dans un verre à cocktail rafraîchi et garnir avec le zeste de citron.

FJORD

4 doses de brandy (60 ml)
2 doses d'aquavit (30 ml)
4 doses de jus d'orange frais (60 ml)
2 doses de jus de citron vert frais (30 ml)
2 c. à café de grenadine

Mélanger les ingrédients à de la glace pilée dans un shaker. Bien agiter. Passer dans un verre à cocktail rafraîchi.

FLAMINGO

4 doses de gin (60 ml)
1 dose d'eau-de-vie d'abricot (15 ml)
1 dose de jus de citron vert frais (15 ml)
1 c. à café de grenadine

Mélanger les ingrédients à de la glace dans un shaker. Bien agiter. Passer dans un verre à cocktail rafraîchi.

FLORADORA

4 doses de gin (60 ml)
4 doses de jus de citron vert frais (60 ml)
1 c. à café de grenadine
1/2 c. à café de sucre en poudre
Eau gazeuse

Dans un shaker, mélanger à de la glace pilée tous les ingrédients, sauf l'eau gazeuse. Bien agiter et verser sur des glaçons dans un verre à long drinks rafraîchi. Remplir d'eau gazeuse et remuer doucement.

FLORIDA

4 doses de gin (60 ml)
1 dose de kirsch (15 ml)
1 dose de Cointreau (15 ml)
1 c. à soupe de jus de citron frais
Jus d'orange frais

Dans un shaker, mélanger glace pilée et ingrédients, sauf le jus d'orange. Bien agiter et verser sur glaçons dans un verre à long drinks rafraîchi. Remplir de jus d'orange et remuer.

FLYING DUTCHMAN

4 doses de gin (60 ml)
1 dose de Pernod

Mélanger ingrédients et glaçons dans un verre à whisky rafraîchi.

FLYING GRASSHOPPER

4 doses de vodka (60 ml)
1 dose de crème de menthe verte (15 ml)
1 dose de crème de menthe blanche (15 ml)

Dans un mixeur, mélanger ingrédients et glace pilée. Mixer à faible vitesse. Une fois le mélange fluide, verser dans un verre à whisky rafraîchi.

FLYING SCOTSMAN

4 doses de scotch (60 ml)
2 doses de vermouth doux (30 ml)
1/2 c. à café de sucre en poudre
3-5 traits d'angustura

Dans un mixeur, mélanger ingrédients et glace pilée. Mixer à faible vitesse. Une fois le mélange fluide, verser dans un verre à whisky rafraîchi.

FOG CUTTER

4 doses de rhum blanc (60 ml)
2 doses de brandy (30 ml)
2 doses de gin (30 ml)
1 c. à café de xérès doux
3 doses de jus de citron frais (45 ml)
2 doses de jus d'orange frais (30 ml)
1 c. à café de sirop d'orgeat

Dans un shaker, mélanger à de la glace
pilée tous les ingrédients, sauf le xérès.
Bien agiter et passer sur des glaçons
dans un verre à orangeade rafraîchi.
Verser le xérès en surface.

FORESTER

4 doses de bourbon (60 ml)
1 dose de cherry (15 ml)
1 c. à café de jus de citron frais
1 cerise au marasquin

Dans un shaker, mélanger à de la glace
pilée tous les ingrédients, sauf la
cerise. Bien agiter et passer dans un
verre à whisky rafraîchi. Garnir avec la
cerise.

FORT LAUDERDALE

4 doses de rhum blanc (60 ml)
1 dose de vermouth doux (15 ml)
2 doses de jus de citron vert frais (30 ml)
2 doses de jus d'orange frais (30 ml)
1 rondelle d'orange

Dans un shaker, mélanger glace pilée et
ingrédients, sauf la rondelle d'orange.
Agiter et verser sur des glaçons dans un
verre à whisky rafraîchi. Garnir avec la
rondelle d'orange.

FOX RIVER COCKTAIL

4 doses de whisky de seigle (60 ml)
1 dose de crème de cacao noir (15 ml)
3-5 traits d'angustura
1 zeste de citron

Dans un doseur, mélanger à de la glace
pilée tous les ingrédients, sauf le
citron et remuer. Passer dans un verre
à cocktail rafraîchi. Garnir avec le
zeste de citron.

FOGHORN

4 doses de gin (60 ml)
Bière au gingembre fraîche
1 rondelle de citron

Remplir presque jusqu'au bord de
bière au gingembre un verre à bière
rafraîchi. Verser le gin et remuer
doucement. Garnir avec le citron.

FRAISE FIZZ

4 doses de gin (60 ml)
2 doses de liqueur de fraise (30 ml)
1 dose de jus de citron frais (15 ml)
1/2 c. à café de sucre en poudre
Eau gazeuse
1 zeste de citron
1 fraise fraîche

Mélanger gin, liqueur, jus de citron et
sucre à de la glace pilée dans un
shaker. Bien agiter et passer sur des
glaçons dans un verre à long drinks
rafraîchi. Remplir d'eau gazeuse et
remuer doucement. Garnir avec la
fraise et le zeste de citron.

FRANKENJACK

4 doses de gin (60 ml)
2 doses de vermouth sec (30 ml)
2 doses d'eau-de-vie d'abricot (30 ml)
2 doses de triple sec (30 ml)
1 cerise au marasquin

Dans un shaker, mélanger à de la glace
pilée tous les ingrédients, sauf la
cerise. Bien agiter et verser dans un
verre à whisky rafraîchi. Garnir avec la
cerise.

FREE SILVER

4 doses de gin (60 ml)
2 doses de rhum brun (30 ml)
2 doses de jus de citron frais (30 ml)
1/2 c. à café de sucre en poudre
1 c. à soupe de lait
Eau gazeuse

Dans un shaker, mélanger à de la glace
pilée tous les ingrédients, sauf l'eau
gazeuse. Bien agiter et verser sur des
glaçons dans un verre à orangeade
rafraîchi. Remplir d'eau gazeuse et
remuer doucement.

FRENCH CONNECTION

4 doses de cognac (60 ml)
2 doses d'amaretto (30 ml)

Verser les ingrédients sur des glaçons dans un verre à whisky rafraîchi. Bien remuer.

FRENCH KISS

4 doses de bourbon (60 ml)
2 doses de liqueur d'abricot (30 ml)
1 c. à café de jus de citron frais
2 c. à café de grenadine

Mélanger les ingrédients à de la glace pilée dans un shaker. Bien agiter. Passer dans un verre à cocktail rafraîchi.

FRENCH '75

4 doses de cognac (60 ml)
1 c. à soupe de sirop de canne
2 doses de jus de citron frais (30 ml)
Champagne
1 zeste de citron

Dans un shaker, mélanger glace pilée et ingrédients, sauf le champagne et le zeste de citron. Bien agiter et verser dans un verre à long drinks rafraîchi. Remplir de champagne frais et garnir avec le zeste de citron.

FRIAR TUCK

4 doses de Frangelico (60 ml)
4 doses de jus de citron frais (60 ml)
1 c. à café de grenadine
1 rondelle d'orange

Mélanger ingrédients et glace pilée dans un mixeur. Mixer jusqu'à ce que le mélange soit onctueux et verser dans un verre à whisky rafraîchi. Garnir avec la rondelle d'orange.

FROTH BLOWER

4 doses de gin (60 ml)
1 c. à café de grenadine
1 blanc d'œuf

Mélanger ingrédients et glace pilée dans un mixeur. Lorsque le mélange est onctueux, verser dans un verre à whisky rafraîchi.

FROUPE

4 doses de brandy (60 ml)
3 doses de vermouth sec (45 ml)
1 c. à café de Bénédictine

Mélanger ingrédients et glaçons dans un doseur. Bien remuer. Passer dans un verre à cocktail rafraîchi.

FROSTBITE

4 doses de tequila blanche (60 ml)
1 dose de crème de cacao blanc (15 ml)
2 doses de curaçao bleu (30 ml)
2 doses de crème (30 ml) et 2 de lait

Mélanger les ingrédients à de la glace pilée dans un shaker. Bien agiter. Verser dans un verre tulipe rafraîchi.

FROZEN APPLE

4 doses d'eau-de-vie de pomme
1 dose de jus de citron vert frais (15 ml)
1 c. à café de sucre en poudre
1/2 blanc d'œuf
1 tranche de pomme

Dans un mixeur, mélanger une tasse de glace pilée avec les ingrédients, sauf la pomme. Mixer à faible vitesse. Quand le mélange est fluide, verser dans un verre à whisky rafraîchi.

FROZEN BERKELEY

4 doses de rhum blanc (60 ml)
1 dose de brandy (15 ml)
1 c. à soupe de sirop de fruit de la passion
1 c. à soupe de jus de citron vert frais

Dans un mixeur, mélanger les ingrédients à 1/2 tasse de glace pilée. Mixer jusqu'à ce que le mélange soit fluide, verser dans une flûte à champagne rafraîchie.

FROZEN DAIQUIRI

FROZEN BRANDY AND RUM

4 doses de brandy (60 ml)
3 doses de rhum blanc (45 ml)
1 c. à soupe de jus de citron frais
1 jaune d'œuf
1 c. à café de sucre en poudre

Dans un mixeur, mélanger tous les ingrédients avec une tasse de glace pilée. Mixer à faible vitesse. Quand le mélange est fluide, verser dans un verre à whisky rafraîchi.

FROZEN DAIQUIRI

4 doses de rhum blanc (60 ml)
2 doses de jus de citron vert frais
1 c. à café de sucre en poudre
1 rondelle de citron vert

Dans un mixeur, mélanger 1/2 tasse de glace pilée avec les ingrédients, sauf la rondelle de citron vert. Mixer à faible vitesse. Quand le mélange est fluide, verser dans une flûte à champagne rafraîchie. Garnir avec le citron vert.

FROZEN MARGARITA

FROZEN MARGARITA

4 doses de tequila blanche (60 ml)
1 dose de triple sec (15 ml)
2 doses de jus de citron vert frais (30 ml)
1 rondelle de citron vert

Dans un mixeur, mélanger 1/2 tasse de glace pilée avec les ingrédients, sauf la rondelle de citron vert. Mixer à faible vitesse. Quand le mélange est fluide, verser dans un verre à cocktail rafraîchi. Garnir avec le citron vert.

FROZEN MATADOR

4 doses de tequila ambrée (60 ml)
4 doses de jus d'ananas (60 ml)
1 dose de jus de citron vert frais (15 ml)
1 rondelle de citron vert

Dans un mixeur, mélanger 1/2 tasse de glace pilée avec les ingrédients, sauf la rondelle de citron vert. Mixer. Quand le mélange est fluide, verser dans un verre à whisky et garnir avec le citron vert.

FROZEN MINT DAIQUIRI

4 doses de rhum blanc (60 ml)
1 dose de jus de citron vert frais (15 ml)
6 feuilles de menthe fraîche
1 c. à café de sucre en poudre

Dans un mixeur, mélanger 1/2 tasse de glace pilée avec les ingrédients. Mixer. Quand le mélange est fluide, verser dans un verre à whisky classique.

FROZEN MINT JULEP

4 doses de bourbon (60 ml)
2 doses de jus de citron frais (30 ml)
2 doses de sirop de canne (30 ml)
6 feuilles de menthe fraîche
1 brin de menthe fraîche

Dans un verre, mélanger tous les ingrédients, sauf la menthe. Verser dans un mixeur avec 1/2 tasse de glace pilée. Mixer à faible vitesse. Quand le mélange est fluide, verser dans un verre à whisky rafraîchi et garnir avec la menthe.

FROZEN PEACH DAIQUIRI

4 doses de rhum blanc (60 ml)
2 doses de jus de citron vert frais (30 ml)
1 c. à café de sirop de canne
4 doses de pêches fraîches finement tranchées (60 ml)
1 tranche de pêche fraîche

Dans un mixeur, mélanger 1/2 tasse de glace pilée avec les ingrédients, sauf la pêche. Mixer. Quand le mélange est fluide, verser dans un verre à cocktail. Garnir avec la tranche de pêche.

FROZEN PINEAPPLE DAIQUIRI

4 doses de rhum blanc (60 ml)
2 doses de jus de citron vert frais (30 ml)
1/2 c. à café de sirop d'ananas
4 doses d'ananas frais finement tranchés (60 ml)
1 pointe d'ananas

Dans un mixeur, mélanger 1/2 tasse de glace pilée avec les ingrédients, sauf l'ananas. Mixer. Quand le mélange est fluide, verser dans un verre à cocktail. Garnir avec la pointe d'ananas.

FUZZY NAVEL

FRUIT JUICE SPRITZER

6 doses de jus de fruits de votre choix (90 ml)
Eau gazeuse
1 zeste de citron

Verser le jus sur des glaçons dans un verre ballon rafraîchi. Remplir d'eau gazeuse et garnir avec citron.

FUZZY NAVEL

4 doses de vodka (60 ml)
2 doses de schnaps à la pêche (30 ml)
16 doses de jus d'orange frais (240 ml)
1 rondelle d'orange

Dans un shaker, mélanger à de la glace pilée tous les ingrédients, sauf la rondelle d'orange. Bien agiter. Verser dans un verre à orangeade rafraîchi et garnir avec la rondelle d'orange.

109

GAUGUIN

4 doses de rhum blanc (60 ml)
1 dose de jus de citron frais (15 ml)
1 dose de jus de citron vert frais (15ml)
1 dose de sirop de fruit de la passion (15ml)
Cerise au marasquin

Dans un mixeur, mélanger glace pilée
et ingrédients liquides. Mixer à faible
vitesse. Quand le mélange est onctueux,
verser dans un verre à whisky et garnir
avec la cerise.

GAZETTE

4 doses de brandy (40ml)
1 dose de vermouth doux (15ml)
1 c. à café de jus de citron frais
1/2 c. à café de sucre

Mélanger les ingrédients à de la glace
pilée dans un shaker. Bien agiter. Passer
dans un verre à cocktail rafraîchi.

GAZPACHO COCKTAIL

12 doses de jus de tomate (180 ml)
2 doses de jus de citron frais (30 ml)
2 rondelles de concombre hachées
1 échalote émincée
1 gousse d'ail écrasée
1/2 c. à café d'origan
3-5 traits de Tabasco
Poivre noir du moulin à volonté
Sel
Rondelles de concombre
Tranches fines d'avocat

Dans un bol mixeur, mélanger à la
glace pilée tous les ingrédients, sauf
les rondelles de concombre et les
tranches d'avocat. Mixer jusqu'à
consistance crémeuse. Verser dans un
verre à orangeade rafraîchi et garnir
avec le concombre et l'avocat.

GENERAL HARRISON'S EGG NOG

1 œuf
1 c. à café de sucre en poudre
Vin rouge (N.B. Il est possible de remplacer
le vin par du cidre brut)
Noix muscade fraîchement râpée

Dans un shaker, mélanger l'œuf et le
sucre à la glace pilée et agiter. Passer
dans un verre à long drinks rafraîchi.
Compléter avec du vin rouge. Remuer
et saupoudrer de noix muscade râpée.

GENOA

4 doses de gin (60 ml)
3 doses de grappa (45 ml)
1 dose de Sambuca (15ml)
2 c. à café de vermouth sec
Olive verte

Dans un bol mixeur, mélanger les
ingrédients liquides à la glace pilée.
Passer dans un verre à cocktail
rafraîchi et garnir avec l'olive.

GENOA VODKA

4 doses de vodka (60 ml)
2 doses de Campari (30 ml)
6 doses de jus d'orange frais (90 ml)

Mélanger tous les ingrédients à de la
glace pilée dans un shaker. Bien agiter
et passer dans un verre à whisky
rafraîchi.

GENTLE BEN

4 doses de tequila blanche (60 ml)
2 doses de vodka (30 ml)
2 doses de gin (30 ml)
1/4 de tasse de jus d'orange frais
1 c. à café de gin à la prunelle
1 rondelle d'orange

Dans un shaker, mélanger tous les
ingrédients à la glace pilée, sauf le gin
à la prunelle et la rondelle d'orange.
Verser dans un verre à long drinks
rafraîchi et compléter avec le gin à la
prunelle. Garnir avec la rondelle
d'orange.

GEORGIA PEACH

GENTLE BULL

4 doses de tequila blanche (60 ml)
2 doses de liqueur de café (30 ml)
1 dose 1/2 de crème (22,5 ml) et 1 1/2 de lait

Mélanger les ingrédients à de la glace pilée dans un shaker. Bien agiter. Passer dans un verre à cocktail rafraîchi.

GEORGIA PEACH

4 doses de vodka (60 ml)
2 doses d'eau-de-vie de pêche (30 ml)
1 c. à café de jus de citron frais
1 c. à café de jus de pêches au sirop
1 tranche de pêche fraîche finement coupée

Mélanger les ingrédients à de la glace pilée dans un shaker. Bien agiter et passer dans un verre à long drinks rafraîchi.

GEORGIA PEACH FIZZ

4 doses de brandy (60 ml)
2 doses d'eau-de-vie de pêche (30 ml)
2 doses de jus de citron frais (30 ml)
1 c. à soupe de crème de banane
1 c. à café de sirop de canne
Eau gazeuse
1 tranche de pêche fraîche

Dans un bol mixeur, mélanger à la glace pilée tous les ingrédients, sauf l'eau gazeuse et la tranche de pêche. Bien remuer, puis verser dans un verre à orangeade rafraîchi. Compléter avec l'eau gazeuse et mélanger doucement. Garnir avec la tranche de pêche.

111

GIBSON

GIBSON

6 doses de gin ou de vodka (90 ml)
3-5 traits de vermouth sec (à volonté)
Petits oignons en conserve

Dans un bol mixeur, mélanger gin ou
vodka avec des glaçons. Bien remuer.
Verser dans un verre à cocktail
rafraîchi et garnir avec 2 ou 3 petits
oignons.

GILROY

4 doses de gin (60 ml)
2 doses de kirsch (30 ml)
1 dose de vermouth sec (15 ml)
1 dose de jus de citron frais (15 ml)
3-5 traits de bitter à l'orange

Mélanger tous les ingrédients à de la
glace pilée dans un shaker. Bien agiter
et passer dans un verre à whisky
rafraîchi.

GIMLET

GIMLET

6 doses de gin (90 ml)
2 doses de jus de citron vert (30 ml)

Mélanger les ingrédients à de la glace pilée dans un shaker. Bien agiter. Passer dans un verre à cocktail rafraîchi.

GIN ALOHA

4 doses de gin (60 ml)
3 doses de triple sec (45 ml)
1 dose de jus d'ananas frais (15 ml)
1 trait de bitter à l'orange

Mélanger les ingrédients à de la glace pilée dans un shaker. Bien agiter. Passer dans un verre à cocktail rafraîchi.

GIN AND BITTERS (PINK GIN)

1 c. à café d'angustura
Gin

Mettre l'angustura dans un verre à cocktail. Faire tourner le verre de façon à le napper d'angustura. Remplir avec le gin et servir à température ambiante.

GIN AND GINGER

4 doses de gin (60 ml)
Ginger ale
1 zeste de citron

Verser le gin sur des glaçons dans un verre à long drinks rafraîchi. Presser le zeste au-dessus du verre avant de l'y plonger. Remplir de ginger ale. Remuer.

GIN AND IT

6 doses de gin (90 ml)
2 doses de vermouth doux (30 ml)

Mélanger les ingrédients dans un doseur. Verser dans un verre à cocktail.

GIN AND SIN

4 doses de gin (60 ml)
4 doses de jus de citron frais (60 ml)
4 doses de jus d'orange frais (60 ml)
2 traits de grenadine

Mélanger les ingrédients à de la glace pilée dans un shaker. Bien agiter. Passer dans un verre à cocktail rafraîchi.

GIN AND TONIC

4 doses de gin (60 ml)
Tonic
1 quartier de citron

Verser gin et tonic dans un verre à orangeade rafraîchi. Ajouter des glaçons et remuer. Presser le citron au-dessus du verre avant de l'y plonger.

GIN BUCK

4 doses de gin (60 ml)
2 doses de jus de citron frais (30 ml)
Ginger ale

Verser tous les ingrédients dans un verre à whisky, sur glaçons. Bien remuer.

GIN CASSIS

4 doses de gin (60 ml)
1 dose de crème de cassis (15 ml)
1 dose de jus de citron frais (15 ml)

Mélanger ingrédients et glace pilée dans un shaker. Agiter et passer dans un verre à whisky rafraîchi.

GIN COBBLER

4 doses de gin (60 ml)
1 c. à café de sirop de canne
Eau gazeuse
1 rondelle d'orange

Mélanger gin et sirop de canne à de la glace pilée dans un verre à long drinks rafraîchi. Compléter avec l'eau gazeuse et garnir avec une rondelle d'orange.

GIN COOLER

4 doses de gin (60 ml)
1/2 c. à café de sucre en poudre
Eau gazeuse
1 écorce de citron

Mélanger gin et sucre dans un verre à orangeade. Ajouter des glaçons et remplir d'eau gazeuse. Remuer doucement et garnir avec le citron.

GIN DAISY

6 doses de gin (90 ml)
2 doses de jus de citron frais (30 ml)
1 c. à soupe de grenadine
1 c. à café de sirop de canne
Eau gazeuse
1 rondelle d'orange

Dans un shaker, mélanger glace pilée et ingrédients, sauf l'eau gazeuse et la rondelle d'orange. Bien agiter et verser dans un verre à long drinks rafraîchi. Remplir d'eau gazeuse et mélanger doucement. Garnir avec l'orange.

GIN FIX

6 doses de gin (90 ml)
2 doses de jus de citron frais (30 ml)
1 c. à café d'eau
1 c. à café de sucre en poudre
1 rondelle de citron

Faire fondre le sucre dans l'eau et le jus de citron dans un verre à long drinks rafraîchi. Ajouter le gin et remuer. Compléter avec des glaçons et garnir avec la rondelle de citron.

GIN FIZZ

4 doses de gin (60 ml)
2 doses de jus de citron frais (30 ml)
1 c. à café de sucre en poudre
Eau gazeuse

Dans un shaker, mélanger glace pilée et ingrédients, sauf l'eau gazeuse. Bien agiter et passer sur glaçons dans un verre à long drinks rafraîchi. Remplir d'eau gazeuze et remuer.

GIN MILK PUNCH

4 doses de gin (60 ml)
12 doses de lait (180 ml)
1/2 c. à café de sucre
Noix muscade fraîchement râpée

Dans un shaker, mélanger glace pilée et ingrédients, sauf la muscade. Agiter. Passer sur glaçons dans un verre à long drinks rafraîchi. Ajouter la muscade.

GIN RICKEY

4 doses de gin (60 ml)
2 doses de jus de citron vert frais (30 ml)
Eau gazeuse

Dans un verre à long drinks rafraîchi, verser sur glaçons gin et jus de citron vert. Remplir d'eau gazeuse et remuer.

GIN SANGAREE

4 doses de gin (60 ml)
1 c. à soupe de porto rouge
1 c. à café d'eau
1/2 c. à café de sucre en poudre
Eau gazeuse

Faire fondre le sucre avec l'eau dans verre à long drinks rafraîchi. Ajouter le gin et remuer. Ajouter des glaçons et remplir le verre avec de l'eau gazeuse. Remuer doucement et ajouter le porto.

GIN SIDECAR

4 doses de gin (60 ml)
2 doses de triple sec (30 ml)
2 doses de jus de citron frais (30 ml)

Mélanger les ingrédients à de la glace pilée dans un shaker. Bien agiter. Passer dans un verre à whisky rafraîchi.

GIN SLING

4 doses de gin (60 ml)
1 dose de jus de citron frais (15 ml)
1 c. à café d'eau
1 c. à café de sucre en poudre
1 zeste d'orange

Faites fondre le sucre avec l'eau et le jus de citron dans un verre doseur. Ajouter le gin, remuer, puis verser sur glaçons dans un verre à whisky rafraîchi. Garnir avec le zeste d'orange.

GIN SMASH

6 doses de gin (90 ml)
2 doses d'eau gazeuse (30 ml)
1 c. à café de sucre en poudre
4 brins de menthe fraîche
1 zeste de citron

Dans un verre à whisky rafraîchi, écraser les feuilles de menthe avec le sucre et l'eau gazeuse. Remplir le verre avec des glaçons et ajouter le gin. Bien remuer et garnir avec le zeste de citron.

GIN SOUR

4 doses de gin (60 ml)
2 doses de jus de citron frais (30 ml)
1/2 c. à café de sucre
1 rondelle d'orange
1 cerise au marasquin

Dans un shaker, mélanger tous les
ingrédients à la glace pilée, sauf les
fruits. Bien agiter et passer dans un
verre tulipe rafraîchi. Garnir avec la
rondelle d'orange et la cerise.

GIN SWIZZLE

4 doses de gin (60 ml)
3 doses de jus de citron vert frais (45 ml)
2 traits d'angustura
1 c. à café de sucre en poudre
Eau gazeuse

Dans un shaker, mélanger glace pilée et
ingrédients, sauf l'eau gazeuse. Passer
sur glaçons dans un verre à orangeade.
Remplir d'eau gazeuse et remuer.
Servir avec un fouet à champagne.

GINGER BEER

4 doses de d'eau-de-vie de gingembre
Bière brune

Remplir une chope glacée avec une
bière brune et ajouter l'eau-de-vie. Ne
pas remuer.

GINGERSNAP

6 doses de vodka (90 ml)
2 doses de vin au gingembre (30 ml)
Eau gazeuse
1 tranche de gingembre confit

Mélanger vodka et vin dans un verre à
long drinks rafraîchi. Ajouter des
glaçons et compléter avec de l'eau
gazeuse. Remuer doucement et
plonger le gingembre confit dans le
verre.

GINZA MARY

4 doses de vodka (60 ml)
3 doses de saké (45 ml)
4 doses de jus de tomate (60 ml)
1 dose de jus de citron frais (15 ml)
3-5 traits de Tabasco
2 traits de sauce de soja
Poivre noir du moulin à volonté

Mélanger ingrédients et glace pilée
dans un doseur. Remuer et passer dans
un verre à whisky rafraîchi.

GLAD EYES

4 doses de Pernod (60 ml)
2 doses de schnaps au peppermint (30 ml)

Mélanger ingrédients et glace pilée
dans un doseur. Bien remuer. Passer
dans un verre à cocktail rafraîchi.

GLASGOW

4 doses de scotch (60 ml)
1 c. à café de vermouth sec
1 c. à soupe de jus de citron frais
1 c. à café d'extrait d'amande

Mélanger tous les ingrédients à de la
glace pilée dans un shaker. Bien agiter
et passer dans un verre à whisky
rafraîchi.

GLOGG

Vin rouge (2 bouteilles de 750 ml)
Brandy (1 bouteille de 750 ml)
Aquavit
25 clous de girofle
20 graines concassées de cardamome
4 bâtons de cannelle
Écorce d'orange sèche
2 tasses d'amandes mondées
2 tasses de raisins secs
450 g de sucre en morceaux

Mettre tous les ingrédients, sauf le
sucre et l'aquavit, dans un grand
faitout et porter à ébullition. Réduire
le feu et laisser bouillonner 15-20 min,
en remuant de temps en temps. Placer
une passoire sur le faitout avec les
morceaux de sucre. Arroser le sucre
avec l'aquavit. Faire flamber et laisser
le sucre fondre. Remuer. Servir chaud
dans des grandes tasses réchauffées.
Pour 10 personnes.

GLOOM LIFTER

4 doses de whisky (30 ml)
2 doses de brandy (15 ml)
1 c. à soupe de liqueur de framboise
1 dose de jus de citron frais (15 ml)
1/2 c. à café de sucre
1/2 blanc d'œuf

Mélanger les ingrédients à de la glace
pilée dans un shaker. Bien agiter, puis
passer sur glaçons dans un verre à
long drinks rafraîchi.

GLÜHWEIN

12 doses de vin rouge (180 ml)
1 écorce de citron
1 écorce d'orange
1 bâton de cannelle en morceaux
5 clous de girofle
1 pincée de noix de muscade râpée
1 c. à café de miel

Mélanger tous les ingrédients dans
une casserole et remuer jusqu'à ce
que le miel soit fondu. Ne pas bouillir.
Servir dans une chope réchauffée.

GODCHILD

3 doses d'amaretto (45 ml)
2 doses de vodka (30 ml)
1 dose de lait (15 ml) et 1 de crème

Dans un mixeur, mélanger ingrédients
et glace pilée et mixer. Servir dans une
flûte à champagne rafraîchie.

GODFATHER

4 doses de scotch (60 ml)
2 doses d'amaretto (30 ml)

Verser les ingrédients dans un verre à
whisky rafraîchi, sur glaçons. Bien
remuer.

GODMOTHER

4 doses de vodka (60 ml)
2 doses d'amaretto (30 ml)

Verser sur glaçons les ingrédients dans
un verre à whisky rafraîchi. Bien
remuer.

GOLDEN CADILLAC

4 doses de Galliano (60 ml)
2 doses de crème de cacao blanc (30 ml)
1 dose de crème (15ml) et 1 de lait

Dans un mixeur, mélanger ingrédients
et glace pilée et mixer. Lorsque le
mélange est onctueux, verser dans un
verre à cocktail rafraîchi.

GOLDEN DAWN

4 doses de gin (60 ml)
2 doses d'eau-de-vie d'abricot (30 ml)
2 doses de jus de citron vert frais (30 ml)
4 doses de jus d'orange frais (60 ml)
1 trait de grenadine

Mélanger les ingrédients à de la glace
pilée dans un shaker. Bien agiter. Passer
dans un verre à cocktail rafraîchi.

GOLDEN DAZE

4 doses de gin (60 ml)
2 doses d'eau-de-vie de pêche (30 ml)
2 doses de jus d'orange frais (30 ml)

Mélanger les ingrédients à de la glace
pilée dans un shaker. Bien agiter. Passer
dans un verre à cocktail rafraîchi.

GOLDEN DRAGON

4 doses de brandy (60 ml)
4 doses de chartreuse jaune (60 ml)
1 zeste de citron

Dans un bol mixeur, mélanger les
ingrédients liquides à de la glace pilée
et passer dans un verre à cocktail
rafraîchi. Garnir avec le zeste de
citron.

GOLDEN DREAM

4 doses de Galliano (60 ml)
2 doses de Cointreau (30 ml)
2 doses de jus d'orange frais (30 ml)
1/2 c. à café de crème et 1/2 de lait

Mélanger les ingrédients à de la glace
pilée dans un shaker. Bien agiter. Passer
dans un verre à cocktail rafraîchi.

GOLDEN FIZZ

5 doses de gin (75 ml)
2 doses de jus de citron vert frais (30 ml)
1/2 c. à café de sucre
1 jaune d'œuf
Eau gazeuse
1 rondelle de citron

Dans un shaker, mélanger tous les
ingrédients, sauf l'eau gazeuse et le jus
de citron, à de la glace pilée. Agiter
vigoureusement et verser dans un
verre à orangeade rafraîchi. Remplir
d'eau gazeuse et remuer doucement.
Garnir avec la rondelle de citron.

GOLDEN FROG

2 doses de vodka (30 ml)
2 doses de Galliano (30 ml)
2 doses de Strega (30 ml)
2 doses de jus de citron frais (30 ml)

Dans un bol mixeur, mélanger les
ingrédients à de la glace pilée et mixer
jusqu'à consistance onctueuse. Verser
dans un verre à cocktail rafraîchi.

GOLDEN GATE

4 doses de rhum blanc (60 ml)
2 doses de gin (30 ml)
2 doses de crème de cacao blanc (30 ml)
4 doses de jus de citron frais (60 ml)
1 c. à café de rhum fort
1 c. à café de sirop d'orgeat
1 rondelle d'orange

Dans un shaker, mélanger à de la glace
pilée tous les ingrédients, sauf l'orange.
Bien agiter et verser dans un verre à
whisky rafraîchi. Garnir avec la
rondelle d'orange.

GOLDEN GLOW

4 doses de bourbon (60 ml)
2 doses de rhum brun (30 ml)
4 doses de jus d'orange frais (60 ml)
1 c. à soupe de jus de citron frais (15 ml)
1/2 c. à café de sirop de canne
1 trait de grenadine

Dans un shaker, mélanger tous les
ingrédients, sauf la grenadine, à de la
glace pilée. Bien agiter et passer dans
un verre à cocktail rafraîchi. Verser en
surface la grenadine.

GOLDEN HORNET

4 doses de gin (60 ml)
1 dose de scotch (15 ml)
1 dose de xérès très sec
1 zeste de citron

Dans un doseur, mélanger gin, xérès et
glaçons. Verser dans un verre à whisky
rafraîchi. Verser le scotch en surface et
garnir avec le citron.

GOLDEN ROOSTER

4 doses de gin (60 ml)
1 dose de vermouth sec (15 ml)
1 dose de Cointreau (15 ml)
1 dose d'eau-de-vie d'abricot (15 ml)
1 cerise au marasquin

Dans un shaker, mélanger tous les
ingrédients, sauf la cerise, à de la glace
pilée. Bien agiter et passer dans un
verre à whisky rafraîchi. Garnir avec la
cerise.

GOLDEN SLIPPER

4 doses d'eau-de-vie d"abricot (60 ml)
2 doses de chartreuse jaune (30 ml)
1 jaune d'œuf

Dans un doseur, mélanger ingrédients
et glace pilée et mixer. Verser dans un
verre à whisky classique rafraîchi.

GOLF COCKTAIL

6 doses de gin (90 ml)
2 doses de vermouth sec (30 ml)
3 traits d'angustura

Mélanger les ingrédients à de la glace
pilée dans un bol mixeur. Passer dans
un verre à cocktail rafraîchi.

GOOD AND PLENTY

2 doses de vodka (30 ml)
2 doses de liqueur de café (30 ml)
1 trait de Pernod
1/2 boule de glace à la vanille

Dans un bol mixeur, mixer tous les
ingrédients quelques secondes, à
vitesse réduite. Verser dans un verre
ballon rafraîchi.

GRADEAL SPECIAL

4 doses de gin (60 ml)
2 doses de rhum blanc (30 ml)
2 doses d'eau-de-vie d'abricot (30 ml)

Mélanger les ingrédients à de la glace pilée dans un shaker. Bien agiter. Passer dans un verre à cocktail rafraîchi.

GRENADA

3 doses de brandy (45 ml)
2 doses de xérès (30 ml)
1 dose de curaçao blanc (15 ml)
Tonic, 1 rondelle d'orange

Dans un shaker, mélanger tous les ingrédients, sauf le tonic et l'orange, à de la glace pilée. Bien agiter et verser dans un verre à long drinks rafraîchi. Compléter avec le tonic. Remuer doucement et garnir avec la rondelle d'orange.

GRAND APPLE

4 doses de calvados (60 ml)
2 doses de cognac (30 ml)
2 doses de Grand Marnier (30 ml)

Dans un verre doseur, mélanger les ingrédients à de la glace pilée. Bien remuer. Passer sur glaçons dans un verre à whisky rafraîchi.

GRAND OCCASION

4 doses de rhum blanc (60 ml)
1 dose de Grand Marnier (15 ml)
1 dose de crème de cacao blanc (15 ml)
1 dose de jus de citron frais (15 ml)

Mélanger les ingrédients à de la glace pilée dans un shaker. Bien agiter. Passer dans un verre à cocktail rafraîchi.

GRAND PASSION

4 doses de gin (60 ml)
2 doses de vermouth sec (30 ml)
2 doses de sirop de fruit de la passion (30 ml)
1 dose de jus de citron frais (15 ml)
1 écorce d'orange

Dans un shaker, mélanger ingrédients et glace pilée. Bien agiter. Passer dans un verre à cocktail rafraîchi et garnir avec l'écorce d'orange.

GRAND ROYAL FIZZ

4 doses de gin (60 ml)
1 c. à café de marasquin
3 doses de jus d'orange frais (45 ml)
2 doses de jus de citron frais (30 ml)
1/2 c. à café de sucre en poudre
1 c. à café de crème et 1 de lait
Eau gazeuse

Dans un shaker, mélanger tous les ingrédients, sauf l'eau gazeuse, à de la glace pilée. Bien agiter et verser dans un verre à long drinks rafraîchi, sur glaçons. Compléter avec de l'eau gazeuse et remuer doucement.

GRANVILLE

4 doses de gin (60 ml)
1 c. à café de Grand Marnier
1 c. à café de calvados
1 c. à café de jus de citron frais

Mélanger les ingrédients à de la glace pilée dans un shaker. Bien agiter. Passer dans un verre à cocktail rafraîchi.

GRAPEFRUIT COCKTAIL

4 doses de gin (60 ml)
4 doses de jus de pamplemousse (60 ml)
2 c. à café de marasquin
1 cerise au marasquin

Dans un shaker, mélanger les ingrédients à de la glace pilée. Bien agiter. Passer dans un verre à cocktail rafraîchi et garnir avec la cerise.

GRAPESHOT

4 doses de tequila ambrée (60 ml)
1 dose de curaçao blanc (15 ml)
3 doses de jus de raisin blanc (45 ml)

Mélanger les ingrédients à de la glace pilée dans un shaker. Bien agiter. Passer dans un verre à cocktail rafraîchi.

GRAPEVINE

4 doses de gin (60 ml)
4 doses de jus de raisin noir (60 ml)
2 doses de jus de citron frais (30 ml)
1/2 c. à café de sirop de sucre en poudre
1 trait de grenadine

Verser les ingrédients sur glaçons dans un verre à whisky rafraîchi et remuer.

GRASSHOPPER

4 doses de crème de menthe verte (60 ml)
4 doses de crème de cacao blanc (60 ml)
2 doses de crème (30 ml) et 2 de lait

Mélanger les ingrédients à de la glace pilée dans un shaker. Bien agiter. Passer dans un verre à cocktail rafraîchi.

GRASSHOPPER

GREAT DANE

4 doses de gin (60 ml)
2 doses de Cherry Heering (30 ml)
1 dose de vermouth sec (15 ml)
1 c. à café de kirsch
1 zeste de citron

Dans un shaker, mélanger tous les
ingrédients, sauf le zeste, à de la glace
pilée. Bien agiter et passer dans un
verre à cocktail rafraîchi. Garnir avec
le zeste de citron.

GREAT SECRET

4 doses de gin (60 ml)
2 doses de Lillet blanc (30 ml)
3-5 traits d'angustura
1 zeste d'orange

Dans un shaker, mélanger tous les
ingrédients, sauf le zeste, à de la glace
pilée. Bien agiter et passer dans un
verre à cocktail rafraîchi. Garnir avec
le zeste d'orange torsadé.

GREENBACK

4 doses de gin (60 ml)
2 doses de crème de menthe (30 ml)
2 doses de jus de citron frais (30 ml)

Dans un shaker, mélanger les
ingrédients à de la glace pilée. Bien
agiter. Passer dans un verre à whisky
rafraîchi, sur glaçons.

GREEN DEVIL

4 doses de gin (60 ml)
4 doses de crème de menthe verte (60 ml)
1 dose de jus de citron vert frais (15 ml)

Dans un shaker, mélanger les
ingrédients à de la glace pilée. Bien
agiter. Passer dans un verre à whisky
rafraîchi, sur glaçons.

GREEN DRAGON

GREEN DRAGON

4 doses de gin (60 ml)
2 doses de crème de menthe verte
(30 ml)
1 dose de Jägermeister (15 ml)
1 dose de jus de citron vert frais (15 ml)
3-5 traits de bitter à l'orange

Mélanger les ingrédients à de la glace
pilée dans un shaker. Bien agiter. Passer
dans un verre à cocktail rafraîchi.

GREEN ROOM

4 doses de vermouth sec (60 ml)
2 doses de brandy (30 ml)
Plusieurs traits de triple sec
1 zeste d'orange

Dans un doseur, mélanger tous les
ingrédients, sauf le zeste, à de la glace
pilée. Passer dans un verre à cocktail
rafraîchi. Garnir avec le zeste d'orange.

GREEN SUMMER COOLER

4 doses de jus de citron vert frais (60 ml)
6 doses de jus d'ananas (90 ml)
2 doses de peppermint (30 ml)
Ginger ale
1 rondelle de concombre
1 rondelle de citron vert

Dans un shaker, mélanger sirop, jus de fruits et glace pilée. Passer sur glaçons dans un verre à orangeade rafraîchi. Remplir de ginger ale et remuer doucement. Garnir avec les rondelles de concombre et de citron vert.

GRINGO SWIZZLE

4 doses de tequila silver (60 ml)
1 dose de crème de cassis (15 ml)
2 doses de jus de citron vert frais (30 ml)
2 doses de jus d'orange fais (30 ml)
2 doses de jus d'ananas (30 ml)
Ginger ale

Dans un shaker, mélanger tous les ingrédients, sauf le ginger ale, à de la glace pilée. Bien agiter et passer dans un verre à orangeade rafraîchi. Compléter avec le ginger ale frais et remuer doucement.

GUACAMOLE COCKTAIL

1 avocat de Californie coupé en tranches
10 doses de jus de tomate réfrigéré (150 ml)
4 doses de jus de citron vert pressé réfrigéré (60 ml)
1 petit piment vert haché
1 gousse d'ail émincée
Sel d'assaisonnement
Poivre noir du moulin à volonté
1 quartier de citron vert

Réunir tous les ingrédients dans un mixeur, sauf le quartier de citron, et mixer. Une fois le mélange onctueux, réfrigérer 1 h et verser dans un verre à orangeade frais. Garnir avec le citron.

GYPSY COCKTAIL

4 doses de gin (60 ml)
2 doses de vermouth doux (30 ml)
1 cerise au marasquin

Dans un verre doseur, mélanger gin et vermouth à de la glace pilée. Passer dans un verre à cocktail rafraîchi. Garnir avec la cerise.

H

HABITANT COCKTAIL

4 doses de whiskey canadien (60 ml)
2 doses de jus de citron frais (30 ml)
1 c. à café de sirop d'érable
1 rondelle d'orange
1 cerise au marasquin

Dans un shaker, mélanger glace pilée et ingrédients, sauf les fruits. Bien agiter. Passer dans un verre à cocktail rafraîchi. Garnir avec les fruits.

HAIR RAISER COCKTAIL

4 doses de vodka (60 ml)
1 dose de rock & rye (15 ml)
2 doses de jus de citron vert (30 ml)

Mélanger les ingrédients à de la glace pilée dans un shaker. Bien agiter. Passer dans un verre à cocktail rafraîchi.

HALLEY'S COMFORT

4 doses de Southern Comfort (60 ml)
4 doses de schnaps à la pêche (60 ml)
Eau gazeuse
1 rondelle de citron

Verser le Southern Comfort et le schnapps dans un verre à orangeade, sur glaçons. Compléter avec de l'eau gazeuse. Remuer doucement et garnir avec la rondelle de citron.

HAMMERHEAD

4 doses d'amaretto (60 ml)
4 doses de curaçao blanc (60 ml)
4 doses de rhum brun (60 ml)
1 trait de Southern Comfort

Mélanger les ingrédients à de la glace pilée dans un shaker. Bien agiter. Passer dans un verre à cocktail rafraîchi.

HAPPY APPLE

4 doses de rhum brun (60 ml)
6 doses de cidre (90 ml)
1 dose de jus de citron frais (15 ml)
1 zeste de citron vert

Dans un shaker, mélanger tous les ingrédients, sauf le zeste, à de la glace pilée. Bien agiter. Passer dans un verre à whisky rafraîchi. Garnir avec le zeste de citron vert.

HARLEM COCKTAIL

4 doses de gin (60 ml)
3 doses de jus d'ananas (45 ml)
1 c. à café de marasquin
1 c. à soupe d'ananas frais émincé

Mélanger les ingrédients à de la glace pilée dans un shaker. Bien agiter. Passer dans un verre à whisky rafraîchi.

HARVARD COCKTAIL

4 doses de brandy (60 ml)
1 dose de vermouth doux (15 ml)
2 c. à café de jus de citron frais
1 c. à café de grenadine
1 trait d'angustura

Mélanger les ingrédients à de la glace pilée dans un shaker. Bien agiter. Passer dans un verre à cocktail rafraîchi.

HARVARD COOLER

4 doses d'eau-de-vie de pomme (60 ml)
1 c. à café de sucre
Eau gazeuse, 1 zeste de citron

Dissoudre le sucre avec le brandy dans un verre à orangeade rafraîchi. Ajouter des glaçons et remplir d'eau gazeuse. Garnir avec le citron et remuer.

HARVEY WALLBANGER

4 doses de vodka (60 ml)
2 doses de Galliano (30 ml)
10 doses de jus d'orange (150 ml)

Verser vodka et jus d'orange sur des glaçons dans un verre à orangeade rafraîchi. Remuer. Ajouter le Galliano.

HARLEM COCKTAIL

HASTY COCKTAIL

4 doses de gin (60 ml)
1 dose de vermouth sec (15 ml)
3-5 traits de Pernod
1 c. à café de grenadine

Mélanger les ingrédients à de la glace pilée dans un doseur. Bien remuer. Passer dans un verre à cocktail rafraîchi.

HAVANA BANANA FIZZ

4 doses de rhum blanc (60 ml)
5 doses de jus d'ananas (75 ml)
3 doses de jus de citron vert (45 ml)
3-5 traits de bitter de Peychaud
1/3 de banane émincée
Soda au citron

Dans un shaker, mélanger ingrédients et glace pilée, sauf le soda. Mixer à vitesse réduite. Quand le mélange est onctueux, verser dans un verre à long drinks rafraîchi. Remplir de soda au citron et remuer.

HAVANA CLUB

6 doses de rhum blanc (90 ml)
1 dose de vermouth sec (15 ml)

Mélanger ingrédients et glace pilée
dans un doseur. Bien remuer. Passer
dans un verre à cocktail rafraîchi.

HAVANA COCKTAIL

4 doses de rhum blanc (60 ml)
4 doses de jus d'ananas (60 ml)
1 dose de jus de citron frais (15 ml)

Mélanger les ingrédients à de la glace
pilée dans un shaker. Bien agiter. Passer
dans un verre à cocktail rafraîchi.

HAWAIIAN COCKTAIL

4 doses de gin (60 ml)
1 dose de triple sec (15 ml)
1 dose de jus d'ananas (15 ml)

Mélanger les ingrédients à de la glace
pilée dans un shaker. Bien agiter. Passer
dans un verre à cocktail rafraîchi.

HAWAIIAN EYE

4 doses de bourbon (60 ml)
2 doses de vodka (30 ml)
2 doses de liqueur de café (30 ml)
1 dose de Pernod (15 ml)
1 dose de crème (15 ml) et 1 de lait
4 doses de jus de cerise au marasquin
(60 ml)
1 blanc d'œuf
1 pointe d'ananas
1 cerise au marasquin

Dans un mixeur, mélanger glace pilée
et ingrédients, sauf les fruits. Mixer
jusqu'à consistance onctueuse. Verser
dans un verre à whisky rafraîchi et
garnir avec les fruits.

HAWAIIAN LEMONADE

6 doses de jus d'ananas (90 ml)
Citronnade fraîche
1 pointe d'ananas

Verser le jus d'ananas sur des glaçons
dans un verre à orangeade rafraîchi.
Remplir de citronnade et remuer.
Garnir avec la pointe d'ananas.

HAWAIIAN ORANGE BLOSSOM

4 doses de gin (60 ml)
2 doses de triple sec (30 ml)
4 doses de jus d'orange frais (60 ml)
2 doses de jus d'ananas (30 ml)

Mélanger ingrédients et glace pilée
dans un shaker. Bien agiter. Passer
dans un verre tulipe rafraîchi.

HEART'S COCKTAIL

4 doses de whiskey irlandais (60 ml)
2 doses de vermouth doux (30 ml)
2 doses de Pernod (30 ml)
3-5 traits d'angustura

Dans un shaker, mélanger les
ingrédients à de la glace pilée. Bien
agiter. Verser dans un verre à whisky
rafraîchi.

HEAVENLY DAYS

4 doses de sirop de noisettes (60 ml)
4 doses de jus de citron frais (60 ml)
1 c. à café de grenadine
Eau gazeuse
1 rondelle d'orange

Dans un shaker, mélanger tous les
ingrédients, sauf l'eau gazeuse et
l'orange, à de la glace pilée. Bien
agiter et verser sur glaçons dans un
verre à long drinks rafraîchi. Remplir
d'eau gazeuse et remuer doucement.
Garnir avec la rondelle d'orange.

HENRY MORGAN'S GROG

4 doses de whisky (60 ml)
2 doses de Pernod (30 ml)
1 dose de rhum brun (15 ml)
1 dose de crème (15 ml) et 1 de lait
Noix muscade fraîchement râpée

Dans un shaker, mélanger tous les
ingrédients, sauf la noix de muscade et
l'orange, à de la glace pilée. Bien
agiter et verser dans un verre à whisky
rafraîchi. Saupoudrer de noix
muscade.

HIGHLAND COOLER

4 doses de scotch (60 ml)
4 doses d'eau gazeuse (60 ml)
1 c. à café de sucre en poudre
Ginger ale, 1 zeste de citron

Dans un verre à orangeade, dissoudre
le sucre dans l'eau gazeuse. Ajouter le
scotch et des glaçons. Compléter avec
le ginger ale et remuer doucement.
Garnir avec le zeste de citron.

HIGHLAND FLING

4 doses de scotch (60 ml)
2 doses de vermouth doux (30 ml)
3-5 traits de bitter à l'orange
Olive verte

Dans un doseur, mélanger ingrédients
et glace pilée. Passer dans un verre à
cocktail rafraîchi et garnir avec l'olive.

HOFFMAN HOUSE COCKTAIL

4 doses de gin (60 ml)
1 dose de vermouth sec (15 ml)
4 traits de bitter à l'orange
Olive verte

Mélanger tous les ingrédients dans un
doseur, sauf l'olive. Passer dans un verre
à cocktail rafraîchi. Garnir avec l'olive.

HOLE-IN-ONE

4 doses de scotch (60 ml)
1 dose de vermouth sec (15 ml)
1/2 c. à café de jus de citron frais
1 trait de bitter à l'orange

Mélanger les ingrédients à de la glace
pilée dans un shaker. Bien agiter. Passer
dans un verre à cocktail rafraîchi.

HOMESTEAD COCKTAIL

4 doses de gin (60 ml)
2 doses de vermouth doux (30 ml)
1 rondelle d'orange

Dans un doseur, mélanger gin,
vermouth et glaçons. Passer dans un
verre à cocktail rafraîchi et garnir avec
la rondelle d'orange.

HONEY BEE

4 doses de rhum blanc (60 ml)
1 dose de miel (15 ml)
1 dose de jus de citron frais (15 ml)

Mélanger les ingrédients à de la glace
pilée dans un shaker. Bien agiter. Passer
dans un verre à cocktail rafraîchi.

HONEYMOON

4 doses d'eau-de-vie de pomme
2 doses de Bénédictine (30 ml)
2 doses de jus de citron frais (30 ml)
1 c. à café de triple sec

Mélanger les ingrédients à de la glace
pilée dans un shaker. Bien agiter. Passer
dans un verre à cocktail rafraîchi.

HONOLULU COCKTAIL

4 doses de gin (60 ml)
2 doses de jus d'ananas (30 ml)
1 c. à café de jus de citron frais
1 c. à café de jus de citron vert frais
1 c. à café de jus d'orange frais
1 trait de bitter à l'orange
1/2 c. à café de sucre en poudre

Mélanger les ingrédients à de la glace
pilée dans un shaker. Bien agiter. Passer
dans un verre à cocktail rafraîchi.

HOOPLA

2 doses de brandy (30 ml)
2 doses de Cointreau (30 ml)
2 doses de Lillet (30 ml)
2 doses de jus de citron frais (30 ml)

Mélanger les ingrédients à de la glace
pilée dans un shaker. Bien agiter. Passer
dans un verre à cocktail rafraîchi.

HOOT MON

4 doses de scotch (60 ml)
1 dose de Lillet blanc (15 ml)
1 dose de vermouth doux (15 ml)

Mélanger les ingrédients à de la glace
pilée dans un shaker. Bien agiter. Passer
dans un verre à cocktail rafraîchi.

HOP TOAD

4 doses de rhum blanc (60 ml)
3 doses d'eau-de-vie d'abricot (45 ml)
2 doses de jus de citron vert frais (30 ml)

Mélanger les ingrédients à de la glace pilée dans un shaker. Bien agiter. Passer dans un verre à cocktail rafraîchi.

HORSE'S NECK

4 doses de whisky (60 ml)
Ginger ale
3 traits d'angustura
1 écorce de citron épluché
en spirale

Suspendre l'écorce de citron sur le bord d'un verre à orangeade rafraîchi. Remplir de glaçons et verser le whisky. Compléter avec le ginger ale et remuer.

HOT BRANDY FLIP

4 doses de brandy (60 ml)
1 œuf entier
1 c. à café de sucre
Lait chaud
1 bâton de cannelle

Dans un petit bol, battre l'œuf, le sucre et le brandy. Verser dans des grandes tasses réchauffées et remplir de lait chaud. Remuer avec un bâton de cannelle et l'y laisser comme garniture.

HOT BRICK TODDY

4 doses de whisky (60 ml)
2 doses d'eau chaude (30 ml)
1 c. à café de sucre en poudre
1 c. à café de beurre
Cannelle râpée à volonté
Eau bouillante

Faire fondre tous les ingrédients, sauf le whisky, avec de l'eau chaude, dans une grande tasse réchauffée. Ajouter whisky et eau bouillante. Bien remuer.

HOT BUTTERED RUM

HOT BUTTERED RUM

4 doses de rhum brun (60 ml)
1 c. à café de sucre roux
1 coquille de beurre
Eau bouillante
Noix muscade fraîchement râpée

Mettre le sucre dans une grande tasse et remplir aux 2/3 d'eau bouillante. Verser le rhum et remuer. Ajouter la coquille de beurre et saupoudrer de muscade.

HOTEL PLAZA COCKTAIL

2 doses de vermouth sec (30 ml)
2 doses de vermouth doux (30 ml)
2 doses de gin (30 ml)
1 cerise au marasquin

Dans un doseur, mélanger les liquides avec des glaçons. Passer dans un verre à cocktail rafraîchi. Garnir avec la cerise.

HOT MILK PUNCH

6 doses de whisky (90 ml)
16 doses de lait (240 ml)
1 bâton de cannelle
1 dose de crème (15 ml) et 1 de lait
Noix muscade fraîchement râpée

Dans une casserole, faites chauffer tous les ingrédients, sauf la noix muscade. Remuer jusqu'à ce que le mélange soit très chaud. Verser dans une grande tasse chaude et remuer avec le bâton de cannelle. Saupoudrer de muscade.

HOT TODDY

HOT PANTS

4 doses de tequila silver (60 ml)
1 dose de schnaps au peppermint (15 ml)
1 dose de jus de pamplemousse (15 ml)
1/2 c. à café de sucre en poudre

Saler les bords d'un verre à whisky.
Mélanger les ingrédients avec des
glaçons dans un shaker. Bien agiter.
Verser dans le verre givré de sel.

HOT TODDY

6 doses de liqueur au choix (90 ml)
2 doses de miel ou de sirop de canne (30 ml)
2 doses de jus de citron frais (30 ml)
5 clous de girofle
Cannelle râpée à volonté
1 rondelle de citron
Eau bouillante ou thé chaud
Noix muscade fraîchement râpée
1 bâton de cannelle

Dans une grande tasse chaude, mettre
tous les ingrédients, sauf la noix
muscade, l'eau bouillante et la
cannnelle. Remplir d'eau bouillante et
remuer. Garnir avec le bâton de
cannelle et saupoudrer de muscade.

HOT TOT TODDY

Thé chaud
2 doses de miel (30 ml)
2 doses de jus de citron frais (30 ml)
5 clous de girofle
Cannelle en poudre à volonté
1 rondelle de citron
Noix muscade fraîchement râpée
1 bâton de cannelle

Verser tous les ingrédients, sauf la noix muscade, le thé et le bâton de cannelle, dans une tasse chaude. Remplir de thé chaud et remuer. Garnir avec le bâton de cannelle et saupoudrer de muscade.

HUDSON BAY

4 doses de gin (60 ml)
2 doses de kirsch (30 ml)
1 c. à soupe de rhum très fort (151-proof)
1 dose de jus d'orange frais (15 ml)
1 c. à soupe de jus de citron vert frais

Mélanger les ingrédients à de la glace pilée dans un shaker. Bien agiter. Passer dans un verre à cocktail rafraîchi.

HUDSON BAY

HULA-HULA

4 doses de gin (60 ml)
2 doses de jus d'orange frais (30 ml)
1 c. à soupe de triple sec

Mélanger les ingrédients à de la glace pilée dans un shaker. Bien agiter. Passer dans un verre à cocktail rafraîchi.

HUNTER'S COCKTAIL

4 doses de whisky de seigle (60 ml)
1 dose de kirsch (15 ml)
1 cerise au marasquin

Verser le whisky et le kirsch dans un verre à whisky rafraîchi rempli de glaçons. Bien remuer et garnir avec la cerise.

HUNTRESS COCKTAIL

4 doses de bourbon (60 ml)
2 doses de liqueur de cerise (30 ml)
1 dose de crème (15 ml) et 1 de lait
1 trait de Cointreau

Mélanger les ingrédients à de la glace pilée dans un shaker. Bien agiter. Passer dans un verre à cocktail rafraîchi.

HUNTSMAN COCKTAIL

4 doses de vodka (60 ml)
2 doses de rhum brun (30 ml)
2 doses de jus de citron vert frais (30 ml)
1/2 c. à café de sucre en poudre

Mélanger les ingrédients à de la glace pilée dans un shaker. Bien agiter. Passer dans un verre à cocktail rafraîchi.

HURRICANE

3 doses de rhum brun (45 ml)
3 doses de rhum blanc (45 ml)
2 doses de sirop de fruit de la passion (30 ml)
1 c. à soupe de jus de citron vert frais

Agiter les ingrédients avec de la glace pilée dans un shaker. Passer dans un verre à cocktail rafraîchi.

I

ICE PICK

4 doses de vodka (60ml)
Thé glacé, 1 quartier de citron vert

Verser la vodka et le thé glacé dans un verre à orangeade rafraîchi avec des glaçons. Presser le quartier de citron vert avant de le plonger dans le cocktail. Remuer.

ICED TEA

2 c. à café bombées de thé
12 doses d'eau (180 ml)
Sucre à volonté
1 brin de menthe fraîche
1 quartier de citron

Mettre le thé dans un théière chaude et verser l'eau bouillante. Laisser infuser 5 minutes. Remuer et passer dans un verre à orangeade rafraîchi avec des glaçons. Rajouter des glaçons si nécessaire. Sucrer à votre goût et garnir avec la menthe et le quartier de citron.

ICH BIEN

4 doses d'eau-de-vie de pomme (60 ml)
1 dose de curaçao blanc (15 ml)
2 doses de crème (30 ml) et 2 de lait
1 jaune d'œuf
Noix muscade fraîchement râpée

Dans un mixeur, mélanger glace pilée et ingrédients, sauf la noix muscade. Mixer. Verser dans un verre tulipe rafraîchi. Saupoudrer de muscade.

IDEAL COCKTAIL

4 doses de gin (60 ml)
2 doses de vermouth sec (30 ml)
1/2 c. à café de marasquin
1 c. à café de jus de citron frais
1 cerise au marasquin

Dans un shaker, mélanger tous les ingrédients, sauf la cerise, à de la glace pilée. Bien agiter et verser dans un verre à cocktail rafraîchi. Garnir avec la cerise.

IMPERIAL COCKTAIL

4 doses de gin (60 ml)
2 doses de vermouth sec (30 ml)
1/2 c. à café de marasquin
2 traits d'angustura

Dans un doseur, mélanger ingrédients et glaçons. Bien remuer. Passer dans un verre à cocktail rafraîchi.

IMPERIAL FIZZ

4 doses de whisky (60 ml)
2 doses de rhum blanc (30 ml)
2 doses de jus de citron frais (30 ml)
1/2 c. à café de sucre en poudre
Eau gazeuse

Dans un shaker, mélanger tous les ingrédients, sauf l'eau gazeuse, à de la glace pilée. Passer dans un verre à long drinks rafraîchi. Ajouter des glaçons. Remplir d'eau gazeuse et remuer.

INCA COCKTAIL

4 doses de gin (60 ml)
2 doses de vermouth sec (30 ml)
2 doses de vermouth doux (30 ml)
2 doses de xérès (30 ml)
1 trait de bitter à l'orange
1 trait de sirop d'orgeat

Dans un doseur, mélanger ingrédients et glace pilée. Bien agiter. Passer dans un verre à cocktail rafraîchi.

INCOME TAX COCKTAIL

4 doses de gin (60 ml)
1 c. à soupe de vermouth sec
1 c. à soupe de vermouth doux
3 doses de jus d'orange frais (45 ml)
3 traits d'angustura

Mélanger les ingrédients à de la glace pilée dans un shaker. Bien agiter. Passer dans un verre à cocktail rafraîchi.

INDEPENDENCE SWIZZLE

4 doses de rhum brun (60 ml)
3 doses de jus de citron vert (60 ml)
1 c. à café de miel
3-5 traits d'angustura
1 rondelle de citron vert

Faire fondre le miel dans un peu d'eau chaude, puis le mélanger aux autres ingrédients, sauf la rondelle de citron vert, dans un verre à whisky, avec de la glace pilée. Garnir avec le citron vert et servir avec un fouet à champagne.

INDIAN RIVER

4 doses de whisky (60 ml)
1 dose de liqueur de framboise (15 ml)
1 dose de vermouth doux (15 ml)
2 doses de jus de pamplemousse (30 ml)

Mélanger les ingrédients à de la glace pilée dans un shaker. Bien agiter. Passer dans un verre à cocktail rafraîchi.

INDIAN SUMMER

4 doses d'eau-de-vie de pomme (60 ml)
Cidre chaud
Cannelle en poudre, 1 bâton de cannelle

Givrer un verre tulipe en humectant le bord du verre, puis en le plongeant dans la cannelle en poudre. Ajouter l'eau-de vie et le cidre chaud. Remuer et garnir avec le bâton de cannelle.

INK STREET

4 doses de whisky de seigle (60 ml)
4 doses de jus de citron frais (60 ml)
4 doses de jus d'orange frais (60 ml)

Mélanger les ingrédients à de la glace pilée dans un shaker. Bien agiter. Passer dans un verre à cocktail rafraîchi.

INTERNATIONAL COCKTAIL

4 doses de cognac (60 ml)
1 dose de Pernod (15 ml)
1 dose de triple sec (15 ml)
2 c. à café de vodka

Mélanger les ingrédients à de la glace pilée dans un shaker. Bien agiter. Passer dans un verre à cocktail rafraîchi.

IRISH CANADIAN SANGAREE

4 doses de whiskey canadien (60 ml)
2 doses d'Irish Mist
2 doses de jus de citron frais (30 ml)
2 doses de jus d'orange frais (30 ml)
Noix muscade fraîchement râpée

Mettre tous les ingrédients, sauf la noix muscade, dans un verre à whisky rafraîchi et remuer avec des glaçons. Saupoudrer de muscade.

IRISH COFFEE

4 doses de whiskey irlandais (60 ml)
Café chaud
Crème fouettée
Sucre en poudre

Givrer les bords d'une tasse avec du sucre et verser le whiskey. Remplir la tasse aux 3/4 de café. Remuer et couronner avec la crème fouettée.

IRISH COW

4 doses de whiskey irlandais (60 ml)
16 doses de lait chaud (240 ml)
1 c. à café de sucre en poudre

Verser le lait dans une grande tasse réchauffée. Ajouter le whiskey et le sucre. Bien remuer.

IRISH COFFEE

IRISH FIX

4 doses de whiskey irlandais (60 ml)
2 doses d'Irish Mist (30 ml)
1 dose de jus de citron frais (15 ml)
1 dose de jus d'ananas (15 ml)
1 rondelle de citron
1 rondelle d'orange
1 pointe d'ananas

Dans un mixeur, mélanger à de la
glace pilée tous les ingrédients, sauf
les fruits. Mixer jusqu'à consistance
onctueuse. Verser dans un verre à
whisky rafraîchi et garnir avec les
fruits.

IRISH KILT

4 doses de whiskey irlandais (60 ml)
2 doses de scotch (30 ml)
2 doses de jus de citron frais (30 ml)
2 doses de sirop de canne (30 ml)
3-5 traits de bitter à l'orange

Mélanger les ingrédients à de la glace
pilée dans un shaker. Bien agiter. Passer
dans un verre à cocktail rafraîchi.

133

IRISH SHILLELAGH

4 doses de whiskey irlandais (60 ml)
1 dose de rhum blanc (15 ml)
1 dose de gin à la prunelle (15 ml)
2 doses de jus de citron frais (30 ml)
1/2 c. à café de sucre
1/4 de tasse de pêches fraîches émincées
Framboises fraîches

Dans un mixeur, mélanger ingrédients, sauf les framboises, et glace pilée. Mixer jusqu'à consistance onctueuse et verser dans un verre à whisky rafraîchi. Garnir avec quelques framboises.

ISLAND COOLER

2 doses de jus de citron frais (30 ml)
4 doses de jus d'orange frais (60 ml)
2 doses de jus de papaye (30 ml)
2 doses de jus d'ananas (30 ml)
1/2 c. à café de grenadine
Eau gazeuse
1 cerise au marasquin
1 pointe d'ananas

Mélanger les jus et la grenadine à de la glace pilée dans un shaker. Bien agiter et verser sur des glaçons dans un verre à orangeade rafraîchi. Compléter avec de l'eau gazeuse et remuer doucement. Garnir avec les fruits.

ISLE OF THE BLESSED COCONUT

4 doses de rhum blanc (60 ml)
1 dose de jus de citron frais (15 ml)
1 dose de jus de citron vert frais (15 ml)
1 dose de jus d'orange frais (15 ml)
1 c. à café de crème de noix de coco
1 c. à café de sirop d'orgeat

Dans un bol mixeur, mixer tous les ingrédients à de la glace pilée jusqu'à consistance onctueuse. Verser dans un verre à cocktail rafraîchi.

ISLE OF PINES

4 doses de rhum blanc (60 ml)
1 dose de jus de citron vert frais (15 ml)
1 c. à café de schnaps au peppermint
6 feuilles de menthe fraîche

Dans un mixeur, mixer les ingrédients avec de la glace pilée. Verser dans un verre à cocktail rafraîchi.

ITALIAN SODA

2 doses du sirop de fruits de votre choix (30 ml)
Eau gazeuse
1 rondelle de citron ou de citron vert

Verser le sirop dans un verre à orangeade rempli de glaçons, puis ajouter de l'eau gazeuse et remuer doucement. Garnir avec une rondelle de citron ou de citron vert. Pour obtenir une saveur plus sucrée, mettre davantage de sirop.

N.B. Les magasins de produits italiens offrent une grande variété de sirops : du sirop d'orgeat ou de noisette aux fruits les plus variés en passant par la menthe et autres goûts rafraîchissants et originaux.

ITALIAN STALLION

4 doses de bourbon (60 ml)
2 doses de Campari (30 ml)
1 dose de vermouth doux (15 ml)
1 trait d'angustura
1 zeste de citron

Dans un doseur, mélanger tous les ingrédients, sauf les framboises, avec des glaçons. Bien remuer et verser dans un verre à cocktail rafraîchi. Garnir avec le zeste de citron.

IXTAPA

4 doses de liqueur de café (60 ml)
2 doses de tequila silver

Dans un doseur, mélanger tous les ingrédients à de la glace pilée. Verser dans un verre à cocktail rafraîchi.

J

JACK-IN-THE-BOX

4 doses d'apple jack ou d'eau-de-vie
de pomme (60 ml)
2 doses de jus de citron frais
2 doses de jus d'ananas (30 ml)
3-5 traits d'angustura

Mélanger les ingrédients à de la glace
pilée dans un shaker. Bien agiter. Passer
dans un verre à cocktail rafraîchi.

JACK ROSE

4 doses d'apple jack ou d'eau-de-vie de
pomme (60 ml)
1 dose de jus de citron vert frais (15 ml)
1 c. à café de grenadine

Mélanger les ingrédients à de la glace
pilée dans un shaker. Bien agiter. Passer
dans un verre à cocktail rafraîchi.

JADE

1/4 de c. à café de curaçao bleu
1/4 de c. à café de liqueur de melon
1/4 de c. à café de jus de citron vert frais
1 trait d'angustura
Champagne ou vin mousseux
1 rondelle de citron

Dans un shaker, mélanger tous les
ingrédients, sauf le champagne et la
rondelle de citron vert, à de la glace
pilée. Bien agiter et passer dans une
flûte à champagne. Remplir de
champagne et garnir avec le citron.

JAMAICAN COFFEE

4 doses de liqueur de café (60 ml)
3 doses de rhum blanc (45 ml)
Café noir chaud
Crème fouettée
Quatre-épices en poudre

Verser le rhum et la liqueur dans une
grande tasse avec du café chaud.
Remuer. Couronner de crème fouettée
et saupoudrer de quatre-épices.

JAMAICA EGG CREAM

4 doses de rhum brun (60 ml)
2 doses de gin (30 ml)
1 dose de crème (15 ml) et 1 de lait
1 c. à soupe de jus de citron frais
1 c. à café de sucre
Eau gazeuse

Dans un shaker, mélanger glace pilée
et ingrédients, sauf l'eau gazeuse. Bien
agiter et passer dans un verre à long
drinks rafraîchi. Compléter avec de
l'eau gazeuse. Remuer doucement.

JAMAICA GLOW

4 doses de gin (60 ml)
1 dose de vin rouge (15 ml)
1 c. à soupe de rhum brun
1 dose de jus d'orange frais (15 ml)

Mélanger les ingrédients à de la glace
pilée dans un shaker. Bien agiter. Passer
dans un verre à cocktail rafraîchi.

JAMAICA HOP

4 doses de liqueur de café (60 ml)
2 doses de crème de cacao blanc
(30 ml)
2 doses de crème (30 ml) et 2 de lait

Mélanger les ingrédients à de la glace
pilée dans un shaker. Bien agiter. Passer
dans un verre à cocktail rafraîchi.

JAMAICA MULE

4 doses de rhum blanc (60 ml)
2 doses de rhum brun (30 ml)
2 doses de rhum fort (30 ml)
2 doses de Falernum (30 ml)
2 doses de jus de citron vert frais
Bière au gingembre
1 pointe d'ananas
1 copeau de gingembre confit

Dans un shaker, mélanger glace pilée
et ingrédients, sauf la bière au
gingembre, l'ananas et le gingembre.
Bien agiter et passer dans un verre à
orangeade rafraîchi. Remplir de bière
et remuer doucement. Garnir avec la
pointe d'ananas et le gingembre.

JAMAICA SHAKE

4 doses de bourbon (60 ml)
3 doses de rhum brun (45 ml)
1 dose 1/2 de crème (45 ml) et 1 1/2 de lait

Mélanger les ingrédients à de la glace pilée dans un shaker. Bien agiter. Passer dans un verre à cocktail rafraîchi.

JAPANESE

4 doses de brandy (60 ml)
1 c. à soupe de jus de citron vert frais
2 c. à café de sirop d'orgeat
1 trait d'angustura
1 zeste de citron

Dans un shaker, mélanger glace pilée et ingrédients, sauf le zeste. Agiter et passer dans un verre à cocktail rafraîchi. Garnir avec le citron vert.

JAPANESE FIZZ

4 doses de whisky (60 ml)
1 c. à soupe de de porto
2 doses de jus de citron frais (30 ml)
1 c. à café de sucre
1 blanc d'œuf
Eau gazeuse
1 pointe d'ananas

Dans un shaker, mélanger glace pilée et ingrédients, sauf l'eau gazeuse et l'ananas. Agiter vivement et passer sur glaçons dans un verre à long drinks rafraîchi. Remuer doucement et compléter avec de l'eau gazeuse. Garnir avec la pointe d'ananas.

JERSEY LIGHTNING

4 doses d'eau-de-vie de pomme (60 ml)
2 doses de vermouth doux (30 ml)
4 doses de jus de citron vert frais (60 ml)

Mélanger les ingrédients à de la glace pilée dans un shaker. Bien agiter. Passer dans un verre à cocktail rafraîchi.

JEWEL COCKTAIL

4 doses de gin (60 ml)
3 doses de chartreuse verte (45 ml)
2 doses de vermouth doux (30 ml)
3 traits de bitter à l'orange
1 cerise au marasquin

Dans un doseur, mélanger ingrédients liquides et glace pilée. Bien agiter et passer dans un verre à cocktail rafraîchi. Garnir avec la cerise.

JOCKEY CLUB COCKTAIL

4 doses de gin (60 ml)
1/2 c. à café de crème de cacao
1 dose de jus de citron frais (15 ml)
1 trait d'angustura

Mélanger les ingrédients à de la glace pilée dans un shaker. Bien agiter. Passer dans un verre à cocktail rafraîchi.

JOCOSE JULEP

6 doses de bourbon (90 ml)
2 doses de crème de menthe verte (30 ml)
3 doses de jus de citron vert frais (45 ml)
1 c. à café de sucre en poudre
5 feuilles de menthe fraîche
Eau gazeuse
1 brin de menthe fraîche

Dans un mixeur, mélanger glace pilée et ingrédients, sauf l'eau gazeuse et la menthe. Quand le mélange est onctueux, verser sur glaçons dans un verre à orangeade rafraîchi. Remplir d'eau gazeuse. Garnir avec le brin de menthe. Remuer doucement.

JOHN COLLINS

4 doses de whisky (60 ml)
2 doses de jus de citron frais (30 ml)
1 c. à café de sucre
Eau gazeuse
1 rondelle de citron
1 rondelle d'orange
1 cerise au marasquin

Dans un shaker, mélanger glace pilée et ingrédients, sauf l'eau gazeuse et les fruits. Bien agiter et passer sur glaçons dans un verre à orangeade rafraîchi. Remplir d'eau gazeuse et remuer doucement. Garnir avec les fruits.

JOHNNY COCKTAIL

4 doses de gin à la prunelle (60 ml)
2 doses de triple sec (30 ml)
1 c. à café de Pernod

Mélanger les ingrédients à de la glace pilée dans un shaker. Bien agiter. Passer dans un verre à cocktail rafraîchi.

JOSIAH'S BAY FLOAT

JOLLY ROGER

4 doses de rhum blanc (60 ml)
2 doses de Drambuie (30 ml)
2 doses de jus de citron vert frais (30 ml)
1/4 de c. à café de scotch
Eau gazeuse

Dans un shaker, mélanger tous les
ingrédients, sauf l'eau gazeuse, à de la
glace pilée. Bien agiter et passer sur
glaçons dans un verre à long drinks
rafraîchi. Compléter avec de l'eau
gazeuse et remuer doucement.

JOSIAH'S BAY FLOAT

2 doses de rhum ambré (30 ml)
1 dose de Galliano (15 ml)
2 doses de jus d'ananas (30 ml)
2 c. à café de jus de citron vert frais
2 c. à café de sirop de sucre
Champagne ou vin mousseux
1 rondelle de citron vert
1 cerise au marasquin
1/2 ananas évidé (facultatif)

Dans un shaker, mélanger glace pilée
et ingrédients, sauf le champagne, le
citron vert et la cerise. Verser dans un
verre à orangeade ou l'ananas évidé.
Remplir de champagne. Remuer
doucement et garnir avec la rondelle
de citron vert et la cerise.

137

JOULOUVILLE

4 doses de gin (60 ml)
2 doses d'eau-de-vie de pomme (30 ml)
1 c. à soupe de vermouth doux
1 dose de jus de citron frais (15 ml)
3 traits de grenadine

Mélanger les ingrédients à de la glace
pilée dans un shaker. Bien agiter. Passer
dans un verre à cocktail rafraîchi.

JOURNALIST

4 doses de gin (60 ml)
1 c. à café de vermouth sec
1 c. à café de vermouth doux
1 c. à café de triple sec
1 c. à café de jus de citron vert frais
1 trait d'angustura

Mélanger les ingrédients à de la glace
pilée dans un shaker. Bien agiter. Passer
dans un verre à cocktail rafraîchi.

JUICY JULEP

2 doses de jus de citron vert frais
2 doses de jus d'orange frais (30 ml)
2 doses de jus d'ananas (30 ml)
1 dose de sirop de framboise
5 feuilles de menthe écrasées
Ginger ale
1 brin de menthe

Dans un shaker, mélanger glace pilée
et ingrédients, sauf le ginger ale et la
menthe. Agiter et verser dans un verre
à orangeade rafraîchi. Compléter avec
le ginger ale et remuer doucement.
Garnir avec le brin de menthe.

JUDGE, JR.

4 doses de gin (60 ml)
4 doses de rhum blanc (60 ml)
2 doses de jus de citron frais (30 ml)
2 c. à café de grenadine

Mélanger les ingrédients à de la glace
pilée dans un shaker. Bien agiter. Passer
dans un verre à cocktail rafraîchi.

JUDGETTE COCKTAIL

4 doses de gin (60 ml)
3 doses d'eau-de-vie de pêche (45 ml)
2 doses de vermouth sec (30 ml)
1/2 c. à café de jus de citron vert frais

Mélanger les ingrédients à de la glace
pilée dans un shaker. Bien agiter. Passer
dans un verre à cocktail rafraîchi.

JUNGLE JAMES

4 doses de vodka (60 ml)
4 doses de crème de banane (60 ml)
4 doses de lait (60 ml)

Mixer les ingrédients à de la glace
pilée dans un mixeur, jusqu'à
consistance onctueuse. Verser dans un
verre à whisky rafraîchi.

JUPITER COCKTAIL

4 doses de gin (60 ml)
2 doses de vermouth sec (30 ml)
2 c. à café de crème de violette
2 c. à café de jus d'orange

Mélanger les ingrédients à de la glace
pilée dans un shaker. Bien agiter. Passer
dans un verre à cocktail rafraîchi.

K

KAHLUA TOREADOR

4 doses de brandy (60 ml)
2 d. de kahlua ou de liqueur de café (30 ml)
1/2 blanc d'œuf

Dans un mixeur, mélanger les ingrédients à de la glace pilée. Mixer jusqu'à consistance onctueuse. Verser dans un verre à cocktail rafraîchi.

KAMEHAMEHA PUNCH

6 doses de jus d'ananas (90 ml)
2 doses de sirop d'orgeat (30 ml)
4 doses de jus de citron vert frais (60 ml)
2 doses de jus de citron frais (30 ml)
1 dose de sirop de mûre (15 ml)
1 pointe d'ananas

Dans un shaker, mélanger glace pilée et ingrédients, sauf le sirop de mûre et la pointe d'ananas. Bien agiter et verser dans un verre à long drinks rafraîchi. Verser le sirop en surface et garnir avec la pointe d'ananas.

KAMEHAMEHA RUM PUNCH

4 doses de rhum blanc (60 ml)
2 doses de rhum brun (30 ml)
2 c. à café d'eau-de-vie de mûre
4 doses de jus d'ananas (60 ml)
2 doses de sirop d'orgeat (30 ml)
2 doses de jus de citron vert frais (30 ml)
1 c. à café de jus de jus citron frais
1 pointe d'ananas

Dans un shaker, mélanger glace pilée et ingrédients, sauf le rhum et la pointe d'ananas. Bien agiter et verser dans un verre à long drinks rafraîchi. Verser le rhum en surface et garnir avec la pointe d'ananas.

KAMIKAZE

6 doses de vodka (60 ml)
1/2 c. à café de triple sec
1/2 c. à café de jus de citron vert frais
1 quartier de citron vert

Dans un shaker, mélanger tous les ingrédients, sauf le quartier de citron vert, à de la glace pilée. Bien agiter et passer dans un verre à cocktail rafraîchi. Garnir avec le citron vert.

KANGAROO

4 doses de vodka (60 ml)
2 doses de vermouth sec (30 ml)
1 zeste de citron

Dans un doseur, mélanger vodka et vermouth avec des glaçons. Passer dans un verre à whisky rafraîchi, sur glaçons. Presser et plonger le zeste de citron dans le cocktail.

KAPTAIN KIRK

5 doses de jus d'ananas (75 ml)
3 doses de jus de citron vert frais (45 ml)
1/2 banane émincée
Soda au citron

Dans un doseur, mélanger glace pilée et ingrédients, sauf le soda. Mixer jusqu'à consistance onctueuse. Verser dans un verre à long drinks rafraîchi. Compléter avec le soda et remuer.

KEMPINSKY FIZZ

4 doses de vodka (60 ml)
2 doses de crème de cassis (30 ml)
2 c. à café de jus de citron frais
Soda au citron

Dans un verre à long drinks rafraîchi, verser les ingrédients, sauf le soda, avec des glaçons. Remplir de soda et remuer.

KENTUCKY COCKTAIL

6 doses de bourbon (90 ml)
2 doses de jus d'ananas (30 ml)

Mélanger les ingrédients à de la glace pilée dans un shaker. Bien agiter. Passer dans un verre à cocktail rafraîchi.

KENTUCKY COLONEL COCKTAIL

6 doses de bourbon (90 ml)
2 doses de Bénédictine (30 ml)
1 zeste de citron

Remuer les ingrédients liquides avec des glaçons dans un bol mixeur. Passer dans un verre à cocktail rafraîchi et garnir avec le zeste de citron torsadé.

KENTUCKY ORANGE BLOSSOM

4 doses de bourbon (60 ml)
1 dose de Cointreau (15 ml)
2 doses de jus d'orange frais (30 ml)
1 zeste de citron

Dans un shaker, mélanger tous les ingrédients, sauf le zeste de citron, à de la glace pilée. Bien agiter et passer dans un verre à whisky rafraîchi. Garnir avec le zeste de citron.

KERRY COOLER

4 doses de whiskey irlandais (60 ml)
3 doses de fino (xérès) (45 ml)
2 doses de sirop d'orgeat (30 ml)
2 doses de jus de citron frais (30 ml)
Eau gazeuse, 1 rondelle de citron

Dans un shaker, mélanger tous les ingrédients, sauf la rondelle de citron et l'eau gazeuse, à de la glace pilée. Bien agiter et passer dans un verre à long drinks rafraîchi, rempli de glaçons. Compléter avec l'eau gazeuse et remuer doucement.

KEY CLUB COCKTAIL

4 doses de gin (60 ml)
1 dose de rhum brun (15 ml)
1 dose de Falernum (15 ml)
1 dose de jus de citron vert frais (15 ml)
1 pointe d'ananas

Dans un shaker, mélanger tous les ingrédients, sauf l'ananas, à de la glace pilée. Bien agiter et passer dans un verre à cocktail rafraîchi. Garnir avec la pointe d'ananas.

K G B COCKTAIL

1 dose 1/2 de kirsch (22,5 ml)
4 doses de gin (60 ml)
1/2 c. à café d'eau-de-vie d'abricot
1 zeste de citron

Dans un shaker, mélanger tous les ingrédients, sauf le citron, à de la glace pilée. Bien agiter et passer dans un verre à cocktail rafraîchi. Garnir avec le zeste de citron torsadé.

KING COLE COCKTAIL

4 doses de whisky (60 ml)
1 rondelle d'orange
1 rondelle d'ananas
1/2 c. à café de sucre en poudre

Presser les fruits et le sucre dans un verre à whisky. Ajouter le whisky et des glaçons. Bien remuer.

KING'S PEG

2 doses de cognac (30 ml)
Champagne

Verser le cognac dans une flûte à champagne. Remplir de champagne frais et remuer doucement.

KINGSTON COCKTAIL

4 doses de rhum brun (60 ml)
1 dose 1/2 de liqueur de café (22,5 ml)
2 c. à café de jus de citron vert frais

Mélanger les ingrédients à de la glace pilée dans un shaker. Bien agiter. Passer dans un verre à cocktail rafraîchi.

KIR

4 doses de crème de cassis (60 ml)
Vin blanc
1 zeste de citron

Verser le sirop de cassis sur glaçons dans un grand verre ballon. Compléter avec le vin blanc. Bien remuer. Garnir avec le zeste de citron torsadé.

KIR ROYAL

4 doses de crème de cassis (60 ml)
Champagne

Dans un doseur, mélanger le cassis à
de la glace pilée. Verser dans un verre
ballon rafraîchi et compléter avec du
champagne frais. Remuer doucement

KIRSCH RICKEY

4 doses de kirsch (60 ml)
1 c. à soupe de jus de citron vert frais
Eau gazeuse
2 cerises dénoyautées

Verser le kirsch et le jus de citron dans
un verre à long drinks rafraîchi avec
des glaçons. Compléter avec de l'eau
gazeuse et remuer doucement. Garnir
avec les cerises.

KIRSCH RICKEY

KISS ME QUICK

4 doses de Pernod
1/2 c. à café de curaçao blanc
3-5 traits d'angustura
Eau gazeuse

Dans un shaker, mélanger tous les ingrédients, sauf l'eau gazeuse, à de la glace pilée. Bien agiter et passer dans un verre à long drinks rafraîchi, rempli de glaçons. Compléter avec l'eau gazeuse et remuer doucement.

KISS THE BOYS GOOD-BYE

4 doses de brandy (60 ml)
2 doses de gin à la prunelle (30 ml)
3 doses de jus de citron frais (45 ml)
1 blanc d'œuf

Mélanger tous les ingrédients à de la glace pilée dans un shaker. Agiter vigoureusement. Passer dans un verre à cocktail rafraîchi.

KLONDYKE COOLER

4 doses de whisky (60 ml)
4 doses d'eau gazeuse (60 ml)
1/2 c. à café de sucre
Ginger ale
1 écorce de citron torsadée

Mélanger sucre et ginger ale dans un verre à orangeade rafraîchi. Remplir le verre de glaçons et ajouter le whisky. Compléter avec l'eau gazeuse et bien remuer. Garnir avec l'écorce torsadée.

KNICKERBOCKER COCKTAIL

4 doses de gin (60 ml)
2 doses de vermouth sec (30 ml)
1/2 c. à café de vermouth doux
1 zeste de citron

Mélanger à des glaçons les ingrédients liquides dans un doseur. Passer dans un verre à cocktail rafraîchi et garnir avec le zeste de citron.

KNICKERBOCKER SPECIAL COCKTAIL

4 doses de rhum blanc (60 ml)
1/2 c. à café triple sec
1 c. à café de sirop de mûre
1 c. à café de sirop d'ananas
1 c. à café de jus d'orange frais
1 c. à café de jus de citron vert frais
1 pointe d'ananas

Mélanger tous les ingrédients à de la glace pilée dans un shaker. Bien agiter. Passer dans un verre à cocktail rafraîchi et garnir avec la pointe d'ananas.

KNICKS VICTORY COOLER

4 doses de nectar d'abricot (60 ml)
Soda à la framboise
1 écorce d'orange
Framboises fraîches

Verser le nectar d'abricot dans un verre à orangeade bien rempli de glaçons. Compléter avec le soda à la framboise. Remuer doucement et garnir avec l'orange et les framboises fraîches.

KNOCKOUT COCKTAIL

4 doses de vermouth sec (60 ml)
3 doses de gin (45 ml)
2 doses de Pernod (30 ml)
2 c. à café de crème de menthe
1 cerise au marasquin

Réunir tous les ingrédients avec des glaçons dans un doseur. Bien remuer. Passer dans un verre à cocktail rafraîchi et garnir avec la cerise.

KREMLIN COCKTAIL

4 doses de vodka (60 ml)
3 doses de crème de cacao (45 ml)
1 dose 1/2 de crème (22,5 ml) et 1 1/2 de lait

Dans un doseur, mélanger glace pilée et ingrédients. Mixer et verser dans un verre à cocktail rafraîchi.

KRETCHMA COCKTAIL

4 doses de vodka (60 ml)
3 doses de crème de cacao (45 ml)
2 doses de jus de citron frais (30 ml)
2 traits de grenadine

Mélanger les ingrédients à de la glace pilée dans un shaker. Bien agiter. Passer dans un verre à cocktail rafraîchi.

KUP'S INDISPENSABLE COCKTAIL

4 doses de gin (60 ml)
1 dose 1/2 de vermouth sec (22,5 ml)
1 dose 1/2 de vermouth doux (22,5 ml)
1 zeste d'orange

Mélanger ingrédients et glaçons dans un doseur. Bien remuer. Passer dans un verre à cocktail rafraîchi et garnir avec le zeste d'orange.

KYOTO COCKTAIL

4 doses de gin (60 ml)
2 doses de liqueur de melon (30 ml)
1 dose de vermouth sec (15 ml)
1/4 de c. à café de jus de citron frais

Mélanger les ingrédients à de la glace pilée dans un shaker. Bien agiter. Passer dans un verre à cocktail rafraîchi.

LA BOMBA

4 doses de rhum blanc (60 ml)
2 doses d'eau-de-vie d'abricot (30 ml)
2 doses de Pernod (30 ml)
2 doses de triple sec (30 ml)
2 doses de jus de citron frais (30 ml)
1 pointe d'ananas

Dans un shaker, mélanger glace pilée
et ingrédients, sauf l'ananas. Bien
agiter. Passer dans un verre à whisky
rafraîchi et garnir avec la pointe
d'ananas.

LA JOLLA

4 doses de brandy (60 ml)
2 doses de crème de banane (30 ml)
1 c. à soupe de jus de citron frais
1 c. à café de jus d'orange frais

Mélanger les ingrédients à de la glace
pilée dans un shaker. Bien agiter. Passer
dans un verre à cocktail rafraîchi.

LADIES' COCKTAIL

4 doses de whisky (60 ml)
1 c. à café de Pernod
3-5 traits d'angustura
1 pointe d'ananas

Dans un shaker, mélanger glace pilée
et ingrédients, sauf l'ananas. Bien
agiter. Passer dans un verre à cocktail
rafraîchi.

LADY BE GOOD

4 doses de brandy (60 ml)
1 dose de crème de menthe blanche
1 dose de vermouth doux (15 ml)

Mélanger les ingrédients à de la glace
pilée dans un shaker. Bien agiter. Passer
dans un verre à cocktail rafraîchi.

LADY FINGER

4 doses de gin (60 ml)
3 doses de wishniak (45 ml)
2 doses de kirsch (30 ml)

Mélanger les ingrédients à de la glace
pilée dans un shaker. Bien agiter. Passer
dans un verre à cocktail rafraîchi.

LAFAYETTE

4 doses de bourbon (60 ml)
1 dose de vermouth sec (15 ml)
1 dose de Dubonnet rouge (15 ml)
1/2 c. à café de sucre en poudre
1/2 blanc d'œuf

Mélanger les ingrédients à de la glace
pilée dans un shaker. Agiter vivement.
Passer dans un verre à whisky
rafraîchi.

LALLAH ROOKH

4 doses de rhum blanc (60 ml)
2 doses de cognac (30 ml)
1 dose d'extrait de vanille (15 ml)
1/2 c. à café de sucre en poudre
Crème fouettée

Dans un doseur, mélanger glace pilée
et ingrédients, sauf la crème fouettée.
Mixer à vitesse réduite. Passer dans un
verre ballon rafraîchi et poser en
surface la crème fouettée.

LAWHILL COCKTAIL

4 doses de whisky (60 ml)
2 doses de vermouth sec (30 ml)
1/2 c. à café de Pernod
1/2 c. à café de marasquin
1 trait d'angustura

Dans un verre doseur, mélanger
ingrédients et glaçons. Remuer. Passer
dans un verre à cocktail rafraîchi.

LEAP FROG HIGHBALL

4 doses de gin (60 ml)
3 doses de jus de citron frais (45 ml)
Ginger ale

Verser sur glaçons gin et jus de citron
dans un verre à long drinks rafraîchi.
Remplir de ginger ale et remuer.

LEAP YEAR COCKTAIL

4 doses de gin (60 ml)
1 dose de vermouth doux (15 ml)
1 dose de Grand Marnier (15 ml)
1/2 c. à café de jus de citron frais

Mélanger les ingrédients à de la glace
pilée dans un shaker. Bien agiter. Passer
dans un verre à cocktail rafraîchi.

LEMON DROP

4 doses de vodka glacée (60 ml)
Sucre
1 quartier de citron

Verser la vodka dans un verre à
digestif. Emplir de sucre l'espace entre
pouce et index. Aspirer ce sucre et
boire d'une seule gorgée, puis croquer
dans une rondelle de citron. Répéter
l'opération si nécessaire.

LEMONADE

32 doses de sucre (480 g)
2 tasses de sirop de canne
32 doses de jus de citron frais (480 ml ou
10 tasses)
40 doses d'eau froide (600 ml)
10 brins de menthe fraîche
Rondelles de citron

Verser le jus de citron dans un pichet
et ajouter l'eau froide. Ajouter 1 tasse
de sirop de canne et les brins de
menthe. Remuer. Ajouter du sirop de
canne si nécessaire. Bien remuer et
ajouter glaçons et rondelles de citron
en surface. Pour 10 personnes.

N.B. Pour une citronnade rose, ajouter
1/4 de tasse de sirop de framboise ou
de fraise en diminuant d'autant la
quantité de sirop de canne. Pour une
citronnade au citron vert, remplacer le
jus de citron par du jus de citron vert.

LEMON-LIME COOLER

6 doses de jus de citron vert frais
1 dose de sirop de canne (15 ml)
Soda au citron
1 rondelle de citron vert

Dans un shaker, mélanger jus de
citron vert et sirop de canne à de la
glace pilée. Bien agiter et passer dans
un verre à orangeade rafraîchi, sur
glaçons. Remplir de soda au citron.
Remuer et garnir avec le citron vert.

LEPRECHAUN

4 doses de whiskey irlandais (60 ml)
2 doses de rhum blanc (30 ml)
1 dose de gin à la prunelle (15 ml)
2 doses de jus de citron vert frais (30 ml)
1/2 c. à café de sucre en poudre
1/4 de pêche fraîche, pelée et émincée
Framboises fraîches

Dans un doseur, mélanger glace pilée
et ingrédients, sauf les framboises.
Mixer jusqu'à consistance onctueuse.
Verser dans un verre à whisky rafraîchi
et garnir avec les framboises.

LEXINGTON AVE. EXPRESS

4 doses de rhum très fort (60 ml)
2 doses de jus de citron vert frais (30 ml)
1 c. à café de grenadine

Dans un shaker, mélanger ingrédients
et glace pilée. Bien agiter, puis passer
dans un verre à whisky rafraîchi, sur
glaçons.

LIBERTY COCKTAIL

4 doses d'eau-de-vie de pomme
2 doses de rhum blanc (30 ml)
1/4 de c. à café de sucre en poudre

Dans un verre doseur, mélanger
ingrédients et glace pilée. Bien
remuer. Passer dans un verre à
cocktail rafraîchi.

LIBERTY COCKTAIL

LIEBFRAUENMILCH

4 doses de crème de cacao blanc
2 doses de crème (30 ml) et 2 de lait
4 doses de jus de citron vert frais (60 ml)

Dans un shaker, mélanger ingrédients et glace pilée. Bien agiter. Passer dans un verre à cocktail rafraîchi.

LIL NAUE

4 doses de brandy (60 ml)
2 doses de porto rouge (30 ml)
2 doses d'eau-de-vie d'abricot (30 ml)
1 c. à café de sucre en poudre
1 jaune d'œuf
Cannelle en poudre

Dans un verre doseur, mélanger glace pilée et ingrédients, sauf la cannelle. Mixer jusqu'à consistance onctueuse. Verser dans un verre ballon rafraîchi. Saupoudrer de cannelle.

LIMBO COCKTAIL

4 doses de rhum blanc (60 ml)
1 dose de crème de banane (15 ml)
2 doses de jus d'orange frais (30 ml)

Dans un shaker, mélanger ingrédients
et glace pilée. Bien agiter. Verser dans
un verre à cocktail rafraîchi.

LIMEY

4 doses de rhum blanc (60 ml)
2 doses de liqueur de citron vert (30 ml)
1 dose de triple sec (15 ml)
1 c. à soupe de jus de citron vert frais
1 zeste de citron vert

Dans un doseur, mélanger glace pilée et
ingrédients, sauf le zeste de citron vert.
Mixer jusqu'à consistance onctueuse.
Verser dans un verre ballon rafraîchi.
Garnir avec le zeste de citron vert.

LINSTEAD COCKTAIL

4 doses de scotch (60 ml)
1/4 de c. à café de Pernod
4 doses de jus d'ananas (60 ml)
1/4 de c. à café de jus de citron vert frais
1/2 c. à café de sucre en poudre

Dans un shaker, mélanger ingrédients
et glace pilée. Bien agiter. Verser dans
un verre à cocktail rafraîchi.

LITTLE DEVIL

4 doses de gin (60 ml)
3 doses de rhum blanc (45 ml)
2 doses de triple sec (30 ml)
2 doses de jus de citron frais

Dans un shaker, mélanger ingrédients
et glace pilée. Bien agiter. Verser dans
un verre à cocktail rafraîchi.

LITTLE DIX MIX

4 doses de rhum brun (60 ml)
1 dose de crème de banane (15 ml)
1 dose de jus de citron vert frais (15 ml)
1 c. à café de triple sec

Dans un shaker, mélanger ingrédients
et glace pilée. Bien agiter. Verser dans
un verre à whisky rafraîchi.

LITTLE PRINCE

4 doses d'eau gazeuse
(60 ml)
2 doses de nectar d'abricot (30 ml)
2 doses de jus de citron frais (30 ml)
1 zeste de citron

Dans un doseur, mélanger ingrédients
et glace pilée. Bien agiter. Verser dans
un verre à whisky rafraîchi. Garnir
avec le zeste de citron.

LITTLE PRINCESS

4 doses de rhum blanc (60 ml)
2 doses de vermouth doux (30 ml)

Dans un doseur, mélanger ingrédients
et glace pilée. Bien remuer et verser
dans un verre à cocktail rafraîchi.

LOCH LOMOND

6 doses de scotch (90 ml)
1 dose de sirop de canne (15 ml)
3-5 traits d'angustura

Dans un shaker, mélanger ingrédients
et glace pilée. Bien agiter. Verser dans
un verre à cocktail rafraîchi.

LOCOMOTIVE

12 doses de vin rouge (180 ml)
1 dose de marasquin (15 ml)
1 dose de triple sec (15 ml)
1 dose de miel (15 ml)
1 œuf
1 rondelle de citron
Cannelle en poudre

Dans une casserole, mélanger vin,
liqueurs et miel, et remuer jusqu'à ce
que le miel soit fondu. Faire chauffer,
sans bouillir, en remuant souvent.
Incorporer l'œuf à peine battu. Faire
frémir environ 1 min. Verser dans une
grande tasse chaude. Saupoudrer de
cannelle et garnir avec le citron.

LOLLIPOP

2 doses de Chartreuse verte (30 ml)
2 doses de kirsch (30 ml)
2 doses de triple sec (30 ml)
1 c. à café de marasquin

Dans un shaker, mélanger ingrédients et glace pilée. Bien agiter. Verser dans un verre à cocktail rafraîchi.

LONDON COCKTAIL

6 doses de gin (90 ml)
1/2 c. à café de marasquin
5 traits de bitter à l'orange
1/2 c. à café de sucre
1 zeste de citron

Dans un shaker, mélanger glace pilée et ingrédients, sauf le zeste de citron. Bien agiter. Verser dans un verre à cocktail rafraîchi. Garnir avec le zeste de citron.

LONDON DOCK

6 doses de vin rouge (90 ml)
4 doses de rhum brun (60 ml)
2 doses de miel
1 écorce de citron
1 bâton de cannelle
Noix muscade fraîchement râpée
Eau bouillante

Dans une grande tasse chaude, faire fondre le miel avec de l'eau bouillante. Ajouter les autres ingrédients, sauf la cannelle et la noix muscade, et remplir d'eau bouillante. Remuer avec le bâton de cannelle et saupoudrer de muscade.

LONDON FOG

2 doses de crème de menthe blanche (30 ml)
2 doses de Pernod (30 ml)
1 boule de glace à la vanille

Dans un doseur, mélanger ingrédients et glace pilée. Mixer quelques secondes à vitesse moyenne. Verser dans un verre à liqueur rafraîchi.

LONDON FRENCH '75

4 doses de gin (60 ml)
2 doses de jus de citron frais (30 ml)
1/2 c. à café de sucre en poudre
Champagne ou vin mousseux

Dans un shaker, mélanger glace pilée et ingrédients, sauf le champagne. Bien agiter. Verser dans un verre à orangeade rafraîchi. Compléter avec du champagne frais.

LONE TREE COCKTAIL

4 doses de gin (60 ml)
1 dose de vermouth doux (15 ml)
3 traits de bitter à l'orange

Dans un doseur, mélanger ingrédients et glaçons. Bien remuer. Passer dans un verre à cocktail rafraîchi.

LONG ISLAND ICED TEA

4 doses de vodka (60 ml)
2 doses de gin (30 ml)
2 doses de tequila blanche (30 ml)
2 doses de rhum blanc (30 ml)
1 dose de crème de menthe blanche (15 ml)
4 doses de jus de citron frais (60 ml)
1 c. à café de sucre en poudre
1 quartier de citron vert
Coca

Dans un shaker, mélanger glace pilée et ingrédients, sauf le zeste de citron et le coca. Bien agiter. Passer dans un verre à orangeade rafraîchi. Compléter avec le coca et remuer doucement. Garnir avec le quartier de citron vert.

LONG ISLAND ICED TEA

LORD RODNEY

4 doses de whisky (60 ml)
2 doses de rhum brun (30 ml)
1/4 de c. à café de crème de cacao
1 c. à café de sirop de noix de coco

Dans un shaker, mélanger ingrédients
et glace pilée. Bien agiter. Verser dans
un verre à cocktail rafraîchi.

LOS ANGELES COCKTAIL

4 doses de whisky de seigle (60 ml)
1/4 de c. à café de vermouth doux
2 doses de jus de citron frais (30 ml)
1 c. à café de sucre en poudre
1 œuf entier

Dans un shaker, mélanger ingrédients
et glace pilée. Agiter vigoureusement.
Passer dans un verre tulipe rafraîchi,
sur glaçons.

LOUDSPEAKER

4 doses de brandy (60 ml)
3 doses de gin (45 ml)
1 dose de triple sec (15 ml)
2 doses de jus de citron frais (30 ml)

Dans un shaker, mélanger ingrédients
et glace pilée. Bien agiter. Verser dans
un verre à cocktail rafraîchi.

LOUISIANA PLANTER'S PUNCH

4 doses de rhum ambré (60 ml)
2 doses de bourbon (30 ml)
2 doses de cognac (30 ml)
1/4 de c. à café de Pernod
5 traits de bitter Peychaud
1 dose de sirop de canne (15 ml)
2 doses de jus de citron frais (30 ml)
Eau gazeuse
1 rondelle de citron
1 rondelle d'orange

Dans un shaker, mélanger glace pilée
et ingrédients, sauf l'eau gazeuse et les
rondelles de fruit. Bien agiter. Passer
dans un verre à long drinks rafraîchi,
sur glaçons. Compléter avec de l'eau
gazeuse et remuer doucement. Garnir
avec les rondelles de citron et d'orange.

LOVE COCKTAIL

4 doses de gin à la prunelle (60 ml)
1/2 c. à café de jus de citron
1/2 c. à café de sirop de framboise
1 blanc d'œuf

Dans un shaker, mélanger ingrédients
et glace pilée. Bien agiter. Verser dans
un verre à cocktail rafraîchi.

LUGGER

4 doses de brandy (60 ml)
3 doses d'eau-de-vie de pomme (45 ml)
1/4 de c. à café d'eau-de-vie d'abricot

Dans un shaker, mélanger ingrédients
et glace pilée. Bien agiter. Verser dans
un verre à cocktail rafraîchi.

M

MADEIRA COCKTAIL

4 doses de whisky (60 ml)
3 doses de madère (45 ml)
1 c. à café de grenadine
1 trait de jus de citron frais
1 rondelle d'orange

Dans un shaker, mélanger glace pilée
et ingrédients, sauf la rondelle
d'orange. Bien agiter. Passer dans un
verre à whisky rafraîchi, sur glaçons.
Garnir avec la rondelle d'orange.

MADRAS

4 doses de vodka (60 ml)
6 doses de jus d'airelle rouge (60 ml)
6 doses de jus d'orange frais (90 ml)

Dans un doseur, mélanger ingrédients
et glace pilée. Remuer. Passer dans un
verre à long drinks, sur glaçons.

MAHUKONA

4 doses de rhum blanc (60 ml)
1 dose de curaçao blanc (15 ml)
1 dose de jus de citron frais (15 ml)
1/2 c. à café de sirop d'orgeat
5 traits de bitter à l'orange
1 pointe d'ananas

Dans un doseur, mélanger glace pilée
et ingrédients, sauf l'ananas. Mixer
jusqu'à consistance onctueuse. Verser
dans un verre à long drinks rafraîchi.
Garnir avec la pointe d'ananas.

MAI KAI NO

4 doses de rhum blanc (60 ml)
4 doses de rhum brun (60 ml)
1 dose de rhum très fort (15 ml)
4 doses de jus de citron vert frais (60 ml)
2 doses de sirop de fruit de la passion (60 ml)
1 dose de sirop d'orgeat (15 ml)
Eau gazeuse
1 pointe d'ananas

Dans un shaker, mélanger glace pilée
et ingrédients, sauf l'eau gazeuse et la
pointe d'ananas. Bien agiter et verser
dans un verre à orangeade rafraîchi,
sur glaçons. Compléter avec de l'eau
gazeuse. Remuer doucement et garnir
avec la pointe d'ananas.

MAI TAI

4 doses de rhum brun (60 ml)
4 doses de rhum blanc (60 ml)
2 doses de curaçao bleu (30 ml)
2 doses de jus de citron vert frais (30 ml)
1 c. à soupe de grenadine
1 c. à soupe de sirop d'orgeat
1 pointe d'ananas
Orchidée et petite ombrelle (facultatif)

Dans un shaker, mélanger ingrédients
et glace pilée. Bien agiter et passer
dans un verre à long drinks rafraîchi,
sur glaçons. Garnir avec l'ananas et
tout autre décoration au choix.

MAIDEN'S BLUSH

4 doses de gin (60 ml)
1/2 c. à café de triple sec
1/2 c. à café de grenadine
1/2 c. à café de jus de citron frais

Dans un shaker, mélanger ingrédients
et glace pilée. Bien agiter. Verser dans
un verre à cocktail rafraîchi.

MAIDEN'S PRAYER

4 doses de gin (60 ml)
2 doses de curaçao bleu (30 ml)
1 dose de jus de citron frais (15 ml)
1 c. à soupe de jus d'orange frais

Dans un shaker, mélanger ingrédients
et glace pilée. Bien agiter. Verser dans
un verre à cocktail rafraîchi.

MAINBRACE

4 doses de gin (60 ml)
2 doses de curaçao blanc (30 ml)
2 doses de jus de raisin (30 ml)

Dans un shaker, mélanger ingrédients
et glace pilée. Bien agiter. Verser dans
un verre à cocktail rafraîchi.

MAMIE TAYLOR

6 doses de scotch (90 ml)
2 doses de jus de citron vert frais (30 ml)
Ginger ale, 1 rondelle de citron vert

Verser scotch et jus de citron vert dans un verre à orangeade rafraîchi, sur glaçons. Compléter avec du ginger ale et remuer doucement. Garnir avec la rondelle de citron vert.

MANDEVILLE

4 doses de rhum brun (60 ml)
4 doses de rhum blanc (60 ml)
1 c. à soupe de Pernod
1/2 c. à café de grenadine
1 c. à soupe de jus de citron frais
1 dose de coca (15 ml)

Dans un shaker, mélanger ingrédients et glace pilée. Bien agiter et passer dans un verre à whisky rafraîchi, sur glaçons.

MANDY'S CURE

8 doses de jus d'airelle rouge (120 ml)
8 dose de jus de pamplemousse (120 ml)
2 doses de jus de citron vert frais (30 ml)
1 rondelle de citron vert

Dans un doseur, mélanger jus de fruits et glace pilée. Passer sur glaçons dans un verre à orangeade rafraîchi. Garnir avec la rondelle de citron vert.

MANGO DELIGHT

1 mangue épluchée, hachée
(1/4 de tasse)
3 grosses fraises fraîches
2 doses de jus de citron vert frais (30 ml)
1 rondelle de citron vert

Dans un doseur, mélanger glace pilée et
ingrédients, sauf 1 fraise et la rondelle
de citron vert. Mixer et verser dans un
grand verre ballon rafraîchi. Garnir avec
la fraise restante et le citron vert.

MANHASSET

4 doses de whisky de seigle (60 ml)
1/2 dose de vermouth sec (7,5 ml)
1/2 dose de vermouth doux (7,5 ml)
1 c. à soupe de jus de citron frais
1 zeste de citron

Dans un shaker, mélanger glace pilée
et ingrédients, sauf le zeste de citron.
Bien agiter. Passer dans un verre à
cocktail rafraîchi. Garnir avec le zeste
de citron.

MANHASSET

MANHATTAN

MANHATTAN

6 doses de whisky de seigle (90 ml)
2 doses de vermouth doux (30 ml)
1 trait d'angustura
1 cerise au marasquin

Dans un verre doseur, mélanger
glaçons et ingrédients, sauf la cerise.
Bien remuer et passer dans un verre à
cocktail rafraîchi. Garnir avec la cerise.

MANHATTAN COOLER

8 doses de vin rouge (120 ml)
4 doses de jus de citron frais (60 ml)
1/4 de c. à café de rhum ambré
1 c. à soupe de sirop de canne

Dans un doseur, mélanger ingrédients
et glace pilée. Bien remuer. Passer
dans un verre à long drinks rafraîchi,
sur glaçons.

MAN O'WAR

4 doses de bourbon (60 ml)
2 doses de triple sec (30 ml)
1 dose de vermouth doux (15 ml)
2 doses de jus de citron vert frais (30 ml)

Dans un shaker, mélanger ingrédients
et glace pilée. Bien agiter. Passer dans
un verre à cocktail rafraîchi.

MARCONI WIRELESS

6 doses d'eau-de-vie de pomme (90 ml)
1 dose de vermouth doux (15 ml)
3-5 traits de bitter à l'orange

Dans un shaker, mélanger ingrédients
et glace pilée. Bien agiter. Passer dans
un verre à cocktail rafraîchi.

MARGARITA

6 doses de tequila silver ou ambrée
(90 ml)
2 doses de triple sec (30 ml)
4 doses de jus de citron vert frais (60 ml)
Gros sel
1 quartier de citron vert

Givrer un grand verre à cocktail en
humectant le bord avec le quartier de
citron vert et en le plongeant dans le
sel. Dans un shaker, mélanger les
autres ingrédients avec de la glace
pilée. Bien agiter. Passer dans un verre
à cocktail rafraîchi.

MARGIE'S MIMOSA

Jus de raisin blanc pétillant
Jus d'orange frais

Remplir de jus d'orange la moitié
d'une flûte à champagne. Compléter
avec le jus de raisin et remuer
doucement.

MARGARITA

MARTINI BLANC-OLIVE

MARTINI

6 doses de gin (90 ml)
1/4 de c. à café (ou moins)
de vermouth sec
Olive verte

Dans un doseur, mélanger gin,
vermouth et glaçons. Bien remuer.
Verser dans un verre à cocktail
rafraîchi. Garnir avec l'olive verte.

N.B. Une des nombreuses variantes sur
le Martini propose une touche de
Dubonnet ajoutée au mélange gin
vermouth. Garnir avec 1 zeste de
citron au lieu de l'olive verte.

MARY GARDEN COCKTAIL

4 doses de Dubonnet (60 ml)
2 doses de vermouth doux (30 ml)

Dans un shaker, mélanger ingrédients
et glace pilée. Bien agiter. Passer dans
un verre à cocktail rafraîchi.

MARTINI-DUBONNET

MARY PICKFORD

4 doses de rhum blanc (60 ml)
1/2 c. à café de marasquin
4 doses de jus d'ananas (60 ml)
1/2 c. à café de grenadine

Dans un shaker, mélanger ingrédients
et glace pilée. Bien agiter. Passer dans
un verre à cocktail rafraîchi.

MATADOR

4 doses de tequila ambrée (60 ml)
1 dose de triple sec (15 ml)
6 doses de jus d'ananas (90 ml)
2 doses de jus de citron vert frais (30 ml)

Dans un shaker, mélanger ingrédients
et glace pilée. Bien agiter. Passer dans
un verre tulipe rafraîchi.

MATINEE

4 doses de gin (60 ml)
2 doses de vermouth doux (30 ml)
1 dose de chartreuse verte (15 ml)
1 dose de jus d'orange frais (15 ml)
1 trait de bitter à l'orange

Dans un shaker, mélanger ingrédients et glace pilée. Bien agiter. Passer dans un verre à cocktail rafraîchi.

MAURICE

4 doses de gin (60 ml)
1 dose de vermouth sec (15 ml)
1 dose de vermouth doux (15 ml)
2 doses de jus d'orange frais (30 ml)
1 trait d'angustura

Dans un shaker, mélanger ingrédients et glace pilée. Bien agiter. Passer dans un verre tulipe rafraîchi.

MC CLELLAND

4 doses de gin à la prunelle (60 ml)
2 doses de curaçao blanc (30 ml)
3-5 traits de bitter à l'orange

Dans un shaker, mélanger ingrédients et glace pilée. Bien agiter. Passer dans un verre tulipe rafraîchi.

MELON BALL

4 doses de vodka (60 ml)
4 doses de liqueur de melon (60 ml)
8 doses de jus d'ananas (120 ml ou 1/4 de tasse)
Tranche fine de cantaloup ou de melon d'hiver

Dans un doseur, mélanger glace pilée et ingrédients. Remuer et passer dans un verre à long drinks rafraîchi, sur glaçons. Garnir avec la tranche de melon.

MELON COCKTAIL

4 doses de gin (60 ml)
1 dose de marasquin
(15 ml)
1 dose de jus de citron frais (15 ml)
1 cerise au marasquin
1 zeste de citron

Dans un doseur, mélanger glace pilée et ingrédients, sauf la cerise et le zeste de citron. Bien agiter et passer dans un verre à cocktail rafraîchi. Garnir avec la cerise et le zeste de citron.

MELON MEDLEY

8 doses de jus d'orange frais (120 ml)
1/4 de tasse de cantaloup coupé en cubes
1 dose de jus de citron frais (15 ml)

Dans un mixeur, mélanger ingrédients et glace pilée. Mixer et verser dans un verre à orangeade rafraîchi.

MERMAID'S SONG

4 doses de jus d'orange (60 ml)
2 doses de jus de fruit de la passion (30 ml)
2 doses de lait de noix de coco (30 ml)
2 doses de jus d'ananas (30 ml)
1 dose de jus de citron vert frais (15 ml)
1 cerise au marasquin

Dans un shaker, mélanger tous les ingrédients, sauf la cerise, à de la glace pilée. Bien agiter et passer dans un verre ballon rafraîchi. Garnir avec la cerise.

MERRY WIDOW

4 doses de gin (60 ml)
2 doses de vermouth sec (30 ml)
1 dose de Pernod (15 ml)
3-5 traits de bitter Peychaud
1 zeste de citron

Dans un shaker, mélanger glace pilée et ingrédients, sauf le zeste de citron. Bien agiter et passer dans un verre à cocktail rafraîchi. Garnir avec le zeste de citron.

METROPOLITAN

MERRY WIDOW FIZZ

4 doses de Dubonnet (60 ml)
4 doses de jus d'orange frais (60 ml)
2 doses de jus de citron frais (30 ml)
1 blanc d'œuf
Eau gazeuse

Dans un shaker, mélanger glace pilée
et ingrédients, sauf le blanc d'œuf.
Agiter vigoureusement et passer dans
un verre à orangeade rafraîchi, sur
glaçons. Compléter avec de l'eau
gazeuse et remuer doucement.

METROPOLITAN

4 doses de brandy (60 ml)
2 doses de vermouth doux (30 ml)
1/2 c. à café de sucre en poudre
1 trait d'angustura

Dans un shaker, mélanger ingrédients
et glace pilée. Bien agiter. Passer dans
un verre à cocktail rafraîchi.

159

MEXICAN COFFEE

MEXICANA

4 doses de tequila silver (60 ml)
4 doses de jus d'ananas (60 ml)
2 doses de jus de citron vert frais (30 ml)
1/4 c. à café de grenadine

Dans un shaker, mélanger ingrédients et glace pilée. Bien agiter. Passer sur des glaçons dans un verre à long drinks rafraîchi.

MEXICAN COFFEE

4 doses de tequila ambrée (60 ml)
1 dose de liqueur de café (15 ml)
Café chaud
Crème fouettée

Mélanger tequila et liqueur dans une tasse. Verser le café chaud et remuer encore. Couronner de crème fouettée.

MEXICOLA

4 doses de tequila blanche (60 ml)
Coca
1 quartier de citron vert

Verser la tequila dans un verre à orangeade rafraîchi, sur glaçons. Compléter avec le coca et presser quelques gouttes de citron vert. Remuer doucement et garnir avec le quartier de citron vert.

MIAMI

4 doses de rhum blanc (60 ml)
2 doses de schnaps au peppermint (30 ml)
1/4 de c. à café de jus de citron vert

Dans un shaker, mélanger ingrédients et glace pilée. Bien agiter. Passer dans un verre à cocktail rafraîchi.

MIAMI BEACH COCKTAIL

4 doses de scotch (60 ml)
3 doses de vermouth sec (45 ml)
4 doses de jus de pamplemousse (60 ml)

Dans un shaker, mélanger ingrédients et glace pilée. Bien agiter. Passer sur des glaçons dans un verre à whisky rafraîchi.

MIDNIGHT COCKTAIL

4 doses d'eau-de-vie d'abricot (60 ml)
1 c. à soupe de triple sec
1 c. à soupe de jus de citron frais

Dans un shaker, mélanger ingrédients et glace pilée. Bien agiter. Passer dans un verre à cocktail rafraîchi.

MIDNIGHT SUN

4 doses d'aquavit (60 ml)
2 doses de jus de pamplemousse
1/4 de c. à café de grenadine
1 rondelle d'orange

Dans un shaker, mélanger glace pilée et ingrédients, sauf la rondelle d'orange. Bien agiter. Passer dans un verre à cocktail rafraîchi. Garnir avec la rondelle d'orange.

MIKADO

6 doses de brandy (90 ml)
1/4 de c. de crème de noyaux
1/4 de c. à café de triple sec
1/4 de c. à café de sirop d'orgeat
3-5 traits d'angustura

Dans un shaker, mélanger ingrédients et glace pilée. Bien agiter. Passer dans un verre à cocktail rafraîchi.

MILK PUNCH

4 doses de whisky (60 ml)
14 doses de lait (210 ml ou 1 tasse)
1 c. à café de sirop de canne
Noix muscade fraîchement râpée

Verser le lait dans un verre à orangeade
rafraîchi. Ajouter le whisky et le sirop
de canne. Saupoudrer de muscade.

MILLIONAIRE

4 doses de bourbon (60 ml)
2 doses de Pernod (30 ml)
1/4 de c. à café de triple sec
1/4 de c. à café de grenadine
1 blanc d'œuf

Dans un shaker, mélanger ingrédients
et glace pilée. Agiter vigoureusement.
Passer dans un verre à cocktail
rafraîchi.

MILLION-DOLLAR-COCKTAIL

4 doses de gin (60 ml)
2 doses de vermouth doux (30 ml)
2 doses de jus d'ananas (30 ml)
1 c. à café de grenadine
1 blanc d'œuf

Dans un shaker, mélanger ingrédients
et glace pilée. Agiter vigoureusement.
Passer dans un verre à cocktail
rafraîchi.

MIMOSA

Champagne frappé
ou vin mousseux
Jus d'orange frais

Remplissez à moitié de jus d'orange
une flûte à champagne. Compléter avec
le champagne et remuer doucement.

MINOR MADRAS

8 doses de jus d'airelle rouge (120 ml)
8 doses de jus d'orange frais (120 ml)
2 doses de jus de citron frais (30 ml)
1 rondelle de citron vert

Dans un doseur, mélanger glace pilée
et ingrédients, sauf la rondelle de
citron. Remuer. Verser dans un verre à
orangeade rafraîchi, sur glaçons.
Garnir avec le citron vert.

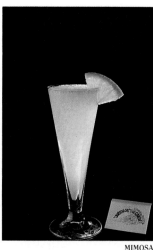

MIMOSA

MINT COLLINS

6 doses de gin (90 ml)
2 doses de jus de citron frais (30 ml)
1 c. à café de sucre
7 feuilles de menthe fraîche
Eau gazeuse
1 rondelle de citron
Brins de menthe

Verser gin, jus de citron et sucre dans
un verre à orangeade rafraîchi. Plonger
les feuilles de menthe. Les écraser un
peu à la cuiller. Ajouter des glaçons et
compléter avec de l'eau gazeuse.
Remuer doucement. Garnir avec
rondelle de citron et brins de menthe.

MINT JULEP

6 doses de bourbon (90 ml)
1 c. à soupe de sirop de canne
10-15 belles feuilles de menthe fraîche
1 brin de menthe

Écraser les feuilles de menthe avec le
sucre dans un verre à long drinks
rafraîchi. Compléter avec des glaçons
concassés et ajouter le bourbon.
Garnir avec un brin de menthe.

MINT SUNRISE

3 doses de scotch (45 ml)
1 dose de brandy (15 ml)
1 dose de curaçao bleu (15 ml)
1 rondelle de citron
1 brin de menthe

Dans un verre à long drinks rafraîchi, mélanger glaçons et ingrédients, sauf le citron et la menthe. Remuer. Garnir avec le citron et le brin de menthe.

MISSISSIPPI MULE

4 doses de gin (60 ml)
1 dose de crème de cassis (15 ml)
1 dose de jus de citron frais (15 ml)

Dans un shaker, mélanger ingrédients et glace pilée. Bien agiter. Passer dans un verre à whisky rafraîchi.

MISTER PIP'S ST. THOMAS SPECIAL

4 doses de rhum brun (60 ml)
1 c. à soupe de sirop de fruits de la passion
Jus d'orange frais
Noix muscade râpée

Dans un doseur, mélanger rhum et sirop à de la glace pilée. Passer sur glaçons dans un verre à orangeade rafraîchi. Remplir de jus d'orange et remuer. Saupoudrer de noix muscade.

MOCHA MINT

3 doses de liqueur de café (45 ml)
3 doses de crème de cacao blanc (45 ml)
3 doses de crème de menthe blanche (45 ml)

Dans un shaker, mélanger ingrédients et glace pilée. Bien agiter. Passer dans un verre à cocktail rafraîchi.

MOCHA SLUSH

4 doses d'extrait de café (60 ml)
2 doses d'extrait de chocolat (30 ml)
8 doses de lait (120 ml)
Copeaux de chocolat

Mixer glace pilée et ingrédients, sauf les copeaux de chocolat, jusqu'à consistance onctueuse. Passer dans un grand verre ballon rafraîchi. Parsemer de copeaux de chocolat.

MODERN COCKTAIL

5 doses de scotch (75 ml)
1 c. à café de rhum brun
1 c. à café de Pernod
1 c. à café de jus de citron frais
3-5 traits de bitter à l'orange
1 cerise au marasquin

Dans un shaker, mélanger tous les ingrédients, sauf la cerise, à de la glace pilée. Bien agiter. Passer dans un verre à whisky rafraîchi. Garnir avec la cerise.

MOJITO

4 doses de rhum blanc (60 ml)
2 doses de jus de citron vert frais (30 ml)
1 c. à café de sucre
5-7 feuilles de menthe fraîche
1 trait d'angustura

Dans un shaker, mélanger ingrédients et glace pilée. Bien agiter. Passer dans un verre à cocktail rafraîchi.

MOLDAU

4 doses de gin (60 ml)
2 doses de slivovitz (30 ml)
1 dose de jus d'orange frais (15 ml)
1 dose de jus citron frais (15 ml)

Dans un shaker, mélanger ingrédients et glace pilée. Bien agiter. Passer dans un verre à cocktail rafraîchi.

MOLL COCKTAIL

3 doses de gin (45 ml)
2 doses de gin à la prunelle (30 ml)
2 doses de vermouth sec (30 ml)
1 trait d'angustura

Dans un shaker, mélanger ingrédients et glace pilée. Bien agiter. Passer dans un verre à cocktail rafraîchi.

MONTANA

4 doses de brandy (60 ml)
2 doses de porto rouge (30 ml)
2 doses de vermouth sec (30 ml)
1 trait d'angustura

Mélanger tous les ingrédients à de la glace pilée dans un doseur. Bien remuer. Passer dans un verre à whisky rafraîchi, sur glaçons.

MONTEZUMA

4 doses de tequila ambrée (60 ml)
2 doses de madère (30 ml)
1 jaune d'œuf

Mixer les ingrédients à de la glace pilée, jusqu'à consistance onctueuse. Verser dans un verre à cocktail rafraîchi.

MONTMARTRE

4 doses de gin (60 ml)
1 dose de vermouth doux (15 ml)
1 dose de curaçao blanc (15 ml)

Dans un shaker, mélanger ingrédients et glace pilée. Bien agiter. Passer dans un verre à cocktail rafraîchi.

MOONLIGHT

4 doses d'eau-de-vie de pomme (60 ml)
4 doses de jus de citron frais (60 ml)
1/2 c. à café de sucre

Dans un shaker, mélanger ingrédients et glace pilée. Bien agiter. Passer sur glaçons dans un verre à whisky rafraîchi.

MOONSHOT

4 doses de gin (60 ml)
6 doses de jus de clam (90 ml)
1 trait de Tabasco

Dans un doseur, mélanger ingrédients
et glaçons. Remuer. Verser dans un
verre à whisky rafraîchi.

MORNING COCKTAIL

4 doses de brandy (60 ml)
2 doses de vermouth sec (30 ml)
1 c. à café de curaçao blanc
1 c. à café de marasquin
1 c. à café de Pernod
3-5 traits de bitter à l'orange
1 cerise au marasquin

Dans un shaker, mélanger glace pilée
et ingrédients, sauf la cerise. Bien
agiter. Passer dans un verre à cocktail
rafraîchi. Garnir avec la cerise.

MORNING GLORY FIZZ

6 doses de scotch (90 ml)
1 dose de Pernod (15 ml)
2 doses de jus de citron frais (30 ml)
1/2 c. à café de sucre en poudre
1 blanc d'œuf
1 trait d'angustura
Eau gazeuse

Dans un shaker, mélanger à de la glace
pilée tous les ingrédients, sauf l'eau
gazeuse. Bien agiter. Passer sur des
glaçons dans un verre à long drinks
rafraîchi. Compléter d'eau gazeuse et
remuer doucement.

MORNING JOY

4 doses de gin (60 ml)
3 doses de crème de banane (45 ml)
6 doses de jus d'orange frais (90 ml)

Dans un shaker, mélanger ingrédients
et glace pilée. Bien agiter. Passer dans
un verre tulipe rafraîchi.

MORRO

4 doses de gin (60 ml)
2 doses de rhum brun (30 ml)
1 dose de jus de citron vert frais (15 ml)
1 dose de jus d'ananas (15 ml)
1/2 c. à café de sucre en poudre

Dans un shaker, mélanger ingrédients
et glace pilée. Bien agiter. Passer dans
un verre à whisky givré de sucre, sur
glaçons.

MOSCOW MULE

6 doses de vodka (90 ml)
1 c. à soupe de jus de citron vert frais
Bière au gingembre
1 quartier de citron vert

Verser vodka et jus de citron sur
glaçons dans une chope rafraîchie.
Remplir de bière au gingembre et
remuer. Garnir avec le citron vert.

MOTHER'S MILK

8 doses de lait (120 ml)
1 dose de miel (15 ml)
1/4 de c. à café d'extrait de vanille
Noix muscade fraîchement râpée

Dans un shaker, mélanger glace pilée
et ingrédients, sauf la noix muscade.
Bien agiter. Passer dans un verre à
whisky rafraîchi. Saupoudrer de noix
muscade.

MOULIN ROUGE

4 doses de gin à la prunelle (60 ml)
1 dose de vermouth doux (15 ml)
3-5 traits d'angustura

Dans un shaker, mélanger ingrédients
et glace pilée. Bien agiter. Passer dans
un verre à cocktail rafraîchi.

MOUNTAIN COCKTAIL

4 doses de whisky (60 ml)
1 dose de vermouth sec (15 ml)
1 dose de vermouth doux (15 ml)
1 dose de jus de citron frais (15 ml)
1 blanc d'œuf

Dans un shaker, mélanger ingrédients
et glace pilée. Agiter vigoureusement.
Passer dans un verre à cocktail
rafraîchi.

MUDSLIDE

3 doses de vodka (45 ml)
3 doses de liqueur de café (45 ml)
3 doses d'Irish Cream (45 ml)

Dans un shaker, mélanger ingrédients et glace pilée. Bien agiter. Passer dans un verre à cocktail rafraîchi.

MULE'S HIND LEG

4 doses d'eau-de-vie de pomme (60 ml)
2 doses de gin (30 ml)
1 c. à soupe d'eau-de-vie d'abricot
1 c. à soupe de Bénédictine
1 c. à soupe de sirop d'érable

Dans un shaker, mélanger ingrédients et glace pilée. Bien agiter. Passer dans un verre à whisky rafraîchi.

N.B. Les cocktails chauds suivants peuvent se préparer au four à micro-ondes. Mettre les ingrédients dans une tasse au lieu d'une casserole. Faire chauffer, au degré maximum, de 45 à 60 secondes.

MULLED CIDER

4 doses de rhum ambré (60 ml)
12 doses d'eau-de-vie de pomme (180 ml)
1 c. à café de miel
1 bâton de cannelle
Noix muscade fraîchement râpée (à volonté)
3 clous de girofle, 1 zeste de citron

Réunir tous les ingrédients dans une casserole. Chauffer à feu moyen, en remuant de temps en temps, sans faire bouillir. Verser dans une tasse chaude.

MULLED CIDER WARMER

1/4 de litre de cidre
2 doses de miel (30 ml)
1/4 de c. à café de quatre-épices
5 graines de cardamome
1/2 c. à café de cannelle en poudre
1/4 de c. à café de gingembre en poudre
1/4 de c. à café de noix muscade râpée
8 clous de girofle
1 c. à soupe d'écorce d'orange séchée
Bâtons de cannelle

Dans une casserole, mélanger tous les ingrédients, sauf la cannelle. Chauffer à feu vif et remuer jusqu'à ce que le miel soit fondu. Laisser frémir à feu doux 15 min au moins. Verser dans une tasse chaude et garnir avec les bâtons de cannelle. Pour 6 personnes.

MULLED CRANBERRY JUICE

12 doses de jus d'airelle rouge (180 ml)
2 rondelles de citron
3 clous de girofle
Noix muscade fraîchement râpée
Miel à volonté
Bâton de cannelle

Mélanger les ingrédients dans une casserole, sauf la cannelle. Chauffer à feu doux jusqu'à ébullition. Remuer et verser dans une grande tasse chaude. Garnir avec le bâton de cannelle.

MULLED WINE

12 doses de vin rouge (180 ml)
2 doses de porto rouge (30 ml)
2 doses de brandy (30 ml)
1 bâton de cennelle
Noix muscade fraîchement râpée (à volonté)
3 clous de girofle
1 zeste de citron

Faire chauffer à feu doux tous les ingrédients dans une casserole. Ne pas faire bouillir. Verser dans une grande tasse chaude.

MYRTLE BANK PUNCH

4 doses de rhum très fort (60 ml)
2 doses de marasquin (30 ml)
3 doses de jus de citron vert frais (45 ml)
1 c. à café de grenadine
1/2 c. à café de sucre en poudre

Mixer glace pilée et ingrédients, sauf le marasquin, jusqu'à consistance onctueuse. Passer dans un verre à long drinks rafraîchi. Verser le marasquin en surface.

N

NAPOLEON

4 doses de gin (60 ml)
1 dose de curaçao blanc (15 ml)
1 c. à café de Dubonnet rouge
1 c. à café d'Amer Picon

Dans un doseur, mélanger ingrédients
et glace pilée et remuer. Passer dans
un verre à cocktail rafraîchi.

NARAGANSETT

4 doses de bourbon (60 ml)
2 doses de vermouth doux (30 ml)
1 trait de Pernod
1 zeste de citron

Mélanger les ingrédients liquides dans
un verre à whisky rafraîchi, sur glaçons.
Couronner avec la rondelle de citron.

NAVY GROG

2 doses de rhum brun (30 ml)
2 doses de rhum blanc (30 ml)
2 doses de rhum Demerara
1 dose de jus de goyave (15 ml)
1 dose de jus de citron vert frais
(15 ml)
1 dose de jus d'ananas (15 ml)
1 dose de sirop d'orgeat (15 ml)
1 dose de sirop de tamarin
1 rondelle de citron vert

Mixer glace pilée et ingrédients, sauf la
rondelle de citron, jusqu'à consistance
onctueuse. Passer dans un verre à long
drinks rafraîchi. Garnir avec la
rondelle de citron vert.

NEGRONI

4 doses de gin (60 ml)
2 doses de Campari (30 ml)
1 dose de vermouth doux (15 ml)
1 zeste d'orange

Dans un shaker, mélanger glace pilée
et ingrédients, sauf le zeste d'orange.
Bien agiter et passer dans un verre à
whisky rafraîchi, sur glaçons. Garnir
avec le zeste d'orange torsadé.

NEGUS PUNCH

Porto rouge (1 bouteille
de 750 ml)
Zeste d'un citron entier
8 morceaux de sucre
2 bâtons de cannelle
1 noix muscade entière, écrasée
7 clous de girofle
1/2 c. à café de quatre-épices
1 dose de jus de citron frais (15 ml)
Eau bouillante

Mettre le sucre et le citron dans un
grand pichet chaud. Faire fondre le
sucre avec un peu d'eau. Ajouter épices,
jus de citron et porto, et remuer.
Ajouter 2 tasses d'eau bouillante juste
avant de servir. Pour 10-12 personnes.

NETHERLANDS

4 doses de brandy (60 ml)
2 doses de curaçao blanc (30 ml)
1 trait de bitter à l'orange

Dans un shaker, mélanger ingrédients
et glace pilée. Bien agiter. Passer dans
un verre à whisky rafraîchi, sur
glaçons.

NEVADA COCKTAIL

4 doses de rhum brun (60 ml)
4 doses de jus de raisin (60 ml)
1 dose de jus de citron vert (15 ml)
1/2 c. à café de sucre en poudre
1 trait d'angustura

Dans un shaker, mélanger ingrédients
et glace pilée. Bien agiter. Passer dans
un verre à cocktail rafraîchi.

NEVINS

4 doses de bourbon (60 ml)
1 dose d'eau-de-vie d'abricot (15 ml)
2 doses de jus de pamplemousse (30 ml)
1 dose de jus de citron frais (15 ml)
1 trait d'angustura

Dans un shaker, mélanger ingrédients
et glace pilée. Bien agiter. Passer dans
un verre à cocktail rafraîchi.

NEW ORLEANS BUCK

4 doses de rhum blanc (60 ml)
2 doses de jus de citron vert frais (30 ml)
2 doses de jus d'orange frais (30 ml)
Ginger ale, 1 rondelle de citron vert

Dans un shaker, mélanger glace pilée
et ingrédients, sauf le ginger ale et la
rondelle de citron vert. Bien agiter.
Passer dans un verre à orangeade
rafraîchi, sur glaçons. Compléter avec
le ginger ale. Garnir avec la rondelle
de citron vert.

NEW ORLEANS COCKTAIL

4 doses de bourbon (60 ml)
1 dose de Pernod (15 ml)
1 trait d'angustura
1 trait d'anisette
1 trait de bitter à l'orange
1/2 c. à café de sirop de canne
1 zeste de citron

Dans un shaker, mélanger glace pilée
et ingrédients, sauf le zeste de citron.
Bien agiter. Passer dans un verre à
whisky rafraîchi. Garnir avec le zeste
de citron.

NEW ORLEANS GIN FIZZ

4 doses de gin (60 ml)
2 doses de jus de citron frais (30 ml)
2 doses de jus de citron vert frais (30 ml)
1 c. à café de sirop de canne
1/2 dose de crème et 1/2 de lait
1 blanc d'œuf
Eau gazeuse
1 rondelle de citron vert

Dans un shaker, mélanger glace pilée
et ingrédients, sauf l'eau gazeuse et la
rondelle de citron vert. Agiter
vigoureusement. Passer dans un verre
à orangeade rafraîchi, sur glaçons.
Compléter avec de l'eau gazeuse et
garnir avec la rondelle de citron vert.

NEW YORK SOUR

NEW WORLD

6 doses de whisky (90 ml)
2 doses de jus de citron vert (30 ml)
2 c. à café de grenadine
1 zeste de citron vert

Dans un shaker, mélanger glace pilée et
ingrédients, sauf le zeste de citron vert.
Agiter. Passer dans un verre à cocktail
rafraîchi. Garnir avec le citron vert.

NEW YORK SOUR

4 doses de whisky (60 ml)
3 doses de jus de citron frais (45 ml)
1 c. à café de sucre en poudre
1 c. à soupe de vin rouge

Dans un shaker, mélanger glace pilée
et ingrédients, sauf le vin. Bien agiter.
Passer dans un verre tulipe rafraîchi.
Verser le vin en surface.

NEW YORKER COCKTAIL

4 doses de whisky (60 ml)
2 doses de jus de citron frais (30 ml)
1/2 c. à café de grenadine
1 c. à café de sirop de canne
1 zeste de citron

Dans un shaker, mélanger glace pilée
et ingrédients, sauf le zeste de citron.
Bien agiter. Passer dans un verre à
cocktail rafraîchi. Garnir avec le zeste
de citron.

NEW YORKER COCKTAIL

NEWBURY

4 doses de gin (60 ml)
3 doses de vermouth doux (45 ml)
1/4 de c. à café de triple sec
1 zeste de citron

Dans un shaker, mélanger à de la glace
pilée tous les ingrédients, sauf le zeste
de citron. Bien agiter et passer dans
un verre à cocktail rafraîchi. Garnir
avec le zeste de citron.

NEWPORT COOLER

4 doses de gin (60 ml)
1 dose de brandy (15 ml)
1 dose de liqueur de pêche (15 ml)
1/4 de c. à café de jus de citron vert frais
Ginger ale

Verser glaçons et ingrédients, sauf le
ginger ale, dans un verre à orangeade
rafraîchi. Remplir de ginger ale et
remuer doucement.

NIGHT CAP

4 doses de rhum blanc (60 ml)
1 c. à café de sirop de canne
Lait chaud
Noix muscade fraîchement râpée

Verser rhum et sirop dans une tasse
chaude. Compléter avec du lait chaud
et remuer. Saupoudrer de muscade.

NIGHTMARE

4 doses de gin (60 ml)
2 doses de madère (30ml)
2 doses de kirsch (30 ml)
1 c. à café de jus d'orange frais

Dans un shaker, mélanger ingrédients
et glace pilée. Bien agiter et passer
dans un verre à cocktail rafraîchi.

NINETEEN

6 doses de vermouth sec (90 ml)
1 dose de gin (15 ml)
1 dose de kirsch (15 ml)
1/4 de c. à café de Pernod
1/4 de c. à café de sirop de canne

Dans un shaker, mélanger ingrédients
et glace pilée. Bien agiter et passer
dans un verre à cocktail rafraîchi.

NINETEEN PICK-ME-UP

4 doses de Pernod (60 ml)
2 doses de gin (30 ml)
1/4 de c. à café de de sirop de canne
3-5 traits d'angustura
3-5 traits de bitter à l'orange
Eau gazeuse

Dans un shaker, mélanger glace pilée
et ingrédients, sauf l'eau gazeuse. Bien
agiter et passer dans un verre à long
drinks rafraîchi, sur des glaçons.
Remplir d'eau gazeuse et remuer
doucement.

NINOTCHKA

4 doses de vodka (60 ml)
2 doses de crème de cacao blanc (30 ml)
1 dose de jus de citron frais

Dans un shaker, mélanger ingrédients
et glace pilée. Bien agiter et passer
dans un verre à cocktail rafraîchi.

NIGHT CAP

NIRVANA

4 doses de rhum brun (60 ml)
1 dose de grenadine (15 ml)
1 dose de sirop de tamarin (15 ml)
1 c. à café de sirop de canne
Jus de pamplemousse

Dans un shaker, mélanger glace pilée
et ingrédients, sauf le jus de
pamplemousse. Bien agiter et passer
dans un verre à orangeade rafraîchi,
sur glaçons. Compléter avec le jus de
pamplemousse, sur glaçons et remuer.

NORMANDY COCKTAIL

4 doses de gin (60 ml)
2 doses de calvados (30 ml)
1 dose d'eau-de-vie d'abricot (15 ml)
1/4 de c. à café de jus citron frais

Dans un shaker, mélanger ingrédients
et glace pilée. Bien agiter et passer
dans un verre à cocktail rafraîchi.

NOVEMBER CIDER

6 doses de cidre (90 ml)
6 doses de jus d'orange frais (90 ml)
6 doses de thé noir froid (90 ml)
3 doses de jus de citron frais (45 ml)
1 rondelle de citron

Dans un doseur, mélanger ingrédients
et glaçons. Bien remuer et verser dans
un verre à orangeade rafraîchi. Garnir
avec la rondelle de citron.

NUTCRACKER

4 doses de crème de noisette
(60 ml)
4 doses d'amaretto à la noix de coco (60 ml)
2 doses de crème (30 ml) et 2 de lait

Dans un shaker, mélanger ingrédients
et glace pilée. Bien agiter et passer
dans un verre à cocktail rafraîchi.

NUTTY COLA

4 doses de sirop d'orgeat (60 ml)
4 doses de jus de citron vert frais
(60 ml)
Coca

Dans un shaker, mélanger sirop et jus
de citron vert. Agiter et passer dans un
verre à orangeade rafraîchi, sur
glaçons. Remplir de coca et remuer.

NUTTY COLADA

6 doses d'amaretto (90 ml)
2 doses de rhum ambré (30 ml)
2 doses de lait de noix de coco (30 ml)
1 c. à soupe d'extrait de noix de coco
4 doses de jus d'ananas (60 ml)
1/4 de c. à café de crème de noyaux
1 pointe d'ananas

Mixer glace pilée et ingrédients, sauf la
pointe d'ananas, jusqu'à consistance
onctueuse. Passer dans un verre à
orangeade rafraîchi et garnir avec la
pointe d'ananas.

O

OCHO RIOS

4 doses de rhum brun (60 ml)
2 doses de nectar de goyave (30 ml)
2 doses de jus de citron vert frais (30 ml)
1 c. à café de Falernum
1 dose de crème (15 ml) et 1 de lait

Mélanger ingrédients et glace pilée
dans un doseur. Mixer à vitesse réduite
jusqu'à consistance onctueuse. Verser
dans une flûte à champagne.

OH, HENRY !

4 doses de whisky (60 ml)
1 dose de Bénédictine (15 ml)
Ginger ale
1 rondelle de citron

Verser whisky et Bénédictine dans un
verre à whisky rafraîchi, sur glaçons.
Remplir de ginger ale. Remuer. Garnir
avec la rondelle de citron.

OLD FASHIONED

4 doses de whisky, de bourbon
ou de whisky à la prunelle (60 ml)
1 morceau de sucre
1 trait d'angustura
1 c. à café d'eau
1 zeste de citron

Mettre un sucre au fond d'un verre à
whisky. L'arroser d'angustura et d'eau
et le remuer jusqu'à ce qu'il soit
fondu. Ajouter le whisky et remuer,
puis le zeste et les glaçons.

OLD PAL COCKTAIL

4 doses de whisky à la prunelle
3 doses de Campari (45 ml)
2 doses de vermouth doux (30 ml)

Mélanger ingrédients et glace pilée
dans un shaker. Bien agiter et passer
dans un verre à cocktail rafraîchi.

OLÉ

4 doses de tequila blanche (60 ml)
2 doses de liqueur de café (30 ml)
1 c. à café de sirop de canne
1/2 c. à soupe de crème et 1/2 de lait

Mélanger les ingrédients dans un
doseur, sauf la crème et le lait. Verser
sur glaçons dans un verre à cocktail.
Verser crème et lait en surface.

OLYMPIC COCKTAIL

4 doses de brandy (60 ml)
3 doses de curaçao blanc (45 ml)
3 doses de jus d'orange frais (45 ml)
1 zeste d'orange

Dans un shaker, mélanger ingrédients
et glace pilée. Bien agiter. Passer dans
un verre à cocktail rafraîchi et garnir
avec le zeste d'orange.

ONE IRELAND

4 doses de whiskey irlandais (60 ml)
1 dose de crème de menthe (15 ml)
1 petite boule de glace à la vanille

Mixer les ingrédients jusqu'à
consistance onctueuse. Verser dans un
verre à cocktail rafraîchi.

OPAL COCKTAIL

4 doses de gin (60 ml)
1 dose de triple sec (15 ml)
2 doses de jus d'orange frais (30 ml)
1/4 de c. à café de sucre en poudre

Dans un shaker, mélanger ingrédients
et glace pilée. Bien agiter. Passer dans
un verre à cocktail rafraîchi.

OPENING COCKTAIL

4 doses de whiskey canadien (60 ml)
2 doses de vermouth doux (30 ml)
1 dose de grenadine (15 ml)

Dans un doseur, mélanger ingrédients
et glace pilée. Passer dans un verre à
cocktail rafraîchi.

OLD FASHIONED

OPERA

4 doses de gin (60 ml)
2 doses de Dubonnet rouge (30 ml)
1 dose de marasquin (15 ml)

Dans un doseur, mélanger ingrédients
et glace pilée. Passer dans un verre à
cocktail rafraîchi.

ORANGE BLOSSOM COCKTAIL

4 doses de gin (60 ml)
4 doses de jus d'orange frais (60 ml)
1 rondelle d'orange

Dans un shaker, mélanger glace pilée
et ingrédients, sauf la rondelle
d'orange. Bien agiter. Passer dans un
verre à cocktail rafraîchi. Garnir avec
la rondelle d'orange.

ORANGE BUCK

4 doses de gin (60 ml)
4 doses de jus d'orange frais (60 ml)
2 doses de jus de citron vert frais (30 ml)
Ginger ale
1 rondelle de citron vert

Dans un shaker, mélanger glace pilée
et ingrédients, sauf le ginger ale et la
rondelle de citron vert. Bien agiter.
Passer sur glaçons dans un verre à
orangeade rafraîchi. Remplir de ginger
ale et garnir avec le citron vert.

ORANGE JOEY

4 doses de sirop de vanille (60 ml)
8 doses de jus d'orange frais (90 ml)
2 doses de crème (30 ml) et 2 de lait
1 rondelle d'orange

Mixer glace pilée et ingrédients, sauf la
rondelle d'orange, jusqu'à consistance
onctueuse. Bien agiter. Passer dans un
verre à long drinks rafraîchi. Garnir
avec la rondelle d'orange.

ORANGE OASIS

4 doses de gin (60 ml)
2 doses de kirsch
(30 ml)
8 doses de jus d'orange frais (90 ml)
Ginger ale

Dans un shaker, mélanger glace pilée
et ingrédients, sauf le ginger ale.
Passer dans un verre à long drinks
rafraîchi, sur glaçons. Compléter avec
le ginger ale et remuer doucement.

ORIENTAL

4 doses de whisky (60 ml)
1 dose de vermouth doux (15 ml)
1 dose de curaçao blanc (15 ml)
2 doses de jus de citron vert frais (30 ml)

Dans un shaker, mélanger ingrédients
et glace pilée. Bien agiter. Passer dans
un verre à cocktail rafraîchi.

OSTEND FIZZ

4 doses de kirsh (60 ml)
2 doses de crème de cassis (30 ml)
2 doses de jus de citron frais (30 ml)
Eau gazeuse
1 rondelle de citron

Dans un shaker, mélanger glace pilée et
ingrédients, sauf l'eau et la rondelle de
citron. Agiter et passer dans un verre à
orangeade rafraîchi, sur glaçons.
Remplir d'eau gazeuse et remuer.
Garnir avec la rondelle de citron.

OUTRIGGER

4 doses de rhum ambré (60 ml)
1 dose de curaçao blanc (15 ml)
1 dose de liqueur d'abricot (15 ml)
2 doses de jus de citron vert frais (30 ml)
1 rondelle de citron vert

Dans un shaker, mélanger glace pilée
et ingrédients, sauf la rondelle de
citron vert. Bien agiter. Passer dans un
verre à whisky rafraîchi, sur glaçons.
Garnir avec la rondelle de citron vert.

P

PACIFIC PACIFIER

3 doses de Cointreau (45 ml)
2 doses de crème de banane (30 ml)
1 dose de crème (15 ml) et 1 de lait

Dans un shaker, mélanger ingrédients et glace pilée. Bien agiter. Passer sur glaçons dans un verre à whisky rafraîchi.

PADDY COCKTAIL

4 doses de whiskey irlandais (60 ml)
2 doses de vermouth doux (30 ml)
3-5 traits d'angustura

Dans un shaker, mélanger ingrédients et glace pilée. Bien agiter. Passer dans un verre à cocktail rafraîchi.

PAGO PAGO

6 doses de rhum ambré (90 ml)
1 c. à café de crème de cacao
1 c. à café de chartreuse verte
2 doses de jus de citron vert frais (30 ml)
2 doses de jus d'ananas (30 ml)

Dans un shaker, mélanger ingrédients et glace pilée. Bien agiter. Passer dans un verre à whisky rafraîchi.

PAIN KILLER

6 doses de rhum brun (90 ml)
2 doses de jus d'ananas (30 ml)
2 doses de jus d'orange frais (30 ml)
1 dose de crème de noix de coco (15 ml)
2-3 pincées de noix muscade
1 cerise au marasquin

Dans un shaker, mélanger ingrédients et glace pilée. Bien agiter. Passer dans un verre à long drinks rafraîchi, sur glaçons. Couronner avec noix muscade et cerise.

PAISLEY MARTINI

6 doses de gin (90 ml)
1/2 c. à café de vermouth doux
1/2 c. à café de scotch

Dans un doseur, mélanger ingrédients et glaçons. Bien remuer. Passer dans un verre à cocktail rafraîchi.

PALL MALL

4 doses de gin (60 ml)
1 dose de vermouth sec (15 ml)
1 dose de vermouth doux (15 ml)
1 c. à café de crème de menthe blanche
1 trait de bitter à l'orange

Dans un doseur, mélanger ingrédients et glaçons Bien remuer. Passer dans un verre à cocktail rafraîchi.

PALM BEACH COCKTAIL

4 doses de gin (60 ml)
1 c. à café de vermouth doux
4 doses de jus de pamplemousse (60 ml)

Dans un shaker, mélanger ingrédients et glaçons Bien agiter. Passer dans un verre à cocktail rafraîchi.

PALMER COCKTAIL

4 doses de whisky à la prunelle (60 ml)
1/2 c. à café de jus de citron frais
1 trait d'angustura

Dans un verre doseur, mélanger ingrédients et glaçons. Passer dans un verre à cocktail rafraîchi.

PALMETTO COCKTAIL

4 doses de rhum blanc (60 ml)
2 doses de vermouth doux (30 ml)
3 traits d'angustura

Dans un verre doseur, mélanger glaçons et ingrédients. Passer dans un verre à cocktail rafraîchi.

PANAMA COCKTAIL

4 doses de brandy (60 ml)
3 doses de crème de cacao
blanc (45 ml)
1 dose 1/2 de crème et 1 1/2 de lait

Dans un shaker, mélanger ingrédients
et glace pilée. Bien agiter. Passer dans
un verre à cocktail rafraîchi.

PANCHO VILLA

4 doses de rhum blanc (60 ml)
2 doses de gin (30 ml)
2 doses d'eau-de-vie d'abricot (30 ml)
1 c. à soupe de kirsch
1 c. à soupe de jus d'ananas

Dans un shaker, mélanger ingrédients
et glace pilée. Bien agiter. Passer dans
un verre à cocktail rafraîchi.

PANDA

2 doses d'eau-de-vie de pomme
2 doses de slivovitz (30 ml)
2 doses de gin (30 ml)
2 doses de jus d'orange frais (30 ml)
1 trait de sirop de canne

Dans un shaker, mélanger ingrédients
et glace pilée. Bien agiter. Passer dans
un verre à cocktail rafraîchi.

PANTOMIME

6 doses de vermouth sec (90 ml)
3-5 traits de grenadine
3-5 traits de sirop d'orgeat
1 blanc d'œuf

Dans un shaker, mélanger ingrédients
et glace pilée. Bien agiter. Passer dans
un verre à cocktail rafraîchi.

PAPAYA SMOOTHIE

1 banane coupée en rondelles
1/2 papaye coupée en cubes
1 dose de miel (15 ml)
12 doses de jus d'orange frais, réfrigéré
1/4 de c. à café d'extrait de vanille

Mixer les ingrédients jusqu'à
consistance onctueuse. Verser dans un
verre à orangeade rafraîchi.

PARADISE COCKTAIL

4 doses d'eau-de-vie d'abricot (60 ml)
1 dose de gin (15 ml)
3 doses de jus d'orange frais (45 ml)
1/2 c. à café de grenadine

Dans un shaker, mélanger ingrédients
et glace pilée. Bien agiter. Passer dans
un verre à cocktail rafraîchi.

PARISIAN

4 doses de gin (60 ml)
2 doses de vermouth doux (30 ml)
1 dose de crème de cassis (15 ml)

Dans un shaker, mélanger ingrédients
et glace pilée. Bien agiter. Passer dans
un verre à cocktail rafraîchi.

PARK AVENUE

4 doses de gin (60 ml)
1 dose de vermouth doux (15 ml)
1 dose de jus d'ananas (15 ml)

Dans un verre doseur, mélanger
ingrédients et glace pilée. Passer dans
un verre à cocktail rafraîchi.

PASSION CUP

4 doses de vodka (60 ml)
4 doses de jus d'orange (60 ml)
2 doses de jus de fruit de la passion (30 ml)
1 dose de lait de noix de coco (15 ml)
1 dose de jus d'ananas (15 ml)
1 cerise au marasquin

Dans un shaker, mélanger à de la glace
pilée tous les ingrédients, sauf la
cerise. Bien agiter. Passer dans un
verre ballon rafraîchi. Garnir avec la
cerise.

PASSIONATE
DAIQUIRI

4 doses de rhum blanc (60 ml)
2 doses de jus de citron vert frais (30 ml)
1 dose de jus de fruit de la passion (30 ml)

Dans un shaker, mélanger ingrédients
et glace pilée. Bien agiter. Passer dans
un verre à cocktail rafraîchi.

PEACH BLOW FIZZ

6 doses de gin (90 ml)
2 doses de jus de citron frais (30 ml)
1 dose de crème (15 ml) et 1 de lait
1 c. à café de sirop de canne
5 fraises fraîches écrasées
Eau gazeuse
1 quartier de pêche fraîche

Dans un shaker, mélanger glace pilée
et ingrédients, sauf l'eau gazeuse et la
pêche. Bien agiter. Passer dans un
verre à long drinks rafraîchi, sur
glaçons. Compléter avec l'eau gazeuse.
Garnir avec le quartier de pêche.

PEACH BUCK

4 doses de vodka (60 ml)
2 doses d'eau-de-vie de pêche (30 ml)
2 doses de jus de citron frais (30 ml)
Ginger ale
1 quartier de pêche fraîche

Dans un shaker, mélanger glace pilée
et ingrédients, sauf le ginger ale et la
pêche. Bien agiter. Passer dans un
verre à long drinks rafraîchi, sur
glaçons. Compléter avec le ginger ale.
Garnir avec le quartier de pêche.

PEACH DAIQUIRI

4 doses de rhum blanc (60 ml)
2 doses de jus de citron vert frais (30 ml)
1/2 c. à café de sucre en poudre
1/2 pêche fraîche, pelée et tranchée

Mixer glace pilée et ingrédients jusqu'à
consistance onctueuse. Verser dans un
grand verre ballon rafraîchi.

PEACH FUZZ

4 doses de jus de citron frais (60 ml)
2 doses de crème (30 ml) et 2 de lait
1 c. à café de sirop de canne
5 fraises fraîches, écrasées
Eau gazeuse
1 quartier de pêche fraîche

Dans un shaker, mélanger glace pilée
et ingrédients, sauf l'eau gazeuse et la
pêche. Agiter et passer dans un verre à
long drinks rafraîchi, sur glaçons.
Remplir d'eau gazeuse et remuer.
Garnir avec le quartier de pêche.

PEACH MARGARITA

4 doses de tequila silver (60 ml)
1 dose de liqueur de pêche (15 ml)
1 c. à soupe de triple sec
4 doses de jus de citron vert frais (60 ml)
Sel
1 quartier de citron vert
1 tranche de pêche fraîche

Givrer le bord d'un verre à cocktail
rafraîchi en l'humectant avec un
quartier de citron vert et en le
plongeant dans le sel. Dans un shaker,
mélanger les autres ingrédients, sauf
la tranche de pêche, à de la glace pilée.
Bien agiter, puis verser dans le verre à
cocktail givré. Garnir avec le quartier
de pêche.

PEACHES AND CREAM

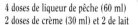

4 doses de liqueur de pêche (60 ml)
2 doses de crème (30 ml) et 2 de lait

Dans un shaker, mélanger glace pilée
et ingrédients. Bien agiter. Passer dans
un verre à whisky rafraîchi, sur
glaçons.

PEACHY CREAM

4 doses de nectar de pêche (60 ml)
2 doses de crème (30 ml) et 2 de lait

Dans un shaker, mélanger les
ingrédients à de la glace pilée. Bien
agiter. Passer dans un verre à whisky
rafraîchi, sur glaçons.

PEACHY MELBA

6 doses de nectar de pêche (90 ml)
2 doses de grenadine (30 ml)
2 doses de jus de citron frais (30 ml)
2 doses de jus de citron vert frais
1 tranche de pêche

Dans un shaker, mélanger glace pilée
et ingrédients, sauf le quartier de
pêche. Bien agiter. Passer dans un
verre à whisky rafraîchi. Garnir avec la
pêche.

PEGGY COCKTAIL

4 doses de gin (60 ml)
1 dose de vermouth doux (15 ml)
1/4 de c. à café de Dubonnet rouge
1/4 de c. à café de Pernod

Dans un shaker, mélanger glace pilée
et ingrédients. Bien agiter. Passer dans
un verre à cocktail rafraîchi.

PEGU CLUB COCKTAIL

4 doses de gin (60 ml)
2 doses de curaçao blanc (30 ml)
1 c. à soupe de jus de citron vert frais
1 trait d'angustura
1 trait de bitter à l'orange

Dans un shaker, mélanger glace pilée
et ingrédients. Bien agiter. Passer dans
un verre à cocktail rafraîchi.

PENDENNIS CLUB COCKTAIL

4 doses de gin (60 ml)
2 doses d'eau-de-vie d'abricot (30 ml)
2 doses de jus de citron vert frais (30 ml)
1 c. à café de sirop de canne
3-5 traits de bitter Peychaud

Dans un shaker, mélanger glace pilée
et ingrédients. Bien agiter. Passer dans
un verre à cocktail rafraîchi.

PEPPER POT

8 doses de jus d'ananas (120 ml)
2 doses de sirop d'orgeat (30 ml)
2 doses de jus de citron frais (30 ml)
3-5 traits de Tabasco
Piment de Cayenne (à volonté)
Curry en poudre

Dans un shaker, mélanger glace pilée
et ingrédients, sauf le curry. Bien
agiter. Verser dans un verre à long
drinks rafraîchi. Saupoudrer de curry.

PEPPERMINT PATTY

PEPPERMINT PATTY

4 doses de crème de cacao (60 ml)
4 doses de crème de menthe blanche
(60 ml)
1 dose de crème (15 ml) et 1 de lait

Dans un shaker, mélanger les
ingrédients à de la glace pilée. Bien
agiter. Passer dans un verre à whisky
rafraîchi.

PERFECT MANHATTAN

6 doses de whisky à la prunelle
1 dose de vermouth sec (15 ml)
1 dose de vermouth doux (15 ml)
1 cerise au marasquin

Dans un shaker, mélanger glace pilée
et ingrédients, sauf la cerise. Bien
agiter. Verser dans un verre à cocktail
rafraîchi. Garnir avec la cerise.

PERFECT MARTINI

6 doses de gin (90 ml)
1/2 c. à café de vermouth sec
1/2 c. à café de vermouth doux
Olive verte

Dans un verre doseur, mélanger
ingrédients et glace pilée. Bien
remuer. Passer dans un verre à
cocktail rafraîchi et garnir avec l'olive.

PERNOD COCKTAIL

PERNOD COCKTAIL

4 doses de Pernod (60 ml)
1 dose d'eau (15 ml)
1/4 de c. à café de sirop de canne
3-5 traits d'angustura

Dans un verre à whisky, mélanger
glace pilée, sirop de canne, angustura
et eau. Bien remuer et ajouter le
Pernod. Remuer à nouveau.

PERNOD FLIP

4 doses de Pernod (60 ml)
1 dose 1/2 de crème (15 ml) et 1 1/2 de lait
1 dose de sirop d'orgeat (15 ml)
1 œuf
Noix muscade fraîchement râpée

Mixer glace pilée et ingrédients, sauf la
noix muscade, jusqu'à consistance
onctueuse. Verser dans un grand verre
ballon rafraîchi. Saupoudrer de noix
muscade.

PERNOD FRAPPÉ

6 doses de Pernod (90 ml)
1 dose d'anisette (15 ml)
1 dose de crème (15 ml) et 1 de lait
1 blanc d'œuf

Dans un shaker, mélanger glace pilée
et ingrédients, sauf la cerise. Agiter et
passer dans un verre ballon rafraîchi.

PEYTON PLACE

3 doses gin à la prunelle (45 ml)
2 doses de gin (30 ml)
5 doses de jus de pamplemousse (105 ml)
1 dose de sirop de canne (15 ml)
Soda

Dans un shaker, mélanger glace pilée
et ingrédients, sauf le soda. Verser
dans un verre à orangeade rafraîchi.
Compléter avec du soda. Remuer
doucement.

PEYTON PLACE

PHOEBE SNOW

4 doses de Dubonnet rouge (60 ml)
4 doses de Pernod (60 ml)

Dans un shaker, mélanger glace pilée
et ingrédients. Bien agiter et verser
dans un verre à cocktail rafraîchi.

PICCADILLY COCKTAIL

4 doses de gin (60 ml)
2 doses de vermouth sec (30 ml)
1/4 de c. à café de Pernod
1 trait de grenadine

Mélanger ingrédients et glace dans un
doseur. Passer dans un verre à cocktail.

PICON

4 doses d'Amer Picon (60 ml)
4 doses de vermouth doux (60 ml)

Dans un shaker, mélanger glace pilée
et ingrédients. Bien agiter. Verser dans
un verre à cocktail rafraîchi.

PICON FIZZ

4 doses d'Amer Picon (60 ml)
1 dose de grenadine (15 ml)
1 dose de brandy (15 ml)
Eau gazeuse

Verser Amer Picon et grenadine dans
un verre à long drinks, sur glaçons.
Remuer. Remplir d'eau gazeuse et
remuer. Verser le brandy en surface.

PILOT BOAT

4 doses de rhum brun (60 ml)
2 doses de crème de banane
(30 ml)
4 doses de jus de citron vert frais (60 ml)

Dans un shaker, mélanger glace pilée
et ingrédients. Bien agiter. Verser dans
un verre à cocktail rafraîchi.

PIMM'S CUP

4 doses de Pimm's n° 1 (60 ml)
1 c. à café de Cointreau
4 doses de jus de citron vert frais (60 ml)
1 c. à café de sirop de canne
Soda au citron-citron vert
2 fines rondelles de conccombre
Brins de menthe fraîche
1 rondelle de citron vert

Mélanger sirop de canne et jus de
citron vert dans un verre à orangeade
rafraîchi. Remplir de glaçons. Ajouter
Pimm's et Cointreau. Compléter avec
le soda et remuer doucement. Garnir
avec concombre, menthe et citron vert.

PHOEBE SNOW

179

PIÑA

4 doses de tequila ambrée (60 ml)
6 doses de jus de pamplemousse frais (90 ml)
2 doses de jus de citron vert frais (30 ml)
1 c. à café de miel
1 rondelle de citron

Dans un shaker, mélanger glace pilée et ingrédients, sauf la rondelle de citron vert. Bien agiter. Verser dans un verre à whisky rafraîchi. Garnir avec la rondelle de citron vert.

PIÑA COLADA FOR FRIENDS

16 doses de rhum blanc (240 ml)
4 doses de rhum brun (60 ml)
10 doses de crème de noix de coco (150 ml)
20 doses de jus d'ananas (300 ml)
2 doses de crème (30 ml) et 2 de lait
4 pointes d'ananas

Mixer glace pilée et ingrédients, sauf les pointes d'ananas, jusqu'à consistance onctueuse. Verser dans un verre orangeade rafraîchi. Garnir avec les pointes d'ananas. Pour 4 personnes.

PIÑA COLADA

4 doses de rhum blanc (60 ml)
2 doses de rhum brun (30 ml)
6 doses de jus d'ananas (90 ml)
4 doses de crème de noix de coco (60 ml)
1 pointe d'ananas

Mixer glace pilée et ingrédients, sauf la pointe d'ananas, jusqu'à consistance onctueuse. Verser dans un verre à orangeade rafraîchi. Garnir avec la pointe d'ananas.

PIÑATA

4 doses de tequila ambrée (60 ml)
2 doses de crème de banane (30 ml)
3 doses de jus de citron vert frais (45 ml)

Dans un shaker, mélanger glace pilée et ingrédients. Bien agiter. Passer dans un verre à cocktail rafraîchi.

PINEAPPLE COOLER

6 doses de vin blanc frais (90 ml)
6 doses de jus d'ananas (90 ml)
1 dose de jus de citron frais (15 ml)
1 c. à café de sucre
Eau gazeuse
1 zeste de citron

Dans un shaker, mélanger glace pilée et ingrédients, sauf le zeste de citron vert et l'eau gazeuse. Bien agiter. Verser dans un verre à orangeade rafraîchi, sur glaçons. Compléter avec l'eau gazeuse et remuer doucement. Garnir avec le zeste de citron vert.

PIÑA COLADA

PINEAPPLE COOLER

PINEAPPLE DAIQUIRI

4 doses de rhum blanc (60 ml)
1 dose de triple sec (15 ml)
6 doses de jus d'ananas (90 ml)
1 dose de jus de citron vert frais (15 ml)
1 pointe d'ananas

Mixer glace pilée et ingrédients, sauf la
pointe d'ananas, jusqu'à consistance
onctueuse. Verser dans un verre ballon
rafraîchi. Garnir avec la pointe
d'ananas.

PINEAPPLE FIZZ

4 doses de rhum blanc (60 ml)
6 doses de jus d'ananas (90 ml)
1 c. à café de sirop de canne
Eau gazeuse

Dans un shaker, mélanger glace pilée
et ingrédients, sauf l'eau gazeuse. Bien
agiter. Verser dans un verre à
orangeade rafraîchi, sur glaçons.
Compléter avec l'eau gazeuse et
remuer doucement.

PINEAPPLE LEMONADE

4 doses de vodka (60 ml)
6 doses de jus d'ananas (90 ml)
Citronnade fraîche

Verser vodka et jus d'ananas dans un
verre à orangeade rafraîchi, sur glaçons.
Remplir de citronnade et remuer.

PINEAPPLE SPARKLER

8 doses de jus d'ananas (120 ml)
1 dose de sirop de canne (15 ml)
Eau gazeuse
1 rondelle de citron vert

Dans un shaker, mélanger glace pilée et
ingrédients, sauf l'eau gazeuse. Agiter.
Verser dans un verre à orangeade
rafraîchi, sur glaçons. Remplir d'eau
gazeuse et remuer doucement. Garnir
avec la rondelle de citron vert.

PINK ALMOND

4 doses de whisky (60 ml)
2 doses d'amaretto (30 ml)
1 dose de crème de noyaux (15 ml)
1 dose de kirsch (15 ml)
2 doses de jus de citron frais (30 ml)
1 rondelle de citron

Dans un shaker, mélanger glace pilée
et ingrédients, sauf la rondelle de
citron. Bien agiter. Verser dans un
verre tulipe rafraîchi. Garnir avec une
rondelle de citron.

PINK CREOLE

4 doses de rhum blanc (60 ml)
1 dose de jus de citron vert frais (15 ml)
1 c. à café de grenadine
1/2 c. à café de crème et 1/2 de lait
1 cerise trempée dans du rhum

Dans un shaker, mélanger glace pilée
et ingrédients, sauf la cerise. Bien
agiter. Passer dans un verre à cocktail
rafraîchi. Garnir avec la cerise.

PINK LADY

4 doses de gin (60 ml)
1 c. à café de grenadine
1/2 c. à café de crème et 1/2 de lait
1 c. à café de jus de citron frais
1 blanc d'œuf

Dans un shaker, mélanger les
ingrédients à de la glace pilée. Agiter
vivement. Passer dans un verre à
cocktail rafraîchi.

PINK LEMONADE

4 doses de vodka (60 ml)
2 doses de marasquin (30 ml)
Citronnade fraîche

Verser voka et marasquin dans un verre
à orangeade rafraîchi, sur glaçons.
Remplir de citronnade et remuer.

PINK PANTHER

4 doses de vodka (60 ml)
2 doses de vermouth sec (30 ml)
1 dose de crème de cassis (15 ml)
2 doses de jus d'orange (30 ml)
1/2 blanc d'œuf

Dans un shaker, mélanger les
ingrédients à de la glace pilée. Agiter
vivement. Passer dans un verre à
cocktail rafraîchi.

PINK PUSSYCAT

4 doses de gin (60 ml)
Jus d'ananas
1 trait de grenadine
1 pointe d'ananas

Verser le gin sur glaçons dans un verre
à long drinks. Compléter avec du jus
d'ananas et ajouter 1 trait de
grenadine. Remuer doucement et
garnir avec la pointe d'ananas.

PINK ROSE

4 doses de gin (60 ml)
1 c. à café de jus de citron frais
1/2 c. à café de crème et 1/2 de lait
1/4 de c. à café de grenadine
1 blanc d'œuf

Dans un shaker, mélanger glace pilée
et ingrédients. Bien agiter. Passer dans
un verre à cocktail rafraîchi.

PINK SQUIRREL

2 doses de crème de cacao noir
(30 ml)
2 doses de crème de noyaux (30 ml)
1 dose de crème (15 ml) et 1 de lait

Dans un shaker, mélanger glace pilée
et ingrédients. Bien agiter. Passer dans
un verre à cocktail rafraîchi.

PINK VERANDA

2 doses de rhum ambré (30 ml)
2 doses de rhum brun (30 ml)
4 doses de jus d'airelle rouge (60 ml)
1 dose de jus de citron vert frais (15 ml)
1 c. à café de sirop de canne
1/2 blanc d'œuf

Dans un shaker, mélanger les
ingrédients à de la glace pilée. Agiter
vivement. Verser dans un verre à
whisky rafraîchi.

PIRATE'S JULEP

6 doses de rhum ambré (90 ml)
1 c. à café de curaçao blanc
1 c. à café de sirop d'orgeat
3-5 trait de bitter Peychaud
10 feuilles de menthe
1 brin de menthe fraîche

Écraser les feuilles de menthe avec le
sirop d'orgeat dans un verre à long
drinks. Ajouter le bitter, remplir de
glace pilée et verser le rhum. Remuer.
Quand le verre givre, verser le curaçao
et garnir avec le brin de menthe.

PLANTATION PUNCH

4 doses de rhum brun (60 ml)
2 doses de Southern Comfort (30 ml)
2 doses de jus de citron frais (30 ml)
1 c. à café de porto rouge
1 c. à café de sucre roux
Eau gazeuse
1 rondelle de citron
1 rondelle d'orange

Dans un shaker, mélanger glace pilée
et ingrédients, sauf le porto. Bien
agiter. Verser dans un verre à
orangeade rafraîchi. Remplir d'eau
gazeuse, puis verser le porto en
surface. Garnir avec les rondelles de
fruit.

PLANTER'S COCKTAIL

4 doses de crème de rhum brun
2 doses de jus de citron frais (30 ml)
1 c. à café de sirop de canne

Dans un shaker, mélanger glace pilée
et ingrédients. Bien agiter. Passer dans
un verre à cocktail rafraîchi.

PLANTER'S PUNCH

4 doses de rhum brun (60 ml)
4 doses de rhum blanc (60 ml)
2 doses de jus de citron vert frais (30 ml)
2 doses de jus de citron frais (30 ml)
1/4 de c. à café de triple sec
1 trait de grenadine
1 c. à café de sucre
Eau gazeuse
1 rondelle de citron vert
1 cerise au marasquin
1 rondelle d'orange
1 pointe d'ananas

Dans un shaker, mélanger glace pilée
et ingrédients, sauf l'eau gazeuse. Bien
agiter. Passer sur glaçons dans un
verre à orangeade rafraîchi. Compléter
avec de l'eau gazeuse et remuer
doucement. Garnir avec les fruits.

PLANTER'S PUNCH

PLUM FIZZ

PLAZA COCKTAIL

2 doses de vermouth sec (30 ml)
2 doses de vermouth doux (30 ml)
2 doses de gin (30 ml)

Dans un shaker, mélanger glace pilée
et ingrédients. Bien agiter. Passer dans
un verre à cocktail rafraîchi.

PLUGGY'S FAVOURITE

4 doses de gin (60 ml)
4 doses de Pernod (60 ml)
4 doses d'eau (60 ml)

Dans un shaker, mélanger glace pilée
et ingrédients. Bien agiter. Passer dans
un verre à whisky rafraîchi, sur
glaçons.

PLUM FIZZ

4 doses de slivovitz (60 ml)
ou d'eau-de-vie de prune
1 dose de jus de citron vert (15 ml)
1 c. à café de sirop de canne
Soda
1 quartier de prune

Dans un shaker, mélanger glace pilée
et ingrédients, sauf le soda et la prune.
Bien agiter. Verser dans un verre à long
drinks rafraîchi. Rajouter du mélange
si nécessaire et compléter avec du soda
frais. Garnir avec la prune.

POKER COCKTAIL

6 doses de rhum blanc (90 ml)
2 doses de vermouth doux (30 ml)

Dans un shaker, mélanger glace pilée
et ingrédients. Bien agiter. Passer dans
un verre à cocktail rafraîchi.

POLISH SIDECAR

4 doses de gin (60 ml)
2 doses d'eau-de-vie de mûre
2 doses de jus de citron frais (30 ml)
Mûres fraîches

Dans un shaker, mélanger les
ingrédients, sauf les mûres, à de la
glace pilée. Bien agiter. Passer dans un
verre à cocktail rafraîchi. Garnir avec
des mûres.

POLLYANNA

6 doses de gin (90 ml)
1 dose de vermouth doux (15 ml)
1/2 c. à café de grenadine
3 rondelles d'orange
3 rondelles d'ananas

Dans un mortier, piler les rondelles de
fruit avec tous les ingrédients. Verser
le tout dans un shaker avec de la glace
pilée. Bien agiter. Passer dans un verre
à cocktail rafraîchi.

POLISH SIDECAR

POLO DREAM

4 doses de bourbon (60 ml)
2 doses de jus d'orange frais (30 ml)
1 dose de sirop d'orgeat (15 ml)

Dans un shaker, mélanger glace pilée et
ingrédients, sauf les mûres. Bien agiter.
Passer dans un verre à cocktail rafraîchi.

POLONAISE

4 doses de brandy (60 ml)
1 dose d'eau-de-vie de mûre (15 ml)
1 dose de xérès (15 ml)
3 traits de jus de citron frais
1 trait de bitter à l'orange

Dans un shaker, mélanger glace pilée
et ingrédients, sauf les mûres. Bien
agiter. Passer dans un verre à whisky
rafraîchi, sur glaçons.

POLYNESIAN COCKTAIL

4 doses de vodka (60 ml)
2 doses de kirsch (30 ml)
1 dose de jus de citron vert frais (15 ml)
1 dose de jus de citron frais (15 ml)
1 quartier de citron vert
Sucre en poudre

Givrer de sucre les bords d'un verre à
cocktail humectés de citron vert.
Réserver le quartier de citron vert.
Mélanger ingrédients restants et glace
pilée dans un shaker. Bien agiter.
Passer dans le verre à cocktail givré.

185

POLYNESIAN PEPPER POT

4 doses de vodka (60 ml)
2 doses de rhum ambré (30 ml)
8 doses de jus d'ananas (120 ml ou 1/2 tasse)
1 dose de sirop d'orgeat (15 ml)
1 c. à café de jus de citron frais
3-5 traits de Tabasco
Piment de cayenne (à volonté)
Curry en poudre

Dans un shaker, mélanger glace pilée et ingrédients, sauf le curry en poudre. Bien agiter. Passer dans un verre à long drinks rafraîchi. Saupoudrer de curry.

POLYNESIAN SOUR

4 doses de rhum blanc (60 ml)
1 dose de nectar de goyave (15 ml)
1 dose de jus de citron frais (15 ml)
1 dose de jus d'orange frais (15 ml)

Mixer glace pilée et ingrédients jusqu'à consistance onctueuse. Verser dans un verre à cocktail rafraîchi.

POLYNESIAN SWEET AND SOUR

4 doses de nectar de goyave (60 ml)
4 doses de jus de citron frais (60 ml)
2 dose de jus d'orange frais (30 ml)

Mixer glace pilée et ingrédients jusqu'à consistance onctueuse. Verser dans un verre à cocktail rafraîchi.

POMPANO

4 doses de gin (60 ml)
2 doses de vermouth sec (30 ml)
4 doses de jus de pamplemousse (60 ml)
1 trait de bitter à l'orange

Dans un shaker, mélanger glace pilée et ingrédients. Bien agiter. Passer dans un verre à cocktail rafraîchi.

POOP DECK COCKTAIL

4 doses de brandy (60 ml)
2 doses de porto rouge (30 ml)
1 dose d'eau-de-vie de mûre (15 ml)

Dans un shaker, mélanger glace pilée et ingrédients. Bien agiter. Passer dans un verre à cocktail rafraîchi.

PORT ANTONIO

2 doses de rhum ambré (30 ml)
2 doses de rhum brun (30 ml)
1 dose de liqueur de café (15 ml)
1 dose de jus de citron vert (15 ml)
1 c. à café de Falernum
1 rondelle de citron vert

Dans un shaker, mélanger glace pilée et ingrédients, sauf la rondelle de citron. Bien agiter. Passer dans un verre à whisky rafraîchi. Garnir avec la rondelle de citron vert.

PORT MILK PUNCH

6 doses de porto rouge (90 ml)
16 doses de lait (240 ml ou 1 tasse)
1 c. à café de sirop de canne
Noix muscade fraîchement râpée

Dans un shaker, mélanger glace pilée et ingrédients, sauf la noix muscade. Bien agiter. Passer dans un verre à orangeade rafraîchi. Saupoudrer de noix muscade.

PORT WINE COBBLER

6 doses de porto rouge (90 ml)
1 c. à café de sucre
4 doses d'eau gazeuse (60 ml)
1 rondelle d'orange
1 cerise au marasquin

Faire fondre le sucre dans l'eau gazeuse dans un verre ballon rafraîchi. Remplir de glace pilée et ajouter le porto. Mélanger et garnir avec les fruits.

PORT WINE COCKTAIL

6 doses de porto rouge (90 ml)
1 c. à café de brandy

Dans un doseur, mélanger glace pilée et ingrédients. Passer dans un verre à cocktail rafraîchi.

PORT WINE FLIP

4 doses de porto rouge (60 ml)
1 c. à café de sirop de canne
1/2 c. à café de crème et 1/2 de lait
1 œuf entier
Noix muscade fraîchement râpée

Dans un shaker, mélanger glace pilée
et ingrédients, sauf la noix muscade.
Agiter vivement. Passer dans un verre
tulipe rafraîchi. Saupoudrer de noix
muscade.

PORT WINE SANGAREE

6 doses de porto rouge (90 ml)
1 c. à soupe de brandy
1/2 c. à café de sucre
1 c. à café d'eau
Eau gazeuse

Faire fondre le sucre dans l'eau au fond
d'un verre à long drinks rafraîchi.
Ajouter des glaçons et le porto. Remplir
d'eau gazeuse. Remuer doucement et
verser le brandy en surface.

POST-MODERN LEMONADE

4 doses de gin à la prunelle (60 ml)
4 doses de xérès (60 ml)
2 doses d'aquavit (30 ml)
6 doses de jus citron frais (90 ml)
1 c. à soupe de slivovitz
2 doses de sirop de canne
Eau gazeuse
1 zeste de citron

Dans un shaker, mélanger glace pilée
et ingrédients, sauf le zeste de citron.
Bien agiter. Passer dans un verre à
orangeade rafraîchi, sur glaçons.
Remuer doucement et garnir avec le
zeste de citron.

POUSSE-CAFÉ

1 dose de grenadine (15 ml)
1 dose de crème de cacao blanc (15 ml)
1 dose de marasquin (15 ml)
1 dose de curaçao blanc (15 ml)
1 dose de crème de menthe verte (15 ml)
1 dose de brandy (15 ml)

Dans un verre à liqueur, verser
lentement les ingrédients dans l'ordre
indiqué, de manière à former des
couches séparées.

POUSSE L'AMOUR

1 dose de marasquin
(15 ml)
1 jaune d'œuf
1 dose de Bénédictine (15 ml)
1 dose de cognac (15 ml)

Dans un verre à liqueur, verser
lentement les ingrédients dans l'ordre
indiqué, de manière à former des
couches séparées.

PRADO

4 doses de tequila silver
2 doses de jus de citron vert frais (30 ml)
1 c. à soupe de marasquin
1 c. à café de grenadine
1 blanc d'œuf
1 rondelle de citron vert

Dans un shaker, mélanger glace pilée
et ingrédients. Agiter vivement. Passer
dans un verre tulipe rafraîchi. Garnir
avec la rondelle de citron vert.

PRAIRIE OYSTER

4 doses de brandy (60 ml)
1 dose de vinaigre de vin (15 ml)
1 dose de sauce Worcestershire (15 ml)
1 c. à café de ketchup
1 trait de Tabasco
Piment de Cayenne (à volonté)
1 jaune d'œuf

Dans un shaker, mélanger glace pilée
et ingrédients, sauf le jaune d'œuf.
Passer dans un verre à whisky
rafraîchi. Verser l'œuf entier en surface
et saupoudrer de piment de Cayenne.
Avaler d'un seul coup sans casser le
jaune d'œuf.

PREAKNESS COCKTAIL

4 doses de whisky (60 ml)
2 doses de vermouth doux (30 ml)
1 c. à café de Bénédictine
1 trait d'angustura
1 zeste de citron

Dans un shaker, mélanger glace pilée
et ingrédients, sauf le zeste de citron.
Bien agiter. Passer dans un verre à
cocktail rafraîchi. Garnir avec le zeste
torsadé.

PRESIDENTE COCKTAIL

PRESBYTERIAN

6 doses de bourbon (90 ml)
Ginger ale
Eau gazeuse

Verser le bourbon sur glaçons dans un verre à long drinks rafraîchi. Ajouter ginger et eau gazeuse à parts égales. Remuer doucement.

PRESIDENTE COCKTAIL

4 doses de rhum blanc (60 ml)
1 dose de vermouth sec (15 ml)
1 dose de triple sec (15 ml)
1 trait de grenadine
1 zeste de citron

Dans un shaker, mélanger glace pilée et ingrédients, sauf le zeste de citron. Bien agiter. Passer dans un verre à cocktail rafraîchi. Garnir avec le zeste torsadé.

PRESTO COCKTAIL

4 doses de brandy (60 ml)
2 doses de vermouth doux (30 ml)
1 c. à café de Pernod
1 dose de jus d'orange frais

Dans un shaker, mélanger glace pilée
et ingrédients. Bien agiter. Passer dans
un verre à cocktail rafraîchi.

PRINCE EDWARD

4 doses de scotch (60 ml)
1 dose de Lillet blanc (15 ml)
1 dose de Drambuie (15 ml)
1 rondelle d'orange

Dans un shaker, mélanger glace pilée
et ingrédients, sauf la rondelle
d'orange. Bien agiter. Passer dans un
verre à whisky rafraîchi. Garnir avec la
rondelle d'orange.

PRINCE OF WALES

2 doses de brandy (30 ml)
2 doses de madère (30 ml)
1 dose de curaçao blanc (15 ml)
3-5 traits d'angustura
Champagne ou vin mousseux
1 rondelle d'orange

Dans un shaker, mélanger glace pilée
et ingrédients, sauf le champagne et la
rondelle d'orange. Bien agiter. Passer
dans un verre ballon rafraîchi. Remplir
de champagne et remuer doucement.
Garnir avec la rondelle d'orange.

PRINCE'S SMILE

4 doses de gin (60 ml)
2 doses d'eau-de-vie de pomme (30 ml)
2 doses d'eau-de-vie d'abricot (30 ml)
1 c. à café de jus de citron frais

Dans un shaker, mélanger les
ingrédients à de la glace pilée. Bien
agiter. Passer dans un verre à cocktail
rafraîchi.

PRINCESS MARY'S PRIDE

4 doses d'eau-de-vie de pomme (60 ml)
2 doses de Dubonnet rouge (30 ml)
1 dose de vermouth sec (15 ml)

Dans un shaker, mélanger glace pilée
et ingrédients. Bien agiter. Passer dans
un verre à cocktail rafraîchi.

PRINCETON COCKTAIL

6 doses de gin (90 ml)
2 doses de porto rouge (30 ml)
3-5 traits d'angustura
1 zeste de citron

Dans un shaker, mélanger glace pilée
et ingrédients. Bien agiter. Passer dans
un verre à cocktail rafraîchi et garnir
avec le zeste de citron torsadé.

PUERTO APPLE

4 doses d'eau-de-vie de pomme (90 ml)
2 doses de rhum blanc (30 ml)
1 dose de jus de citron vert frais (15 ml)
1 dose de sirop d'orgeat (15 ml)
1 rondelle de citron vert

Dans un shaker, mélanger glace pilée
et ingrédients, sauf la rondelle de
citron vert. Bien agiter. Passer dans un
verre à whisky rafraîchi, sur glaçons.
Garnir avec la rondelle de citron vert.

PURPLE PASSION

4 doses de vodka (60 ml)
8 doses de jus de raisin noir
(120 ml ou 1/2 tasse)
8 doses de jus de pamplemousse
(120 ml ou 1/2 tasse)

Dans un shaker, mélanger glace pilée
et ingrédients. Bien agiter. Passer dans
un verre à orangeade rafraîchi, sur
glaçons.

PURPLE PEOPLE EATER

8 doses de jus de raisin noir (120 ml)
1 dose de jus de citron vert frais (15 ml)
Eau gazeuse
1 rondelle de citron vert

Dans un shaker, mélanger la glace
pilée et les jus de fruit. Bien agiter.
Passer dans un verre à orangeade
rafraîchi, sur glaçons. Compléter avec
de l'eau gazeuse et remuer doucement.
Garnir avec la rondelle de citron vert.

QUAKER COCKTAIL

5 doses de brandy (75 ml)
3 doses de rhum blanc (45 ml)
1 dose de jus de citron frais (15 ml)
1 dose de sirop de framboise (15 ml)
1 zeste de citron

Dans un shaker, mélanger glace pilée
et ingrédients, sauf le zeste de citron.
Bien agiter. Passer dans un verre à
cocktail rafraîchi. Garnir avec le zeste
de citron.

QUARTER DECK
COCKTAIL

4 doses de rhum brun (60 ml)
2 doses de crème de xérès (30 ml)
1 c. à soupe de jus de citron vert frais

Dans un shaker, mélanger ingrédients
et glace pilée. Bien agiter. Passer dans
un verre à cocktail rafraîchi.

QUÉBEC COCKTAIL

6 doses de whiskey canadien
(90 ml)
2 doses d'Amer Picon (30 ml)
2 doses de vermouth sec (30 ml)
1 dose de marasquin (15 ml)

Dans un shaker, mélanger ingrédients
et glace pilée. Bien agiter. Passer dans
un verre à cocktail rafraîchi.

QUEEN ELIZABETH

6 doses de gin (90 ml)
1 dose de vermouth sec (15 ml)
2 c. à café de Bénédictine

Dans un doseur, mélanger ingrédients
et glaçons. Bien remuer. Passer dans
un verre à cocktail rafraîchi.

QUEEN ELIZABETH
WINE

4 doses de Bénédictine (60 ml)
2 doses de vermouth sec (30 ml)
2 doses de jus de citron frais (30 ml)
1 zeste de citron

Dans un doseur, mélanger glaçons et
ingrédients, sauf le zeste de citron.
Bien remuer. Passer dans un verre à
cocktail rafraîchi. Garnir avec le zeste
de citron.

QUICK PICK

Thé glacé, non sucré
4 doses de sirop de menthe (60 ml)
1 quartier de citron
1 brin de menthe fraîche

Dans un verre à orangeade, verser sur
glaçons le thé glacé et le sirop. Presser
le quartier de citron vert avant de le
plonger dans le cocktail. remuer et
garnir avec le brin de menthe.

QUIET PASSION

8 doses de jus de raisin (120 ml)
8 doses de jus de pamplemousse (120 ml)
2 doses de jus de fruit de la passion

Dans un shaker, mélanger ingrédients
et glace pilée. Bien agiter. Passer dans
un verre à orangeade rafraîchi, sur
glaçons.

R

RACQUET CLUB COCKTAIL

4 doses de gin (60 ml)
1 dose 1/2 de vermouth sec (22,5 ml)
1 trait de bitter à l'orange

Dans un doseur, mélanger ingrédients et glaçons. Bien remuer. Passer dans un verre à cocktail rafraîchi.

RAMOS FIZZ

6 doses de gin (90 ml)
1 dose de jus de citron frais (15 ml)
1 dose de jus de citron vert frais (15 ml)
1 c. à café de sucre
1/2 c. à café de crème et 1/2 de lait
4-5 traits d'eau de fleur d'oranger
1 blanc d'œuf
Eau gazeuse

Dans un shaker, mélanger glace pilée et ingrédients, sauf le blanc d'œuf et l'eau gazeuse. Agiter vivement. Verser dans un verre à orangeade rafraîchi. Compléter avec l'eau gazeuse et le blanc d'œuf. Remuer doucement.

RAMPART STREET PARADE

4 doses de rhum blanc (60 ml)
2 doses de crème de banane (30 ml)
1 dose de Southern Comfort (15 ml)
2 doses de jus de citron vert frais (30 ml)

Dans un shaker, mélanger ingrédients et glace pilée. Bien agiter. Passer dans un verre à cocktail rafraîchi.

RATTLESNAKE

4 doses de whsiky (60 ml)
1 dose de jus de citron frais (15 ml)
1 c. à café de sirop de canne
1 blanc d'œuf
1/4 de c. à café de Pernod

Dans un shaker, mélanger ingrédients et glace pilée. Agiter vivement. Passer dans un verre à whisky rafraîchi.

RED APPLE

4 doses d'eau-de-vie de pomme
4 doses de jus de pamplemousse (60 ml)
3-5 traits de grenadine

Dans un shaker, mélanger ingrédients et glace pilée. Bien agiter. Passer dans un verre à cocktail rafraîchi.

RED APPLE SUNSET

4 doses de jus de pomme (60 ml)
4 doses de jus de pamplemousse (60 ml)
3-5 traits de grenadine

Dans un shaker, mélanger ingrédients et glace pilée. Bien agiter. Passer dans un verre à cocktail rafraîchi.

RED CLOUD

4 doses de gin (60 ml)
2 doses de liqueur d'abricot (30 ml)
2 doses de jus de citron frais (30 ml)
1 c. à café de grenadine
1 trait d'angustura

Dans un shaker, mélanger ingrédients et glace pilée. Bien agiter. Passer dans un verre à cocktail rafraîchi.

RED LION

4 doses de gin (60 ml)
3 doses de liqueur d'orange (45 ml)
1 dose de jus de citron frais (15 ml)
1 dose de jus d'orange frais (15 ml)
1/2 c. à café de grenadine

Dans un shaker, mélanger ingrédients et glace pilée. Bien agiter. Passer dans un verre à cocktail rafraîchi.

RED SNAPPER

4 doses de vodka (60 ml)
6 doses de jus de tomate (90 ml)
3-5 traits de sauce Worcestershire
Sel à volonté
Poivre noir du moulin à volonté
Piment de Cayenne à volonté
1 trait de jus de citron
1 branche de céleri

Mélanger les ingrédients dans un shaker, sauf la vodka, le jus de tomate et le céleri. Bien agiter. Ajouter des glaçons, le jus de tomate et agiter à nouveau. Verser dans un verre à long drinks rafraîchi. Garnir avec le céleri.

REFORM COCKTAIL

4 doses de fino (xérès) (60 ml)
2 doses de vermouth doux (30 ml)
3-5 traits d'angustura

Dans un doseur, mélanger ingrédients et glaçons. Bien remuer. Passer dans un verre à cocktail rafraîchi.

REFRIGERATOR TEA

Thé de votre choix
(4 c. à café bombées)
10-15 feuilles de menthe fraîche écrasée
(facultatif)
60 doses d'eau (900 ml)
Sucre à volonté

Mélanger le thé et l'eau dans un pichet de verre. Couvrir et laisser une nuit au réfrigérateur. Passer dans des verres à orangeade remplis de glaçons. Sucrer.

REGENT'S PUNCH

Vin blanc moelleux: riesling, sauternes, etc.
(1 bout. de 750 ml)
Madère (2 bout. de 750 ml)
Triple sec (1 bout. de 750 ml)
Cognac (1 bout. de 750 ml)
Champagne ou vin mousseux
(3 bout. de 750 ml)
Rhum brun (240 ml)
Thé fort glacé (240 ml)
Jus de citron frais (120 ml ou 1 tasse)
Jus d'orange (360 ml ou 3 tasses)
1/4 de tasse de sucre
Eau gazeuse (2 l)

Mettre les ingrédients au frais pendant au moins 2 heures. Mélanger les ingrédients, sauf le champagne et l'eau gazeuse, dans un grand bol à punch. Remuer. Ajouter de la glace. Avant de servir, ajouter le champagne et l'eau gazeuse. Remuer. Pour 80 personnes.

REMSEN COOLER

6 doses de scotch (90 ml)
1 c. à café de sirop de canne
Eau gazeuse
1 zeste de citron

Verser scotch et sirop de canne sur glaçons dans un verre à orangeade rafraîchi. Remplir d'eau gazeuse et remuer. Garnir avec le zeste de citron.

RENAISSANCE

4 doses de gin (60 ml)
1 dose de fino (xérès) (15 ml)
1/2 dose de crème (7,5 ml) et 1/2 de lait
Noix muscade fraîchement râpée

Dans un shaker, mélanger glace pilée et ingrédients, sauf la noix muscade. Bien agiter. Passer dans un verre à whisky rafraîchi, sur glaçons. Saupoudrer de noix muscade.

RENDEZ-VOUS

4 doses de gin (60 ml)
2 doses de kirsch (30 ml)
1 dose de Campari (15 ml)
1 zeste de citron

Dans un shaker, mélanger glace pilée et ingrédients, sauf le zeste de citron. Bien agiter. Passer dans un verre à cocktail rafraîchi. Garnir avec le zeste de citron torsadé.

RESOLUTE COCKTAIL

4 doses de gin (60 ml)
2 doses d'eau-de-vie d'abricot (30 ml)
1 dose de jus de citron frais (15 ml)

Dans un shaker, mélanger ingrédients et glace pilée. Bien agiter. Passer dans un verre à cocktail rafraîchi.

ROB ROY

RHETT BUTLER

4 doses de Southern Comfort
(60 ml)
1 dose de jus citron vert frais (15 ml)
1 dose de curaçao blanc (15 ml)
1 c. à café de jus de citron frais
1 zeste de citron

Dans un shaker, mélanger glace pilée
et ingrédients, sauf le zeste de citron.
Bien agiter. Passer dans un verre à
cocktail rafraîchi. Garnir avec le zeste
de citron torsadé.

ROAD RUNNER

4 doses de gin (60 ml)
1 dose de vermouth sec (15 ml)
1 c. à café de grenadine
1/4 de c. à café de Pernod

Dans un shaker, mélanger ingrédients
et glace pilée. Bien agiter. Passer dans
un verre à cocktail rafraîchi.

ROB ROY

6 doses de scotch (90 ml)
2 doses de vermouth doux (30 ml)
1 trait d'angustura
1 cerise au marasquin

Dans un doseur, mélanger glaçons et
ingrédients, sauf la cerise. Bien
remuer. Passer dans un verre à cocktail
rafraîchi. Garnir avec la cerise.

ROBSON COCKTAIL

4 doses de rhum brun (60 ml)
1 dose de jus de citron frais (15 ml)
1 dose de jus d'orange frais (15 ml)
1 c. à soupe de grenadine

Dans un shaker, mélanger ingrédients
et glace pilée. Bien agiter. Passer dans
un verre à cocktail rafraîchi.

193

ROCK AND RYE COOLER

4 doses de vodka (60 ml)
3 doses de rock & rye (45 ml)
2 doses de jus de citron vert frais (30 ml)
Soda au citron
1 rondelle de citron vert

Dans un shaker, mélanger glace pilée et ingrédients, sauf le soda et la rondelle de citron vert. Passer dans un verre à orangeade rafraîchi, sur glaçons. Remplir de soda au citron. Remuer. Garnir avec la rondelle de citron vert.

ROCKY GREEN DRAGON

4 doses de gin (60 ml)
2 doses de chartreuse verte (30 ml)
1 dose de cognac (15 ml)

Dans un shaker, mélanger ingrédients et glace pilée. Bien agiter. Passer dans un verre à cocktail rafraîchi.

ROLLS-ROYCE

6 doses de gin (90 ml)
2 doses de vermouth sec (30 ml)
2 doses de vermouth doux (30 ml)
1/4 de c. à café de Bénédictine

Dans un doseur, mélanger glaçons et ingrédients. Bien remuer. Passer dans un verre à cocktail rafraîchi.

ROMAN COOLER

4 doses de gin (60 ml)
2 doses de Punt e Mes (30 ml)
1 dose de jus de citron frais (15 ml)
1 c. à café de sirop de canne
1/2 c. à café de vermouth doux
Eau gazeuse
1 zeste d'orange

Dans un shaker, mélanger glace pilée et ingrédients, sauf l'eau gazeuse et le zeste d'orange. Passer dans un verre à long drinks rafraîchi, sur glaçons. Compléter avec l'eau gazeuse. Remuer doucement. Garnir avec le zeste d'orange.

ROMAN SNOWBALL

6 doses de Sambuca blanche (90 ml)
5 grains de café

Verser la Sambuca dans une flûte à champagne à demi remplie de glace pilée. Ajouter les grains de café et servir avec une paille. Croquer les grains de café une fois qu'ils ont bien trempé.

ROSE COCKTAIL

4 doses de gin (60 ml)
2 doses d'eau-de-vie d'abricot (30 ml)
2 doses de vermouth sec (30 ml)
1 c. à café de grenadine
1 c. à café de jus de citron frais
1 quartier de citron
Sucre en poudre

Givrer un verre à cocktail rafraîchi en humectant le bord avec le quartier de citron, puis en le plongeant dans le sucre en poudre. Jeter le quartier de citron. Dans un shaker, mélanger les ingrédients à de la glace pilée. Bien agiter. Passer dans le verre préalablement givré.

ROSE HALL NIGHTCAP

4 doses de cognac (60 ml)
2 doses de Pernod (30 ml)
1 c. à soupe de crème de cacao noir
2 doses de crème (30 ml) et 2 de lait

Dans un shaker, mélanger glace pilée et ingrédients, sauf la crème de cacao. Bien agiter. Passer dans un verre à cocktail rafraîchi.

ROSELYN COCKTAIL

4 doses de gin (60 ml)
2 doses de vermouth sec (30 ml)
1 c. à café de grenadine
1 zeste de citron

Dans un doseur, mélanger glaçons et ingrédients, sauf le zeste de citron. Bien remuer. Passer dans un verre à cocktail rafraîchi. Garnir avec le zeste de citron.

ROSITA

4 doses de tequila blanche (60 ml)
4 doses de Campari (60 ml)
1 dose de vermouth sec (15 ml)
1 dose de vermouth doux (15 ml)
1 zeste de citron

Dans un doseur, mélanger glaçons et
ingrédients, sauf le zeste de citron.
Bien remuer. Passer dans un verre à
whisky rafraîchi. Garnir avec le zeste
de citron.

ROSY DAWN

2 doses de jus de citron frais
(60 ml)
2 doses de jus de citron vert frais (60 ml)
4 doses de jus d'orange (90 ml)
1 dose de crème de noix de coco (15 ml)
1 c. à café de grenadine
1 c. à café de sirop d'orgeat

Mixer tous les ingrédients à de la glace
pilée jusqu'à ce que le mélange soit
onctueux. Verser dans un verre à
cocktail rafraîchi.

ROYAL GIN FIZZ

4 doses de gin (60 ml)
2 doses de jus de citron frais (30 ml)
Sucre en poudre
1 œuf entier
Eau gazeuse

Dans un shaker, mélanger glace pilée
et ingrédients, sauf l'eau gazeuse.
Agiter vivement. Passer dans un verre
à long drinks rafraîchi, sur glaçons.
Compléter avec l'eau gazeuse et
remuer doucement.

ROYAL MATADOR

8 doses de tequila ambrée (120 ml)
3 doses de liqueur de framboise (45 ml)
1 c. à soupe d'amaretto
4 doses de jus de citron vert frais (60 ml)
1 ananas entier épluché

Couper le haut de l'ananas et le garder.
Évider l'ananas en préservant sa coque.
Mixer les morceaux d'ananas jusqu'à
consistance liquide. Passer le jus et le
mixer à nouveau avec les autres
ingrédients et de la glace pilée, jusqu'à
consistance onctueuse. Verser dans la
coque de l'ananas. Ajouter de la glace.

Recouvrir avec le «chapeau». Servir
avec des pailles. Pour 2 personnes.

ROYAL ROOST

4 doses de bourbon (60 ml)
2 doses de Dubonnet rouge (30 ml)
1/4 de c. à café de curaçao blanc
1/4 de c. à café de Pernod
1 trait de bitter Peychaud
1 zeste de citron
1 rondelle d'orange
1 pointe d'ananas

Dans un doseur, mélanger glace pilée
et ingrédients, sauf les fruits. Remuer
et passer dans un verre à whisky
rafraîchi, sur glaçons. Garnir avec les
fruits.

ROYAL SMILE COCKTAIL

4 doses d'eau-de-vie de pomme (60 ml)
2 doses de gin (30 ml)
2 doses de jus de citron frais (30 ml)
1 c. à café de grenadine

Dans un doseur, mélanger glaçons et
ingrédients. Bien remuer. Passer dans
un verre à cocktail rafraîchi.

RUBY FIZZ

6 doses de gin à la prunelle (90 ml)
3 doses de jus de citron frais (45 ml)
1 c. à soupe de grenadine
1 c. à café de sirop de canne
1 blanc d'œuf
Eau gazeuse

Dans un shaker, mélanger glace pilée
et ingrédients, sauf l'eau gazeuse. Bien
agiter. Passer dans un verre à long
drinks rafraîchi, sur glaçons.
Compléter avec l'eau gazeuse et
remuer doucement.

RUM BUCK

4 doses de rhum blanc (60 ml)
2 doses de jus de citron vert frais (30 ml)
Ginger ale
1 rondelle de citron vert

Dans un shaker, mélanger rhum, jus
de citron vert et glace pilée. Agiter et
verser dans un verre à orangeade
rafraîchi. Remplir de ginger ale et
remuer. Garnir avec le citron vert.

RUM COBBLER

4 doses de rhum blanc (60 ml)
4 doses d'eau gazeuse (60 ml)
1 c. à café de sucre
1 pointe d'ananas
1 rondelle de citron vert
1 rondelle d'orange

Dans un grand verre ballon, faire
fondre le sucre dans l'eau gazeuse.
Remplir de glace pilée et ajouter le
rhum. Remuer et garnir avec les fruits.

RUM COLLINS

6 doses de rhum blanc (90 ml)
3 doses de jus de citron vert frais (45 ml)
1 c. à café de sucre
Eau gazeuse
1 rondelle de citron
1 cerise au marasquin

Dans un shaker, mélanger à de la glace
pilée tous les ingrédients, sauf l'eau
gazeuse et les fruits. Bien agiter.
Passer dans un verre à orangeade
rafraîchi, sur glaçons. Compléter avec
l'eau gazeuse et remuer doucement.
Garnir avec les fruits.

RUM COOLER

6 doses de rhum blanc (90 ml)
1 c. à café de sirop de canne
Ginger ale
1 zeste d'orange

Verser le rhum et le sirop de canne
dans un verre à orangeade rafraîchi.
Remplir de glaçons et de ginger ale.
Remuer. Garnir avec le zeste d'orange.

RUM DAISY

4 doses de rhum ambré (60 ml)
2 doses de jus de citron frais (30 ml)
1 c. à café de sucre
1/2 c. à café de grenadine
1 cerise au marasquin
1 rondelle d'orange

Dans un shaker, mélanger glace pilée
et ingrédients, sauf les fruits. Bien
agiter. Passer dans un verre à whisky
rafraîchi, sur glaçons. Garnir avec les
fruits.

RUM DUBONNET

4 doses de rhum blanc (60 ml)
1 dose de Dubonnet rouge (15 ml)
1 dose de jus de citron frais (15 ml)

Dans un shaker, mélanger ingrédients
et glace pilée. Bien agiter. Passer dans
un verre à cocktail rafraîchi.

RUM FIX

4 doses de rhum ambré
2 doses de jus de citron frais (30 ml)
1 dose d'eau (15 ml)
1 c. à café de sucre
1 cerise au marasquin
1 rondelle de citron

Dans un shaker, mélanger sucre, jus
de citron et eau avec de la glace pilée.
Bien agiter et passer dans un verre à
long drinks rafraîchi avec de la glace
concassée. Ajouter le rhum et bien
remuer. Garnir avec les fruits.

RUM MARTINI

6 doses de rhum blanc (90 ml)
1/2 c. à café de vermouth sec
1 trait de bitter à l'orange

Dans un doseur, mélanger glaçons et
ingrédients. Bien remuer. Passer dans
un verre à cocktail rafraîchi.

RUM OLD FASHIONED

4 doses de rhum blanc (60 ml)
1 c. à soupe de rhum Demerara très fort
1/2 c. à café de sirop de canne
1 trait d'angustura
1 zeste de citron vert

Verser angustura et sirop dans un verre
à whisky rafraîchi. Remuer. Ajouter des
glaçons et le rhum blanc. Remuer
encore. Verser le rhum Demerara en
surface et garnir avec le citron vert.

RUM PUNCH

6 doses de rhum brun (90 ml)
2 doses de jus de citron vert frais (30 ml)
2 c. à soupe de sucre roux
1 c. à soupe de sucre
1 c. à café de grenadine

Mixer ingrédients et glace pilée jusqu'à
consistance onctueuse. Verser dans un
verre à orangeade rafraîchi.

RUM SCREWDRIVER

4 doses de rhum brun (60 ml)
Jus d'orange frais

Verser le rhum sur glaçons dans un
verre à long drinks rafraîchi. Remplir
de jus d'orange et remuer.

RUM SOUR

4 doses de rhum blanc (60 ml)
2 doses de jus de citron frais (30 ml)
1 c. à café de sucre en poudre
1 rondelle de citron
1 cerise au marasquin

Dans un shaker, mélanger glace pilée
et ingrédients, sauf les fruits. Bien
agiter. Passer dans un verre tulipe
rafraîchi. Garnir avec les fruits.

RUM SWIZZLE

4 doses de rhum brun (60 ml)
3 doses de jus de citron vert frais (45 ml)
2 traits d'angustura
1 c. à café de sucre en poudre
Eau gazeuse

Dans un shaker, mélanger glace pilée et
ingrédients, sauf l'eau gazeuse. Passer
dans un verre à orangeade rafraîchi, sur
glaçons. Remplir d'eau gazeuse et
remuer. Servir avec un fouet à cocktail.

RUMFUSTIAN

16 doses d'ale (240 ml ou 1 tasse)
4 doses de gin (60 ml)
4 doses de fino (xérès) (60 ml)
1 c. à café de sucre en poudre
2 jaunes d'œuf
1 zeste de citron
1 bâton de cannelle
5 clous de girofle
1 pincée de quatre-épices
Noix muscade fraîchement râpée

Battre les œufs et le sucre dans un
bol. Dans une casserole, mélanger
les autres ingrédients, sauf la noix
muscade, et porter à ébullition.
Ajouter les œufs battus, en battant
sans arrêt au fouet (en métal) pendant
au moins 45 s. Servir dans une grande
tasse chaude et saupoudrer de noix
muscade.

RUSSIAN BEAR

4 doses de vodka (60 ml)
2 doses de crème de cacao noir (30 ml)
1/2 dose de crème (7,5 ml) et 1/2 de lait

Dans un shaker, mélanger glace pilée
et ingrédients. Bien agiter. Passer dans
un verre à cocktail rafraîchi.

RUSSIAN COCKTAIL

4 doses de vodka (60 ml)
3 doses de gin (45 ml)
3 doses de crème de cacao blanc (45 ml)

Dans un shaker, mélanger glace pilée
et ingrédients. Bien agiter. Passer dans
un verre à cocktail rafraîchi.

RUSSIAN COFFEE

4 doses de liqueur de café (60 ml)
2 doses de vodka (30 ml)
1 dose 1/2 de crème (22,5 ml) et 1 1/2 de lait

Mixer ingrédients et glace pilée jusqu'à
consistance onctueuse. Verser dans un
verre à cognac rafraîchi.

RUSSIAN QUAALUDE

4 doses de vodka (60 ml)
2 doses de Frangelico (30 ml)
2 doses d'Irish Cream (30 ml)

Dans un shaker, mélanger glace pilée
et ingrédients. Bien agiter. Passer dans
un verre à whisky rafraîchi.

RUSSIAN ROSE

6 doses de vodka (90 ml)
1 dose de grenadine (15 ml)
1 trait de bitter à l'orange

Dans un shaker, mélanger glace pilée
et ingrédients. Bien agiter. Passer dans
un verre à cocktail rafraîchi.

RUSTY NAIL

4 doses de scotch (60 ml)
2 doses de Drambuie (30 ml)

Verser les ingrédients sur glaçons dans
un verre à whisky et remuer.

RYE FLIP

4 doses de whisky de seigle (60 ml)
1 c. à café de sirop de canne
1 œuf entier
Noix de muscade fraîchement râpée

Dans un shaker, mélanger glace pilée
et ingrédients, sauf la noix muscade.
Agiter vivement et passer dans un
verre ballon rafraîchi. Saupoudrer de
noix muscade.

RYE WHISKY COCKTAIL

6 doses de whisky de seigle (90 ml)
1 c. à café de sucre
1 trait d'angustura
1 cerise au marasquin

Dans un shaker, mélanger glace pilée
et ingrédients, sauf la cerise. Bien
agiter et passer dans un verre à
cocktail rafraîchi. Garnir avec la
cerise.

S

S F SOUR

4 doses de whisky (60 ml)
2 doses de Bénédictine (30 ml)
1 c. à café de jus de citron frais
1 c. à café de jus de citron vert frais
1 trait de grenadine
1 rondelle d'orange

Dans un shaker, mélanger glace pilée et ingrédients, sauf l'orange. Passer dans un verre tulipe rafraîchi. Garnir avec la rondelle d'orange.

SADIE SMASH

6 doses de bourbon (90 ml)
2 doses d'eau gazeuse (30 ml)
1 c. à café de sucre en poudre
4 brins de menthe fraîche
1 rondelle d'orange
1 cerise au marasquin

Écraser les brins de menthe avec le sucre et l'eau gazeuse au fond d'un verre à whisky rafraîchi. Le remplir de glaçons et ajouter le bourbon. Remuer et garnir avec les fruits.

SAFE SEX ON THE BEACH

4 doses de nectar de pêche (60 ml)
6 doses de jus d'airelle rouge (90 ml)
6 doses de jus d'ananas (90 ml)
1 cerise au marasquin

Dans un verre à orangeade rafraîchi avec des glaçons, verser tous les ingrédients, sauf la cerise. Bien remuer et garnir avec la cerise.

SAKETINI

6 doses de gin (90 ml)
1 dose de saké
1 zeste de citron

Dans un shaker, mélanger glace pilée et ingrédients, sauf le zeste de citron. Bien agiter et passer dans un verre à cocktail rafraîchi. Garnir avec le zeste de citron.

SALLY'S SUMMER COOLER

6 doses de schnaps au peppermint (90 ml)
2 doses de jus de citron vert frais (30 ml)
Eau gazeuse
1 rondelle de citron vert

Verser sur glaçons le schnaps et le jus de citron dans un verre à orangeade rafraîchi. Remplir d'eau gazeuse et remuer. Garnir avec le citron vert.

SALTY DOG

4 doses de vodka (60 ml)
Jus de pamplemousse
Sel
Sucre
1 quartier de citron vert

Givrer un verre à whisky en humectant le bord avec du citron vert et en le plongeant dans un mélange de sel et de sucre. Jeter le citron vert. Remplir le verre de glaçons. Verser la vodka et le jus de pamplemousse. Remuer.

SALTY DOG

SALTY PUPPY

Jus de pamplemousse
Sel
Sucre
1 quartier de citron vert

Givrer un verre à whisky en humectant
le bord avec du citron vert et en le
plongeant dans un mélange de sel et de
sucre. Jeter le citron vert. Remplir le
verre de glaçons et verser le jus de
pamplemousse. Bien remuer.

SAN FRANCISCO COCKTAIL

3 doses de vermouth sec (45 ml)
3 doses de vermouth doux (45 ml)
3 doses de gin à la prunelle (45 ml)
3-5 traits d'angustura
3-5 traits de bitter à l'orange
1 cerise au marasquin

Dans un shaker, mélanger glace pilée
et ingrédients, sauf la cerise. Bien
agiter et passer dans un verre à
cocktail rafraîchi.

SAN JUAN

4 doses de rhum blanc (60 ml)
1 c. à soupe de brandy
3 doses de jus de pamplemousse (45 ml)
1 c. à soupe de lait de noix de coco
1 c. à soupe de jus de citron vert frais

Mixer glace pilée et ingrédients, sauf
le brandy, jusqu'à consistance
onctueuse. Verser dans un grand verre
ballon rafraîchi. Ajouter le brandy en
surface.

SAN JUAN CAPISTRANO

4 doses de jus de pamplemousse (60 ml)
2 doses de lait de noix de coco (30 ml)
2 doses de jus de citron vert frais (30 ml)
1 zeste de citron vert

Mixer glace pilée et ingrédients jusqu'à
consistance onctueuse. Verser dans un
grand verre ballon rafraîchi. Garnir
avec le zeste de citron vert.

SAN SEBASTIAN

4 doses de gin (60 ml)
1 dose de rhum blanc (15 ml)
1 dose de triple sec (15 ml)
1 dose de jus de citron frais (15 ml)
1 dose de jus de pamplemousse (15 ml)

Dans un shaker, mélanger glace pilée
et ingrédients. Bien agiter et passer
dans un verre à cocktail rafraîchi.

SANCTUARY

4 doses de Dubonnet rouge (60 ml)
2 doses d'Amer Picon (30 ml)
2 doses de triple sec (30 ml)
1 zeste de citron

Dans un shaker, mélanger glace pilée
et ingrédients, sauf le zeste de citron.
Bien agiter et passer dans un verre à
cocktail rafraîchi. Garnir avec le zeste
de citron.

SANGRIA

Vin rouge
(2 bout. de 750 ml chacune)
8 doses de triple sec (120 ml)
6 doses de brandy (90 ml)
6 doses de jus d'orange frais (90 ml)
4 doses de jus de citron frais (60 ml)
4 doses de jus de citron vert frais (60 ml)
8 doses de sirop de canne (120 ml)
Rondelles de citron
Rondelles de citron vert
Rondelles d'orange

Mettre les ingrédients au frais pendant
1 h. Les verser dans un bol à punch.
Remuer. Ajouter de la glace et placer les
rondelles de fruits. Pour 20 personnes.

SANGRITA

32 doses de jus de tomate
(480 ml)
16 doses de jus d'orange frais
(240 ml)
6 doses de jus de citron vert frais (90 ml)
1/2 piment jalapeño, épépiné et finement
haché
1 c. à soupe de Tabasco
1/4 de c. à café de poivre blanc
Sel de céleri à volonté
4 doses de tequila silver par personne
(60 ml)

Verser tous les ingrédients, sauf la tequila, dans un grand pichet. Mettre au frais pendant au moins 1 h (plus vous le laissez longtemps, plus la boisson est épicée). Au moment de servir, passer dans un autre pichet rafraîchi. Verser la tequila dans un verre à digestif, la sangrita dans un autre. Boire la tequila d'une seule lampée, suivie d'une gorgée de sangrita. Pour 14 personnes.

SANGRITA SECA

32 doses de jus de tomate
16 doses de jus d'orange frais (240 ml)
6 doses de jus de citron vert frais (90 ml)
1 piment jalapeño, épépiné et finement haché
1 dose de Tabasco (15 ml)
2 c. à café de sauce Worcestershire
1/2 de c. à café de poivre blanc
Sel de céleri à volonté

Verser tous les ingrédients, sauf la tequila, dans un grand pichet. Mettre au frais pendant au moins 1 h (plus vous le laissez longtemps, plus la boisson est épicée). Au moment de servir, passer dans un pichet rafraîchi. Servir sur glaçons dans un verre à long drinks rafraîchi. Pour 6-8 personnes.

201

SARATOGA COCKTAIL

SANTIAGO COCKTAIL

4 doses de rhum blanc (60 ml)
4 doses de jus de citron vert frais (60 ml)
1 trait de grenadine
1/2 c. à café de sirop de canne

Dans un shaker, mélanger glace pilée
et ingrédients. Bien agiter et passer
dans un verre à cocktail rafraîchi.

SARATOGA COCKTAIL

6 doses de brandy (90 ml)
1/2 c. à café de marasquin
1 c. à café de jus de citron frais
1 c. à soupe de jus d'ananas

Dans un shaker, mélanger glace pilée
et ingrédients. Bien agiter et passer
dans un verre à cocktail rafraîchi.

SAUCY SUE-SUE

4 doses d'eau-de-vie de pomme (60 ml)
2 doses d'eau-de-vie d'abricot (30 ml)
1/4 de c. à café de Pernod
1 zeste d'orange

Dans un shaker, mélanger tous les
ingrédients à de la glace pilée.
Bien agiter et passer dans un verre
à cocktail rafraîchi. Garnir avec le
zeste d'orange.

SAUZALIKY

4 doses de tequila ambrée (60 ml)
8 doses de jus d'orange frais (120 ml
ou 1/2 tasse)
1/2 c. à café de jus de citron vert frais
1/2 banane émincée

Mixer glace pilée et ingrédients jusqu'à consistance onctueuse. Verser dans un verre ballon rafraîchi.

SAVOY HOTEL

1 dose 1/2 de crème de cacao noir (22,5 ml)
1 dose 1/2 de Bénédictine (22,5 ml)
1 dose 1/2 de cognac (22,5 ml)

Verser lentement les ingrédients, dans l'ordre donné et avec précaution, dans un verre à liqueur rafraîchi, de façon à former des couches séparées.

SAXON COCKTAIL

4 dose de rhum blanc (60 ml)
2 doses de jus de citron vert frais (30 ml)
1/4 de c. à café de grenadine
1 zeste d'orange

Dans un shaker, mélanger glace pilée et ingrédients, sauf le zeste d'orange. Bien agiter et passer dans un verre à cocktail rafraîchi. Garnir avec le zeste d'orange.

SAZERAC

6 doses de bourbon ou whisky de seigle (90 ml)
1/2 c. à café de Pernod
1/2 c. à café de sucre
2 traits d'angustura ou de bitter Peychaud
1 c. à café d'eau, 1 zeste d'orange

Verser le Pernod dans un verre à whisky rafraîchi et tourner le verre pour qu'il en soit tapissé. Ajouter le sucre, l'eau et l'angustura. Remuer pour faire fondre le sucre. Compléter avec des glaçons et ajouter le bourbon. Bien remuer et plonger le zeste dans le cocktail.

SCARLETT O'HARA

4 doses de Southern Comfort (60 ml)
4 doses de jus d'airelle rouge (60 ml)
2 doses de jus de citron vert frais (30 ml)

Dans un shaker, mélanger glace pilée et ingrédients. Bien agiter et passer dans un verre à cocktail rafraîchi.

SCARLETT O'HARA

SCORPION

SCORPION

4 doses de rhum ambré (60 ml)
2 doses de brandy (30 ml)
1 dose de sirop d'orgeat (15 ml)
3 doses de jus de citron frais (45 ml)
4 doses de jus d'orange frais (60 ml)
1 rondelle d'orange
1 rondelle de citron

Mixer glace pilée et ingrédients jusqu'à consistance onctueuse. Verser dans un grand verre ballon rafraîchi. Garnir avec les fruits.

203

SCOTCH COBBLER

4 doses de scotch (60 ml)
1 dose de miel (15 ml)
1 dose de curaçao blanc (15 ml)
1 brin de menthe fraîche

Dans un shaker, mélanger glace pilée
et ingrédients, sauf la menthe. Bien
agiter et passer dans un verre à whisky
rafraîchi, sur glaçons. Garnir avec le
brin de menthe.

SCOTCH COOLER

6 doses de scotch (90 ml)
1 dose de crème de menthe blanche (15 ml)
Eau gazeuse

Verser sur glaçons le scotch et la
crème de menthe dans un verre à long
drinks rafraîchi. Compléter avec de
l'eau gazeuse et remuer doucement.

SCOTCH HOLIDAY SOUR

4 doses de scotch (60 ml)
2 doses de Cherry Heering (30 ml)
2 doses de jus de citron frais (30 ml)
1 dose de vermouth doux (15 ml)
1 rondelle de citron

Dans un shaker, mélanger glace pilée
et ingrédients. Bien agiter et passer
dans un verre tulipe rafraîchi. Garnir
avec la rondelle de citron.

SCOTCH MIST

6 doses de scotch (90 ml)
1 zeste de citron

Verser le scotch dans un verre à
whsiky rempli de glace pilée. Garnir
avec le zeste de citron torsadé.

SCOTCH SOUR

SCOTCH ORANGE FIX

4 doses de scotch (60 ml)
1 c. à soupe de triple sec
2 doses de jus de citron frais (30 ml)
1/2 c. à café de sucre
1 zeste d'orange

Dans un shaker, mélanger glace pilée et ingrédients, sauf le triple sec et le zeste d'orange. Agiter et passer dans un verre à long drinks rafraîchi, sur glaçons. Plonger le zeste d'orange dans le verre et verser le triple sec en surface.

SCOTCH SANGAREE

4 doses de scotch (60 ml)
1 c. à café de miel
1 zeste de citron
Eau gazeuse
Noix muscade fraîchement râpée

Délayer le miel avec un peu d'eau gazeuse au fond d'un verre à long drinks rafraîchi. Ajouter le scotch, le zeste de citron et des glaçons. Compléter avec de l'eau gazeuse et remuer doucement. Saupoudrer de noix muscade.

SCOTCH SMASH

6 doses de scotch (90 ml)
1 c. à soupe de miel
8 feuilles de menthe fraîche
1 trait de bitter à l'orange
1 brin de menthe fraîche

Au fond d'un verre à long drinks rafraîchi, écraser les feuilles de menthe avec le miel. Remplir le verre de glace pilée et verser le scotch. Remuer et ajouter le bitter et le brin de menthe.

SCOTCH SOUR

4 doses de scotch (60 ml)
2 doses de jus de citron frais (30 ml)
1 c. à café de sirop de canne
1 cerise au marasquin
1 rondelle d'orange

Mélanger les ingrédients à de la glace pilée dans un shaker. Bien agiter et passer dans un verre tulipe rafraîchi. Garnir avec les fruits.

SCREWDRIVER

SCREWDRIVER

4 doses de vodka (60 ml)
Jus d'orange frais
1 rondelle d'orange

Verser sur des glaçons vodka et jus d'orange dans un verre à long drinks rafraîchi. Remuer. Garnir avec l'orange.

SEA BREEZE

4 doses de vodka (60 ml)
4 doses de jus d'airelle rouge (60 ml)
Jus de pamplemousse

Verser la vodka et le jus d'airelle rouge dans un verre à long drinks rempli de glaçons. Compléter avec le jus de pamplemousse et remuer.

SEABOARD

4 doses de whisky (60 ml)
2 doses de gin (30 ml)
1 dose de jus de citron frais (15 ml)
1 c. à café de sucre en poudre
1 brin de menthe fraîche

Dans un shaker, mélanger glace pilée et ingrédients, sauf la menthe. Bien agiter et passer sur des glaçons dans un verre à whisky rafraîchi. Garnir avec le brin de menthe.

SEA BREEZE

SECRET

4 doses de scotch (60 ml)
1/2 c. à café de crème de menthe blanche
Eau gazeuse

Mélanger scotch et liqueur à de la glace pilée dans un shaker. Bien agiter et passer sur des glaçons dans un verre à long drinks. Remplir d'eau gazeuse et remuer.

SELF-STARTER

4 doses de gin (60 ml)
2 doses de Lillet blanc (30 ml)
1 dose d'eau-de-vie d'abricot (15 ml)
1/4 c. à café de Pernod

Dans un shaker, mélanger glace pilée et ingrédients. Bien agiter et passer dans un verre à cocktail rafraîchi.

206

SEPTEMBER MORN

6 doses de rhum blanc (90 ml)
2 doses de jus de citron vert frais (30 ml)
1 c. à café de grenadine
1 blanc d'œuf

Dans un shaker, mélanger glace pilée
et ingrédients. Bien agiter et passer
dans un verre à cocktail rafraîchi.

SERPENT'S TOOTH

4 dose de whiskey irlandais (60 ml)
2 doses de vermouth doux (30 ml)
1 dose de Jägermeister (15 ml)
3 doses de jus de citron frais (45 ml)
3-5 traits d'angustura
1 zeste de citron

Dans un shaker, mélanger glace pilée
et ingrédients, sauf le zeste de citron.
Bien agiter et verser dans un verre à
whisky rafraîchi. Garnir avec le zeste
de citron.

7 & 7

4 doses de Seagram's 7-Crown
(whisky, 60 ml)
7-Up

Verser le whisky sur des glaçons dans
un verre à long drinks. Compléter de
7-Up et remuer doucement.

SEVENTH HEAVEN

4 doses de gin (60 ml)
1 dose de marasquin (15 ml)
1 dose de jus de pamplemousse (15 ml)
1 brin de menthe fraîche

Dans un shaker, mélanger glace pilée et
ingrédients, sauf la menthe. Agiter et
verser dans un verre à cocktail rafraîchi.
Garnir avec le brin de menthe.

SEVILLA

4 doses de rhum blanc (60 ml)
4 doses de porto rouge (60 ml)
1/2 c. à café de sucre
1 œuf entier

Mélanger ingrédients et glace pilée.
Agiter vigoureusement et passer dans
un verre ballon rafraîchi.

SEVILLE

4 doses de gin (60 ml)
1 dose de fino (xérès) (15 ml)
1 dose de jus de citron frais (15 ml)
1 dose de jus d'orange frais (15 ml)
1 c. à soupe de sirop de canne

Mélanger les ingrédients à de la glace
pilée dans un shaker. Bien agiter et
passer dans un verre à whisky
rafraîchi.

SEX ON THE BEACH

4 doses de vodka (60 ml)
3 doses de schnaps à la pêche (45 ml)
6 doses de jus d'airelle rouge (90 ml)
6 doses de jus d'ananas (90 ml)
1 cerise au marasquin

Dans un verre à long drinks rafraîchi,
verser sur glaçons tous les ingrédients,
sauf la cerise. Bien remuer et garnir
avec la cerise.

SHADY LADY

4 doses de tequila silver (60 ml)
2 doses de liqueur de melon (30 ml)
Jus de pamplemousse

Dans un verre à long drinks, remuer
tequila et liqueur avec des glaçons.
Remplir de jus de pamplemousse.

SHAMROCK

4 doses de whiskey irlandais (60 ml)
1 dose de vermouth sec (15 ml)
1 dose de crème de menthe verte (15 ml)
1 c. à café de chartreuse verte

Dans un shaker, mélanger glace pilée
et ingrédients. Bien agiter et passer
dans un verre à cocktail rafraîchi.

SHANDY GAFF

Bière
Ginger ale

Verser simultanément bière et ginger
ale dans un verre à orangeade
rafraîchi.

SHARK ATTACK

SHANGHAI COCKTAIL

4 doses de rhum brun (60 ml)
1 dose de Pernod (15 ml)
2 doses de jus de citron frais (30 ml)
1/4 c. à café de grenadine

Dans un shaker, mélanger glace pilée
et ingrédients. Bien agiter et passer
dans un verre à cocktail rafraîchi.

SHARK ATTACK

6 doses de vodka (90 ml)
3 doses de citronnade (45 ml)
2 traits de grenadine

Verser les ingrédients sur des glaçons
dans un verre à orangeade rafraîchi et
remuer.

SHARK'S TOOTH

SHARK BITE

4 doses de rhum brun (60 ml)
6 doses de jus d'orange frais
(90 ml)
2 doses de jus de citron frais (30 ml)
2 doses de grenadine (30 ml)

Mixer ingrédients et glace pilée jusqu'à
consistance onctueuse dans un mixeur.
Verser dans un verre ballon rafraîchi.

SHARK'S TOOTH

4 doses de rhum fort
(60 ml)
2 doses de jus de citron vert frais (30 ml)
2 doses de jus de citron frais (30 ml)
1 trait de grenadine
1/4 c. à café de sirop de canne
Eau gazeuse
1 rondelle de citron vert

Dans un shaker, mélanger glace pilée
et ingrédients, sauf l'eau gazeuse et la
rondelle de citron vert. Bien agiter et
verser dans un verre à long drinks
rafraîchi. Remplir d'eau gazeuse et
garnir avec la rondelle de citron vert.

SHARKY PUNCH

4 doses d'eau-de-vie de pomme (60 ml)
2 doses de whisky de seigle (30 ml)
1/2 c. à café de sucre en poudre
Eau gazeuse

Dans un shaker, mélanger à de la glace
pilée tous les ingrédients, sauf l'eau
gazeuse. Bien agiter et verser dans un
verre à whisky rafraîchi. Remplir d'eau
gazeuse et remuer doucement.

SHERRY AND EGG

Manzanilla (xérès)
1 œuf entier

Dans un verre ballon rafraîchi, casser
un œuf en évitant de briser le jaune.
Compléter de xérès.

SHERRY COBBLER

8 doses d'amontillado (xérès) (120 ml)
1/4 c. à café de curaçao blanc
1/4 c. à café de sirop de canne
1 zeste de citron
1 pointe d'ananas

Remplir de glace pilée un verre ballon.
Verser le curaçao et le sirop. Remuer
jusqu'à ce que de la buée apparaisse
sur le verre. Ajouter le xérès et remuer
à nouveau. Garnir avec le zeste de
citron et la pointe d'ananas.

SHERRY COCKTAIL

6 doses d'amontillado (xérès) (90 ml)
3 traits d'angustura
1 zeste d'orange

Mélanger les ingrédients à des glaçons
dans un verre doseur. Passer dans un
verre à cocktail rafraîchi et garnir avec
le zeste d'orange.

SHERRY EGGNOG

6 doses de crème de xérès (90 ml)
1/2 c. à café de sucre en poudre
1 œuf entier
Lait
Noix muscade fraîchement râpée

Dans un shaker, mélanger glace pilée et ingrédients, sauf le lait et la noix muscade. Bien agiter et passer dans un verre à orangeade rafraîchi. Remplir de lait, remuer et saupoudrer de noix muscade.

SHERRY FLIP

4 doses de fino (xérès) (60 ml)
1 c. à café de sucre en poudre
1 dose de crème (7,5 ml) et 1 de lait
1 œuf entier
noix muscade fraîchement râpée

Dans un shaker, mélanger glace pilée et ingrédients, sauf la noix muscade. Bien agiter et passer dans un verre tulipe rafraîchi. Saupoudrer de muscade.

SHERRY SANGAREE

4 doses de fino (xérès) (60 ml)
1 c. à soupe de porto rouge
1/2 c. à café de sucre en poudre
1 c. à café d'eau
2 doses d'eau gazeuse (30 ml)

Faire fondre le sucre dans l'eau au fond d'un verre à whisky rafraîchi. Ajouter le xérès et remuer. Remplir le verre de glaçons et d'eau gazeuse. Verser le porto en surface.

SHERRY TWIST

4 doses de crème de xérès (60 ml)
2 doses de brandy (30 ml)
1 dose de vermouth sec (15 ml)
1 dose de curaçao blanc (15 ml)
1 c. à café de jus de citron frais
1 zeste d'orange

Dans un shaker, mélanger glace pilée et ingrédients, sauf le zeste d'orange. Bien agiter et passer dans un verre à cocktail rafraîchi. Garnir avec le zeste d'orange.

SHIRLEY TEMPLE

2 doses de jus de citron frais (30 ml)
1 dose de sirop de canne (15 ml)
1 dose de grenadine (15 ml)
Ginger ale
1 cerise au marasquin
1 rondelle d'orange

Dans un shaker, mélanger à de la glace pilée tous les ingrédients, sauf les fruits et le ginger ale. Bien agiter et passer sur des glaçons dans un verre à whisky rafraîchi. Compléter de ginger ale et remuer doucement. Garnir avec les fruits.

SHRINER COCKTAIL

4 doses de brandy (60 ml)
2 doses de gin à la prunelle (30 ml)
3 traits d'angustura
1/4 c. à café de sucre en poudre
1 zeste de citron

Dans un shaker, mélanger à de la glace pilée tous les ingrédients, sauf le zeste de citron. Bien agiter et passer dans un verre à cocktail rafraîchi. Garnir avec le zeste de citron.

SIDECAR

4 doses de brandy (60 ml)
2 doses de triple sec (30 ml)
2 doses de jus de citron frais (30 ml)

Dans un shaker, mélanger glace pilée et ingrédients. Bien agiter et passer dans un verre à cocktail rafraîchi.

SILK STOCKINGS

4 doses de tequila silver (60 ml)
2 doses de crème de cacao blanc (30 ml)
2 doses de crème (30 ml) et 2 de lait
1 trait de grenadine
Cannelle en poudre

Dans un shaker, mélanger à de la glace pilée tous les ingrédients, sauf la cannelle. Agiter et passer dans un verre à cocktail rafraîchi. Saupoudrer de cannelle.

SILVER BULLET

4 doses de gin (60 ml)
2 doses de Jägermeister (30 ml)
1 dose de jus de citron frais (15 ml)

Dans un shaker, mélanger glace pilée
et ingrédients. Bien agiter et passer
dans un verre à cocktail rafraîchi.

SILVER COCKTAIL

4 doses de gin (60 ml)
2 doses de vermouth sec (30 ml)
1 c. à café de marasquin
3 traits de bitter à l'orange
1 zeste de citron

Dans un shaker, mélanger à de la glace
pilée tous les ingrédients, sauf le zeste de
citron. Bien agiter et passer dans un
verre à cocktail rafraîchi. Garnir avec le
zeste de citron.

SILVER FIZZ

6 doses de gin (90 ml)
3 doses de jus de citron frais (45 ml)
1 c. à café de sucre en poudre
1 blanc d'œuf
Eau gazeuse

Dans un shaker, mélanger à de la glace
pilée tous les ingrédients, sauf l'eau
gazeuse. Bien agiter et passer sur des
glaçons dans un verre à long drinks
rafraîchi. Remplir d'eau gazeuse et
remuer doucement.

SILVER KING COCKTAIL

4 doses de gin (60 ml)
2 doses de jus de citron frais (30 ml)
1 c. à café de sirop de canne
1 blanc d'œuf
1 trait d'angustura

Mélanger les ingrédients à de la glace
pilée dans un shaker. Agiter vivement
et passer dans un verre à cocktail
rafraîchi.

SILVER STALLION

4 doses de gin (60 ml)
2 doses de jus de citron vert frais (30 ml)
1 boule de glace à la vanille
Eau gazeuse

Dans un mixeur, mélanger à de la glace
pilée tous les ingrédients, sauf l'eau
gazeuse. Mixer brièvement jusqu'à
consistance épaisse et onctueuse et
verser dans un verre à long drinks
rafraîchi. Remplir d'eau gazeuse.

SILVER STREAK

6 doses de gin (90 ml)
3 doses de Jägermeister (45 ml)

Dans un shaker, mélanger glace pilée
et ingrédients. Bien agiter et passer
dans un verre à cocktail rafraîchi.

SINGAPORE SLING

6 doses de gin (90 ml)
2 doses de kirsch (30 ml)
2 doses de jus de citron frais (30 ml)
1 c. à café de sucre en poudre
Eau gazeuse
1 cerise au marasquin
1 rondelle d'orange

Dans un shaker, mélanger glace pilée
et ingrédients, sauf l'eau gazeuse, le
brandy et les fruits. Bien agiter et
passer sur des glaçons dans un verre à
orangeade rafraîchi. Remplir d'eau
gazeuse et verser le brandy en surface.
Garnir avec les fruits.

SINGAPORE SLING

SINK OR SWIM

4 doses de brandy (60 ml)
1 dose de vermouth doux (15 ml)
3-5 traits d'angustura

Dans un shaker, mélanger glace pilée
et ingrédients. Bien agiter et passer
dans un verre à cocktail rafraîchi.

SIR WALTER RALEIGH
COCKTAIL

4 doses de rhum brun (60 ml)
3 doses de brandy (45 ml)
1 dose de grenadine (15 ml)
1 dose de curaçao blanc (15 ml)
1 dose de jus de citron frais (15 ml)

Dans un shaker, mélanger glace pilée
et ingrédients. Bien agiter et passer
dans un verre à cocktail rafraîchi.

SLEDGEHAMMER

2 doses d'eau-de-vie de pomme
2 doses de brandy (30 ml)
2 doses de rhum paille (30 ml)
1/4 dose de Pernod

Dans un shaker, mélanger glace pilée
et ingrédients. Bien agiter et passer
dans un verre à cocktail rafraîchi.

SLEEPING BULL

8 doses de bouillon de bœuf (120 ml)
8 doses de jus de tomate (120 ml)
Tabasco à volonté
1/4 c. à café de sauce Worcestershire
1 dose de jus de citron vert frais (15 ml)
Sel de céleri à volonté
Poivre fraîchement moulu à volonté

Mélanger tous les ingrédients dans
une casserole. Chauffer en remuant,
sans faire bouillir. Verser dans une
grande tasse réchauffée.

SLEEPY HEAD

6 doses de brandy (90 ml)
5 feuilles de menthe
Ginger ale
1 zeste d'orange

Au fond d'un verre à long drinks
rafraîchi, écraser doucement les feuilles
de menthe dans le brandy. Remplir de
glaçons et de ginger ale. Remuer et
garnir avec le zeste d'orange.

SLIPPERY NIPPLE

4 doses de Sambuca blanche
(60 ml)
2 doses d'Irish Cream (30 ml)
1 trait de grenadine

Verser la Sambuca dans un verre à
cocktail rafraîchi. Verser l'Irish cream
en surface et le trait de grenadine par
dessus, juste au centre du verre.

SLOE GIN COCKTAIL

6 doses de gin à la prunelle (90 ml)
1 c. à café de vermouth sec
2 traits d'angustura

Mélanger les ingrédients à des glaçons
dans un verre doseur et passer dans un
verre à cocktail rafraîchi.

SLOE GIN FIZZ

4 doses de gin à la prunelle (60 ml)
3 doses de jus de citron frais (45 ml)
1 c. à café de sirop de canne
Eau gazeuse
1 rondelle de citron

Dans un shaker, mélanger glace pilée
et ingrédients, sauf l'eau gazeuse et la
rondelle de citron. Bien agiter et
passer sur des glaçons dans un verre à
long drinks rafraîchi. Remplir d'eau
gazeuse, remuer doucement et garnir
avec la rondelle de citron.

SLOE GIN FLIP

4 doses de gin à la prunelle (60 ml)
1 dose de crème (15 ml) et 1 de lait
1/2 c. à café de sucre en poudre
1 œuf entier
Noix muscade fraîchement râpée

Dans un shaker, mélanger glace pilée et
ingrédients, sauf la noix muscade. Agiter
vivement et verser dans un verre tulipe
rafraîchi. Saupoudrer de noix muscade.

THE ROYALTON

SLOE SCREW

SLOE GIN RICKEY

4 doses de gin à la prunelle (60 ml)
2 doses de jus de citron vert frais (30 ml)
Eau gazeuse
1 rondelle de citron vert

Verser le gin et le jus de citron vert sur des glaçons dans un verre à long drinks rafraîchi. Remplir d'eau gazeuse et remuer doucement. Garnir avec la rondelle de citron vert.

SLOE SCREW

4 doses de gin à la prunelle (60 ml)
Jus d'orange frais

Verser le gin sur des glaçons dans un verre à long drinks rafraîchi. Remplir de jus d'orange et remuer.

213

SLOE TEQUILA

4 doses de tequila silver (60 ml)
2 doses de gin à la prunelle (30 ml)
1 dose de jus de citron vert frais (15 ml)
1 rondelle de concombre

Mixer glace pilée et ingrédients, sauf le concombre, jusqu'à consistance fluide dans un mixeur. Verser dans un verre à whisky rafraîchi. Ajouter de la glace si nécessaire et garnir avec la rondelle de concombre.

SLOE VERMOUTH

4 doses de vermouth sec (60 ml)
2 doses de gin à la prunelle (30 ml)
1 dose de jus de citron frais (15 ml)

Dans un shaker, mélanger glace pilée et ingrédients. Bien agiter et passer dans un verre à cocktail rafraîchi.

SLOPPY JOE'S COCKTAIL

4 doses de rhum blanc (60 ml)
3 doses de vermouth sec (45 ml)
1/2 c. à café de grenadine
1/2 c. à café de triple sec
3 doses de jus de citron vert frais (45 ml)

Dans un shaker, mélanger glace pilée et ingrédients. Bien agiter et passer dans un verre à cocktail rafraîchi.

SLOPPY RUDY'S COCKTAIL

4 doses de brandy (60 ml)
3 doses de porto rouge (45 ml)
1/2 c. à café de grenadine
1/2 c. à café de triple sec
3 doses de jus d'ananas (45 ml)

Dans un shaker, mélanger glace pilée et ingrédients. Bien agiter et passer dans un verre à cocktail rafraîchi.

SLOW COMFORTABLE SCREW

4 doses de vodka (60 ml)
2 doses de Southern Comfort (30 ml)
1 dose de gin à la prunelle (15 ml)
Jus d'orange frais

Dans un shaker, mélanger glace pilée et ingrédients, sauf le jus d'orange. Passer sur des glaçons dans un verre à long drinks rafraîchi et remplir de jus d'orange. Bien remuer.

SMILER COCKTAIL

2 doses de vermouth sec (30 ml)
2 doses de vermouth doux (30 ml)
2 doses de gin (30 ml)
1 trait d'angustura
1/2 c. à café de jus d'orange frais

Dans un shaker, mélanger glace pilée et ingrédients. Bien agiter et passer dans un verre à cocktail rafraîchi.

SMOKIN' TEXAS MARY

6 doses de vodka (90 ml)
1 dose de jus de citron vert frais (15 ml)
1 dose de sauce barbecue (15 ml)
Tabasco à volonté
3-5 traits de sauce Worcestershire
Poivre fraîchement moulu
Jus de tomate
1 piment Jalapeño
1 rondelle de citron vert

Dans un shaker, mélanger glace pilée et ingrédients, sauf le jus de tomate, le piment et la rondelle de citron vert. Bien agiter et verser dans un verre à long drinks rafraîchi. Remplir de jus de tomate et remuer. Garnir avec le piment et la rondelle de citron vert.

SNEAKY PETE

4 doses de tequila silver ou de mescal (60 ml)
2 doses de crème de menthe blanche (30
2 doses de jus de citron vert frais (30 ml)
2 doses de jus d'ananas (30 ml)
1 rondelle de citron vert

Dans un shaker, mélanger à de la glace pilée tous les ingrédients, sauf la rondelle de citron vert. Agiter et verser dans un verre à cocktail rafraîchi. Garnir avec la rondelle de citron vert.

SNOWBALL

4 doses de gin (60 ml)
2 doses de Pernod (30 ml)
1/2 dose de crème (7,5 ml) et 1/2 de lait

Dans un shaker, mélanger glace pilée et ingrédients. Bien agiter et passer dans un verre à cocktail rafraîchi.

SOMBRERO

SOBER STRAWBERRY COLADA

2 doses de crème de noix de coco (30 ml)
10 doses de jus d'ananas (150 ml)
6 fraises fraîches
1 pointe d'ananas

Dans un mixeur, mélanger glace pilée et ingrédients, sauf la pointe d'ananas et 1 fraise. Mixer jusqu'à consistance onctueuse et verser dans un verre à long drinks rafraîchi. Garnir avec l'ananas et les fraises restantes.

SOMBRERO

4 doses de liqueur de café (60 ml)
1 dose de crème (15 ml) et 1 de lait

Verser la liqueur sur des glaçons dans un verre à whisky rafraîchi. Verser la crème et le lait en surface.

215

SOUL KISS

4 doses de bourbon (60 ml)
2 doses de vermouth sec (30 ml)
1 dose de Dubonnet rouge (15 ml)
1 dose de jus d'orange frais (15 ml)

Dans un shaker, mélanger glace pilée
et ingrédients. Bien agiter et passer
dans un verre à cocktail rafraîchi.

SOUTH PACIFIC

4 doses de brandy (60 ml)
2 doses de vodka (30 ml)
6 doses de jus d'ananas (90 ml)
2 doses de jus de citron frais (30 ml)
1/4 c. à café de grenadine

Dans un shaker, mélanger glace pilée
et ingrédients. Bien agiter et passer
dans un verre tulipe rafraîchi.

SOUTHERN BRIDE

6 doses de gin (90 ml)
1 c. à café de marasquin
4 doses de jus de pamplemousse (60 ml)

Dans un shaker, mélanger glace pilée
et ingrédients. Bien agiter et passer
dans un verre à cocktail rafraîchi.

SOUTHERN GIN COCKTAIL

6 doses de gin (90 ml)
1 dose de triple sec (15 ml)
3 traits de bitter à l'orange
1 zeste de citron

Dans un doseur, mélanger à des glaçons
tous les ingrédients, sauf le zeste de
citron. Bien remuer et verser dans un
verre à cocktail rafraîchi. Garnir avec le
zeste de citron.

SOUTHERN GINGER

4 doses de bourbon (60 ml)
1 dose d'eau-de-vie de gingembre (15 ml)
1 dose de jus de citron frais
(15 ml)
Ginger ale
1 zeste de citron

Dans un shaker, mélanger glace pilée
et ingrédients, sauf le ginger ale et le
zeste de citron. Verser dans un verre à
long drinks rafraîchi. Remplir de
ginger ale et remuer doucement.
Garnir avec le zeste de citron.

SOUTHSIDE COCKTAIL

6 doses de gin (90 ml)
3 doses de jus de citron frais (45 ml)
1 c. à café de sucre en poudre
1 brin de menthe fraîche

Dans un shaker, mélanger glace pilée et
ingrédients, sauf la menthe. Bien agiter
et verser dans un verre à cocktail
rafraîchi. Garnir avec le brin de menthe.

SOVIET COCKTAIL

6 dose de vodka (90 ml)
2 doses de manzanilla (xérès)(30 ml)
1 dose de vermouth sec (15 ml)
1 zeste de citron

Dans un shaker, mélanger à de la glace
pilée tous les ingrédients, sauf le zeste de
citron. Bien agiter et verser sur glaçons
dans un verre à whisky rafraîchi. Garnir
avec le brin de menthe.

SOYER AU CHAMPAGNE

1/4 c. à café de cognac
1/4 c. à café de marasquin
1/4 c. à café de triple sec
2 c. à soupe bombées de glace à la vanille
Champagne ou eau gazeuse
1 cerise au marasquin

Mélanger glace, cognac et liqueurs
dans un grand verre ballon rafraîchi.
Remplir de champagne et remuer
doucement. Garnir avec la cerise.

SPANISH MOSS

6 doses de tequila blanche (90 ml)
2 doses de liqueur de café (30 ml)
1 dose de crème de menthe verte (15 ml)

Mélanger les ingrédients à de la glace
pilée dans un shaker. Bien agiter et
passer sur glaçons dans un verre à
whisky rafraîchi.

SPANISH TOWN COCKTAIL

6 doses de rhum blanc (90 ml)
1 dose de triple sec (15 ml)

Mélanger les ingrédients à des glaçons
dans verre doseur et remuer. Passer
dans un verre à cocktail rafraîchi.

SPARKLING PEACH MELBA

1/4 tasse de framboises glacées
8 doses de nectar de pêche (120 ml)
Eau gazeuse

Écraser les framboises et les épépiner. Dans un shaker, les mélanger au nectar de pêche et agiter. Verser dans un verre à orangeade rafraîchi et remplir d'eau gazeuse. Remuer doucement.

SPECIAL ROUGH

4 doses d'eau-de-vie de pomme
3 doses de brandy (45 ml)
1 c. à café de Pernod

Mélanger les ingrédients à des glaçons dans un verre doseur et remuer. Passer dans un verre à cocktail rafraîchi.

SPENCER COCKTAIL

4 doses de gin (60 ml)
2 doses d'eau-de-vie d'abricot (30 ml)
1/2 c. à café de jus d'orange frais
1 trait d'angustura
1 cerise au marasquin
1 zeste d'orange

Dans un shaker, mélanger à de la glace pilée tous les ingrédients, sauf les fruits. Bien agiter et verser dans un verre à cocktail rafraîchi. Garnir avec la cerise et le zeste d'orange.

SPICED ICED COFFEE

1 litre de café noir très fort
4 bâtonnets de cannelle
12 clous de girofle
1/2 c. à café de noix muscade râpée
1/2 c. à café de gingembre râpé
Les écorces de 2 citrons et de 2 oranges coupées en fines lanières
4 morceaux de sucre

Broyer la cannelle, les clous de girofle et les écorces de fruits avec le sucre dans un pichet résistant à la chaleur. Ajouter le café chaud, remuer et mettre à rafraîchir au réfrigérateur. Servir sur de la glace dans des verres à long drinks rafraîchis. Pour 6-8 personnes.

SPRITZER

6 doses de vin rouge
ou de vin blanc (90 ml)
Eau gazeuse
1 zeste de citron

Verser le vin sur des glaçons dans un grand verre ballon rafraîchi. Remplir d'eau gazeuse et garnir avec le citron.

ST. MARK'S PLACE LEMONADE

4 doses de jus de citron frais (60 ml)
4 doses de jus de citron vert frais (60 ml)
1 c. à café de sucre en poudre
2 c. à café de sirop de fruit de la passion
Eau gazeuse
1 rondelle d'orange

Mélanger les jus de fruits, le sucre et le sirop à de la glace pilée dans un shaker. Bien agiter et passer dans un verre à long drinks presque rempli de glaçons. Compléter avec l'eau gazeuse. Remuer doucement et garnir avec la rondelle d'orange.

ST. PETERSBURG

6 doses de vodka (90 ml)
1/2 c. à café de bitter à l'orange
1 rondelle d'orange

Verser la vodka et le bitter dans un verre doseur avec de la glace pilée. Remuer et passer sur glaçons dans un verre à whisky rafraîchi. Garnir avec la rondelle d'orange.

STANLEY SPRITZER

4 doses de jus de citron vert frais
4 doses de jus d'orange frais (60 ml)
Ginger ale
1 rondelle de citron vert

Dans un shaker, mélanger glace pilée et ingrédients, sauf le ginger ale et la rondelle de citron vert. Bien agiter et passer sur des glaçons dans un verre à orangeade rafraîchi. Remplir de ginger ale et remuer doucement. Garnir avec la rondelle de citron vert.

SPRITZER

STAR COCKTAIL

4 doses d'eau-de-vie de pomme (60 ml)
2 doses de vermouth doux (30 ml)
1 trait d'angustura
1 zeste de citron

Dans un shaker, mélanger à de la glace pilée tous les ingrédients, sauf le zeste de citron. Bien agiter et passer dans un verre à cocktail rafraîchi. Garnir avec le zeste de citron.

STAR DAISY

4 doses de gin (60 ml)
3 doses d'eau-de-vie de pomme
3 doses de jus de citron frais (45 ml)
1/2 c. à café de triple sec
1 c. à café de sirop de canne

Dans un shaker, mélanger glace pilée et ingrédients. Bien agiter et passer dans un verre à cocktail rafraîchi.

STARS AND STRIPES

1 dose 1/2 de Cherry Heering
(22,5 ml)
3/4 dose de crème (11,25 ml) et 3/4 de lait
1 dose 1/2 de curaçao bleu (22,5 ml)

Dans un verre à liqueur rafraîchi,
verser avec précaution les ingrédients
selon l'ordre indiqué pour que chacun
d'eux forme une couche séparée.

STEAMING BULL

4 doses de tequila blanche (60 ml)
6 doses de bouillon de bœuf (90 ml)
6 doses de jus de tomate (90 ml)
Tabasco à volonté
1/4 c. à café de sauce Worcestershire
1 dose de jus de citron vert frais (15 ml)
Sel de céleri à volonté
Poivre fraîchement moulu à volonté

Mélanger tous les ingrédients, sauf la
tequila, dans une casserole. Chauffer
sans faire bouillir. Verser la tequila
dans une grande tasse réchauffée et
compléter avec le mélange. Remuer.

STILETTO

4 doses de bourbon (60 ml)
1 dose d'amaretto (15 ml)
2 doses de jus de citron frais (30 ml)

Mélanger les ingrédients à de la glace
pilée dans un shaker. Bien agiter et
passer sur des glaçons dans un verre à
whisky rafraîchi.

STINGER

4 doses de brandy (60 ml)
2 doses de crème de menthe blanche (30 ml)

Dans un shaker, mélanger glace pilée
et ingrédients. Bien agiter et verser
dans un verre à whisky rafraîchi.

STIRRUP CUP

4 doses de brandy (60 ml)
3 doses de kirsch (45 ml)
3 doses de jus de citron frais (45 ml)
1 c. à café de sucre en poudre

Mélanger les ingrédients à de la glace
pilée dans un shaker. Bien agiter et
passer sur des glaçons dans un verre à
whisky rafraîchi.

STINGER

STONE FENCE

4 doses de scotch (60 m¹)
1 trait d'angustura
Cidre

Verser le scotch et l'angustura sur
glaçons dans un verre à long drinks
rafraîchi. Remplir de cidre et remuer.

STRAIGHT LAW COCKTAIL

6 doses d'amontillado (xérès) (90 ml)
2 doses de gin (30 ml)

Mélanger les ingrédients à des glaçons
dans un verre doseur et remuer. Passer
dans un verre à cocktail rafraîchi.

STRAWBERRY COLADA

6 doses de rhum paille (90 ml)
2 doses de crème de noix de coco (30 ml)
8 doses de jus d'ananas (120 ml)
6 fraises fraîches
1 pointe d'ananas

Dans un mixeur, mélanger glace pilée
et ingrédients, sauf la pointe d'ananas
et 1 fraise. Mixer jusqu'à consistance
onctueuse et verser dans un verre à
orangeade rafraîchi. Garnir avec la
pointe d'ananas et la fraise restante.

STRAWBERRY COLADA

STRAWBERRY DAIQUIRI

4 doses de rhum blanc (60 ml)
2 doses de jus de citron vert frais (30 ml)
1 c. à café de sirop de canne
7 grosses fraises fraîches (ou, hors saison, congelées)

Mixer à de la glace pilée tous les ingrédients, sauf 1 fraise, jusqu'à consistance onctueuse. Verser dans un verre à cocktail rafraîchi. Garnir avec la fraise restante.

STRAWBERRY MARGARITA

4 doses de tequila silver (60 ml)
1 c. à café de triple sec
1 dose de sirop de fraise (15 ml)
4 doses de jus de citron vert frais (60 ml)
1 fraise fraîche
Sel
1 quartier de citron vert

Givrer un verre à cocktail rafraîchi, en humectant le bord avec le quartier de citron vert et en le plongeant dans le sel. Dans un shaker, mélanger les autres ingrédients à de la glace pilée. Bien agiter. Passer dans le verre à cocktail rafraîchi et givré. Garnir avec la fraise fraîche.

221

STRAWBERRY-BANANA KEFIR

1 banane émincée
1 tasse de fraises fraîches
2 doses de miel (30 ml)
16 doses de yaourt à la vanille (240 ml)
16 doses de jus de pomme (240 ml)

Mixer jusqu'à consistance onctueuse les ingrédients, sauf le jus de pomme. Verser lentement le jus de pomme en continuant à mixer à faible vitesse, jusqu'à consistance liquide. Mettre au frais dans un pichet et servir dans des verres à long drinks, garnis avec les fraises fraîches. Pour 4 personnes.

N.B. À partir de la combinaison miel/yaourt/fruits, vous pouvez créer d'autres cocktails.

SUBMARINO

STREGA FLIP

4 doses de Strega (60 ml)
2 doses de brandy (30 ml)
2 doses de jus de citron frais (30 ml)
3 doses de jus d'orange frais (45 ml)
1 dose de sirop de canne (15 ml)
1 œuf entier
Noix muscade fraîchement râpée

Mixer glace pilée et ingrédients, sauf la muscade, jusqu'à consistance onctueuse. Verser dans un verre à long drinks rafraîchi. Saupoudrer de noix muscade.

STREGA SOUR

4 doses de gin (60 ml)
2 doses de Strega (30 ml)
2 doses de jus de citron frais (30 ml)
1 rondelle de citron

Dans un shaker, mélanger glace pilée et ingrédients, sauf la rondelle de citron. Agiter et passer dans un verre tulipe rafraîchi. Garnir avec le citron.

SUBMARINO

4 doses de tequila blanche (60 ml)
Bière

Remplir aux 3/4 une chope de bière. Verser la tequila dans un verre à digestif. Verser le verre de tequila dans la bière.

SUBWAY COOLER

4 doses de cidre de cerise (60 ml)
8 doses de jus d'orange frais (120 ml)
Ginger ale
1 cerise au marasquin

Dans un shaker, mélanger glace pilée et ingrédients, sauf le ginger ale. Passer sur glaçons dans un verre à long drinks rafraîchi. Compléter avec du ginger ale et remuer doucement. Garnir avec la cerise.

SUFFERING BASTARD

4 doses de gin (60 ml)
3 doses de brandy (45 ml)
1 dose de jus de citron vert frais (15 ml)
1 c. à café de sirop de canne
1 c. à soupe d'angustura
Bière au gingembre
1 rondelle de concombre
1 brin de menthe
1 rondelle de citron vert

Verser l'angustura dans un verre à orangeade. Tourner le verre jusqu'à ce que l'intérieur soit nappé. Jeter l'excédent. Remplir le verre de glaçons et ajouter le gin, le brandy, le jus de citron vert et le sirop de canne. Bien remuer et compléter avec de la bière au gingembre. Remuer doucement et garnir avec une rondelle de concombre, une rondelle de citron et un brin de menthe.

SUFFERING BASTARD

SUISSESSE COCKTAIL

4 doses de Pernod (60 ml)
1/2 dose de crème (7,5 ml) et 1/2 de lait
1 blanc d'œuf

Dans un shaker, mélanger glace pilée
et ingrédients. Agiter vivement et
passer dans un verre à cocktail
rafraîchi.

SUN TEA

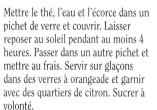

2 c. à soupe de thé
60 doses d'eau (900 ml)
Écorce d'un citron
Sucre à volonté
Quartiers de citron

Mettre le thé, l'eau et l'écorce dans un
pichet de verre et couvrir. Laisser
reposer au soleil pendant au moins 4
heures. Passer dans un autre pichet et
mettre au frais. Servir sur glaçons
dans des verres à orangeade et garnir
avec des quartiers de citron. Sucrer à
volonté.

SWAMP WATER

SUNDOWNER

4 doses de rhum blanc (60 ml)
2 doses de jus de citron vert (30 ml)
1/4 de c. à café de marasquin
1/4 de c. à café de curaçao blanc
Tonic
1 rondelle de citron vert

Dans un shaker, mélanger glace pilée
et ingrédients, sauf le tonic et la
rondelle de citron vert. Passer sur
glaçons dans un verre à long drinks
rafraîchi. Remplir de tonic et remuer
doucement. Garnir avec le citron vert.

SWAMP WATER

4 doses de rhum brun (60 ml)
1 dose de curaçao bleu (15 ml)
3 doses de jus d'orange frais (30 ml)
1 dose de jus de citron frais (15 ml)

Dans un shaker, mélanger glace pilée
et ingrédients. Bien agiter et passer
sur glaçons dans un verre à whisky
rafraîchi.

SWEET AND SOUR BOURBON

4 doses de bourbon (60 ml)
2 doses de citron frais (30 ml)
6 doses de jus d'orange frais (90 ml)
Sel
Sucre
1 cerise au marasquin

Dans un shaker, mélanger à de la glace
pilée tous les ingrédients, sauf la
cerise. Bien agiter et passer dans un
verre tulipe rafraîchi. Garnir avec la
cerise.

SWEET JANE

4 doses de jus d'orange frais
(60 ml)
4 doses de jus de citron vert frais (60 ml)
2 doses de crème de noix de coco (30 ml)
1 dose de sirop d'orgeat (15 ml)

Dans un mixeur, mélanger glace pilée
et ingrédients. Mixer à faible vitesse
jusqu'à consistance onctueuse. Verser
dans un grand verre ballon rafraîchi.

SWEET MARTINI

6 doses de gin (90 ml)
1 dose de vermouth doux (15 ml)
1 trait de bitter à l'orange
1 zeste d'orange

Dans un verre doseur, verser tous les
ingrédients, sauf le zeste d'orange, avec
des glaçons. Bien remuer et passer
dans un verre à cocktail rafraîchi.
Garnir avec le zeste d'orange torsadé.

T

TAHITI CLUB

6 doses de rhum ambré (90 ml)
1 dose de marasquin (15 ml)
2 doses de jus d'ananas (30 ml)
1 dose de jus de citron frais (15 ml)
1 dose de jus de citron vert frais (15 ml)
1 rondelle d'orange

Dans un shaker, mélanger glace pilée
et ingrédients, sauf la rondelle
d'orange. Verser dans un verre à
whisky rafraîchi et garnir avec la
rondelle d'orange.

TAHOE JULIUS

4 doses de vodka (60 ml)
8 doses de jus d'orange frais (120 ml)
1 dose de crème (15 ml) et 1 de lait
1 c. à café de sirop de canne
1 œuf entier

Mixer glace pilée et ingrédients jusqu'à
consistance onctueuse. Verser dans un
verre ballon rafraîchi.

TAILSPIN

4 doses de gin (60 ml)
3 doses de chartreuse verte (45 ml)
3 doses de vermouth doux (45 ml)
1 trait de bitter à l'orange
1 zeste de citron
1 cerise au marasquin

Dans un verre doseur, verser glaçons
et ingrédients, sauf la cerise et le zeste.
Bien remuer et passer dans un verre à
cocktail rafraîchi. Garnir avec le zeste
de citron et la cerise.

TAMARINDO

4 doses de sirop de tamarin 560 ml)
2 doses de grenadine (30 ml)
Jus de pamplemousse

Mélanger les ingrédients, sauf le jus de
pamplemousse à de la glace pilée dans
un shaker. Bien agiter et verser sur
glaçons dans un verre à orangeade
rafraîchi. Compléter avec du jus de
pamplemousse et remuer.

TANGO COCKTAIL

4 doses de gin (60 ml)
2 doses de vermouth sec (30 ml)
2 doses de vermouth doux (30 ml)
1 dose de triple sec (15 ml)

Dans un shaker, mélanger glace pilée
et ingrédients. Bien agiter et passer
dans un verre à cocktail rafraîchi.

TEA SANDWICH

8 doses de jus d'ananas
(120 ml)
1/2 tasse de cocncombre épluché, épépiné
et haché
4 brins de cresson
1 brin de menthe fraîche
1 brin de persil
1/2 c. à café de jus de citron vert frais

Mixer glace pilée et ingrédients jusqu'à
consistance onctueuse. Verser dans un
verre à orangeade rafraîchi.

TEMPTATION COCKTAIL

4 doses de whisky (60 ml)
1 dose de Cointreau (15 ml)
1 dose de Dubonnet rouge (15 ml)
1 c. à café de Pernod
1 zeste de citron

Dans un shaker, mélanger glace pilée
et ingrédients, sauf le zeste de citron.
Bien agiter et passer dans un verre à
cocktail rafraîchi. Garnir avec le zeste
de citron.

TEMPTER COCKTAIL

4 doses de porto rouge (60 ml)
3 doses de d'eau-de-vie d'abricot

Verser les ingrédients dans un verre
doseur avec des glaçons et remuer.
Passer dans un verre à cocktail
rafraîchi.

TEN-GALLON COCKTAIL

2 doses de gin (30 ml)
2 doses de liqueur de café (30 ml)
2 doses de vermouth doux (30 ml)
1 jaune d'œuf

Mixer tous les ingrédients dans un
mixeur ou un shaker. Verser dans un
verre à whisky rafraîchi.

TENNESSEE

4 doses de whisky de seigle (60 ml)
2 doses de marasquin (30 ml)
2 doses de jus de citron frais (30 ml)

Dans un shaker, mélanger glace pilée
et ingrédients. Bien agiter et passer
dans un verre à cocktail rafraîchi.

TEQUILA COCKTAIL

6 doses de tequila (90 ml)
2 doses de jus de citron vert frais (30 ml)
1/4 de c. à café de grenadine
1 trait d'angustura

Dans un shaker, mélanger glace pilée
et ingrédients. Bien agiter et passer
dans un verre à cocktail rafraîchi.

TEQUILA COLLINS

4 doses de tequila silver (60 ml)
2 doses de jus de citron frais (30 ml)
1 c. à café de sirop de canne
Eau gazeuse
1 cerise au marasquin

Verser la tequila sur glaçons dans un
verre à orangeade rafraîchi. Ajouter le
jus de citron et le sirop. Bien remuer
et ajouter de l'eau gazeuse. Remuer
doucement et garnir avec la cerise.

TEQUILA FIZZ

6 doses de tequila blanche (90 ml)
2 doses de jus de citron vert frais (30 ml)
2 doses de grenadine (30 ml)
1 blanc d'œuf
Ginger ale

Dans un shaker, mélanger glace pilée
et ingrédients, sauf le ginger ale. Agiter
vivement et passer sur glaçons dans un
verre à orangeade rafraîchi. Remplir de
ginger ale. Remuer doucement.

TEQUILA GHOST

4 doses de tequila silver (60 ml)
2 doses de Pernod (30 ml)
1 dose de jus de citron frais (15 ml)

Dans un shaker, mélanger glace pilée
et ingrédients. Bien agiter et passer
dans un verre à cocktail rafraîchi.

TEQUILA GIMLET

6 doses de tequila silver (90 ml)
2 doses de jus de citron vert (30 ml)
1 rondelle de citron vert

Verser la tequila et le jus de citron vert
dans un verre à whisky rafraîchi avec
des glaçons. Remuer et garnir avec la
rondelle de citron vert.

TEQUILA MANHATTAN

6 doses de tequila ambrée (90 ml)
2 doses de vermouth doux (30 ml)
1 c. à café de jus de citron vert frais
1 cerise au marasquin
1 rondelle d'orange

Dans un shaker, mélanger glace pilée
et ingrédients, sauf les fruits. Bien
agiter et passer sur glaçons dans un
verre à whisky rafraîchi. Garnir avec
les fruits.

TEQUILA MOCKINGBIRD

TEQUILA MARIA

4 doses de tequila blanche (60 ml)
8 doses de jus de tomate (120 ml)
1 dose de jus de citron vert frais (15 ml)
1 c. à café de raifort
Tabasco à volonté
3-5 traits de sauce Worcestershire
Poivre noir du moulin à volonté
Sel de céleri à volonté
1 pincée de coriandre
1 quartier de citron vert

Dans un doseur, verser glaçons et
ingrédients, sauf le quartier de citron
vert. Verser dans un verre à long drinks
rafraîchi. Garnir avec le citron vert.

TEQUILA
MOCKINGBIRD

4 doses de tequila silver (60 ml)
2 doses de crème de menthe blanche (30 ml)
2 doses de jus de citron vert frais (30 ml)

Dans un shaker, mélanger glace pilée
et ingrédients. Bien agiter et passer
dans un verre à cocktail rafraîchi.

TEQUILA OLD-FASHIONED

4 doses de tequila ambrée (60 ml)
1 c. à café de sucre
3-5 traits d'angustura
Eau gazeuse
1 cerise au marasquin

Mélanger le sucre, l'eau et l'angustura au fond d'un verre à whisky. Remplir le verre de glaçons et ajouter la tequila. Bien remuer et garnir avec la cerise.

TEQUILA SHOT

4 doses de tequila de votre choix (60 ml)
1 quartier de citron
Sel

Verser la tequila dans un verre à digestif. Mouiller le bout du pouce et de l'index et prendre du sel entre ces deux doigts. Lécher le sel, puis prendre une gorgée de tequila et sucer le quartier de citron.

TEQUILA SOUR

4 doses de tequila (60 ml)
3 doses de jus de citron frais (45 ml)
1 c. à café de sucre
1 rondelle de citron
1 cerise au marasquin

Dans un shaker, mélanger glace pilée et ingrédients, sauf les fruits. Bien agiter et passer dans un verre tulipe rafraîchi. Garnir avec les fruits.

TEQUILA STINGER

4 doses de tequila ambrée (60 ml)
2 doses de crème de menthe blanche (30 ml)

Dans un shaker, mélanger glace pilée et ingrédients. Bien agiter et passer dans un verre à cocktail rafraîchi.

TEQUILA SUNRISE

TEQUILA SUNRISE

4 doses de tequila silver (60 ml)
Jus d'orange frais
2 doses de grenadine (30 ml)

Verser la tequila sur glaçons dans un
verre à long drinks. Remplir le verre
de jus d'orange, en laissant un espace.
Remuer et verser lentement la
grenadine.

TEQUINI

6 doses de tequila silver (90 ml)
1 dose de vermouth sec (15 ml)
1 trait d'angustura
1 zeste de citron

Dans un verre doseur, verser glaçons et
ingrédients, sauf le zeste de citron.
Passer dans un verre à cocktail
rafraîchi. Garnir avec le zeste de citron.

TEQUONIC

4 doses de tequila silver (60 ml)
3 doses de jus de citron vert frais (45 ml)
Tonic
1 quartier de citron vert

Verser la tequila sur glaçons dans un verre à long drinks. Ajouter le jus et remuer. Compléter avec le tonic et garnir avec le quartier de citron vert.

TEXAS VIRGIN

2 doses de jus de citron vert (30 ml)
2 doses de sauce barbecue (30 ml)
Tabasco à volonté
3-5 traits de sauce Worcestershire
Poivre noir du moulin
Jus de tomate
1 piment jalapeño au vinaigre
1 rondelle de citron vert

Dans un shaker, mélanger glace pilée et ingrédients, sauf le jus de tomate, le piment et la rondelle de citron vert. Bien agiter et verser dans un verre à long drinks rafraîchi. Compléter avec le jus de tomate et remuer. Garnir avec le piment jalapeño et le citron vert.

THANKSGIVING SPECIAL COCKTAIL

4 doses de gin (60 ml)
3 doses d'eau-de-vie d'abricot (45 ml)
2 doses de vermouth sec (30 ml)
1 dose de jus de citron frais (15 ml)
1 cerise au marasquin

Dans un shaker, mélanger glace pilée et ingrédients, sauf la cerise. Agiter et passer dans un verre à cocktail rafraîchi. Remplir de jus de tomate et remuer. Garnir avec la cerise.

THIRD DEGREE COCKTAIL

6 doses de gin (90 ml)
2 doses de vermouth sec (30 ml)
1 dose de Pernod (15 ml)

Dans un verre doseur, verser les ingrédients avec des glaçons. Remuer et passer dans un verre à cocktail rafraîchi.

THIRD RAIL COCKTAIL

4 doses d'eau-de-vie de pomme (60 ml)
4 doses de brandy (60 ml)
1 dose de rhum blanc (15 ml)
1/4 de c. à café de Pernod

Dans un shaker, mélanger glace pilée et ingrédients. Bien agiter et passer dans un verre à cocktail rafraîchi.

THISTLE COCKTAIL

4 doses de scotch (60 ml)
3 doses de vermouth doux (45 ml)
3 traits d'angustura

Dans un doseur, verser les ingrédients avec des glaçons. Remuer et passer dans un verre à cocktail rafraîchi.

THREE MILLER COCKTAIL

4 doses de rhum blanc (60 ml)
2 doses de brandy (30 ml)
1 dose de grenadine (15 ml)
1 dose de jus de citron frais (15 ml)

Mélanger les ingrédients à de la glace dans un shaker. Bien agiter et passer dans un verre à cocktail rafraîchi.

THREE STRIPES COCKTAIL

4 doses de gin (60 ml)
2 doses de vermouth sec (30 ml)
2 doses de jus d'orange frais (30 ml)

Dans un shaker, mélanger glace pilée et ingrédients. Bien agiter et passer dans un verre à cocktail rafraîchi.

THUNDER COCKTAIL

4 doses de brandy (60 ml)
1 c. à café de sucre
1/4 de c. à café de piment de Cayenne
1 jaune d'œuf

Dans un shaker, mélanger glace pilée et ingrédients. Agiter vivement et verser dans un verre à cocktail rafraîchi.

THUNDERCLAP

4 doses de whisky (60 ml)
2 doses de brandy (30 ml)
2 doses de gin (30 ml)

Dans un shaker, mélanger glace pilée et ingrédients. Bien agiter et passer dans un verre à cocktail rafraîchi.

TIDBIT

4 doses de gin (60 ml)
1 dose de fino (xérès)(15 ml)
1 boule de glace à la vanille

Mixer glace pilée et ingrédients jusqu'à consistance onctueuse. Verser dans un verre à long drinks rafraîchi.

TIGER TAIL

4 doses de Pernod (60 ml)
8 doses de jus d'orange frais (120 ml)
1/4 de c. à café de Cointreau
1 quartier de citron vert

Dans un mixeur, mélanger glace pilée et ingrédients, sauf le citron vert. Mixer jusqu'à consistance onctueuse et verser dans un verre ballon rafraîchi. Garnir avec le quartier de citron vert.

TIGER'S MILK

4 doses de rhum ambré (60 ml)
3 doses de cognac (45 ml)
10 doses de lait (150 ml)
1 c. à café de sirop de canne
Cannelle en poudre

Dans un mixeur, mélanger glace pilée et ingrédients, sauf la cannelle. Mixer jusqu'à consistance onctueuse et verser dans un verre ballon rafraîchi. Saupoudrer de cannelle.

TINTORETTO

4 doses de poire William
(60 ml)
1/4 de tasse de poire écrasée en purée
Champagne ou vin mousseux

Verser la purée de poire dans un grand
verre ballon rafraîchi. Ajouter la poire
William et verser du champagne en
surface. Remuer doucement.

TIPPERARY
COCKTAIL

4 doses de whiskey irlandais (60 ml)
2 doses de chartreuse verte (30 ml)
1 dose de vermouth doux (15 ml)

Dans un shaker, mélanger glace pilée
et ingrédients. Bien agiter et passer
dans un verre à cocktail rafraîchi.

TOASTED ALMOND

4 doses de liqueur de café (60 ml)
3 doses d'amaretto (45 ml)
2 doses de crème (30 ml) et 2 de lait

Dans un shaker, mélanger glace pilée
et ingrédients. Bien agiter et passer
dans un verre à whisky rafraîchi, sur
glaçons.

TOM AND JERRY

4 doses de rhum blanc (60 ml)
2 doses de brandy (30 ml)
12 doses de lait chaud (180 ml)
1 œuf entier, jaune et blanc séparés
Sucre en poudre
Noix muscade fraîchement râpée

Battre séparément le blanc et le jaune
de l'œuf, puis les mélanger dans une
grande tasse. Ajouter le sucre et battre
à nouveau. Verser le rhum et le
brandy. Ajouter le lait chaud et remuer
doucement. Saupoudrer de noix
muscade.

TOM COLLINS

6 doses de gin (90 ml)
4 doses de jus de citron frais (60 ml)
1 dose de sirop de canne (15 ml)
Eau gazeuse
1 cerise au marasquin
1 rondelle d'orange

Mélanger les ingrédients, sauf les
fruits et l'eau gazeuse, dans un verre à
orangeade rafraîchi, rempli de glaçons.
Remplir d'eau gazeuse et remuer
doucement. Garnir avec les fruits.

TOMATO
COCKTAIL

32 doses de jus de tomate
(480 ml)
2 doses de vinaigre de vin (30 ml)
1/2 c. à café de sel
1/8 de c. à café de paprika
1/2 c. à café de basilic
1/2 c. à café de poivre noir du moulin
1 concombre épluché, épépiné et écrasé
4 quartiers de citron vert

Mélanger tous les ingrédients, sauf les
quartiers de citron vert, dans un pichet
de verre. Bien remuer et mettre au
frais. Servir sur glaçons dans des verres
à long drinks garnis de citron vert.

TOREADOR

4 doses de tequila blanche
(60 ml)
2 doses de crème de cacao noir (30 ml)
1 dose de crème (15 ml) et 1 de lait
Crème fouettée
Cacao en poudre

Mixer glace pilée et ingrédients, sauf la
crème fouettée et le cacao, jusqu'à
consistance onctueuse. Verser dans un
grand verre ballon rafraîchi.
Couronner de crème fouettée et
saupoudrer de cacao en poudre.

TORPEDO

4 doses d'eau-de-vie de pomme
2 doses de brandy (30 ml)
1/4 de c. à café de gin

Dans un shaker, mélanger glace pilée
et ingrédients. Bien agiter et passer
dans un verre à cocktail rafraîchi.

TORRIDORA COCKTAIL

4 doses de rhum blanc (60 ml)
1 c. à soupe de rhum très fort
2 doses de liqueur de café (30 ml)
1/2 dose de crème (7,5 ml) et 1/2 de lait

Dans un shaker, mélanger à de la glace pilée tous les ingrédients, sauf le rhum. Bien agiter et passer dans un verre à cocktail rafraîchi. Verser le rhum en surface.

TOVARISCH COCKTAIL

6 doses de vodka (90 ml)
3 doses de Jägermeister (45 ml)
2 doses de jus de citron vert frais (30 ml)

Dans un shaker, mélanger glace pilée et ingrédients. Bien agiter et passer dans un verre à cocktail rafraîchi.

TRADE WINDS

4 doses de rhum ambré (60 ml)
2 doses de slivovitz (30 ml)
2 doses de jus de citron vert frais
1 dose de Falernum (15 ml)

Dans un shaker, mélanger glace pilée et ingrédients. Bien agiter et passer dans un verre à cocktail rafraîchi.

TRILBY COCKTAIL

6 doses de bourbon (90 ml)
2 doses de vermouth doux (30 ml)
3 traits d'angustura

Dans un shaker, mélanger glace pilée et ingrédients. Bien agiter et passer dans un verre à cocktail rafraîchi.

TROIS RIVIERES

4 doses de whiskey canadien
(60 ml)
1 dose de Dubonnet rouge (15 ml)
1 c. à soupe de Cointreau
1 zeste d'orange

Dans un shaker, mélanger glace pilée et ingrédients, sauf le zeste d'orange. Bien agiter et passer dans un verre à cocktail rafraîchi. Garnir avec le zeste d'orange.

TROLLEY COOLER

6 doses de bourbon (90 ml)
Jus d'airelle rouge
Jus de pamplemousse

Verser le bourbon sur glaçons dans un verre à orangeade. Ajouter les jus à parts égales. Bien remuer.

TROPICAL COCKTAIL

4 doses de crème de cacao blanc
(60 ml)
3 doses de marasquin (45 ml)
2 doses de vermouth sec (30 ml)
1 trait d'angustura

Dans un shaker, mélanger glace pilée et ingrédients. Bien agiter et passer dans un verre à cocktail rafraîchi.

TROPICAL STORM

4 doses de jus d'ananas (60 ml)
4 doses de jus de citron vert frais (60 ml)
2 doses de sirop de fruit de la passion (30 ml)
1/2 c. à café de sirop d'orgeat
1 pointe d'ananas

Dans un shaker, mélanger glace pilée et ingrédients, sauf la pointe d'ananas. Bien agiter et passer dans un verre à whisky rafraîchi. Garnir avec la pointe d'ananas.

TULIP COCKTAIL

4 doses d'eau-de-vie de pomme (60 ml)
3 doses de vermouth doux
(45 ml)
1 dose d'eau-de-vie d'abricot (15 ml)
1 dose de jus de citron frais (15 ml)

Dans un shaker, mélanger glace pilée et ingrédients. Bien agiter et passer dans un verre à cocktail rafraîchi.

TURF COCKTAIL

4 doses de gin (60 ml)
2 doses de vermouth sec (30 ml)
1 dose de Pernod (15 ml)
1 dose de jus de citron frais (15 ml)
3 traits d'angustura

Dans un shaker, mélanger glace pilée et ingrédients. Bien agiter et passer dans un verre à cocktail rafraîchi.

TUTTI-FRUTTI

6 doses de gin (90 ml)
2 doses d'amaretto (30 ml)
2 doses de cherry (30 ml)
Pomme fraîche hachée
Poire fraîche hachée
Pêche fraîche hachée

Mixer glace pilée et ingrédients jusqu'à consistance onctueuse. Verser dans un verre à long drinks rafraîchi.
N.B. Vous pouvez utilisez des fruits au sirop à condition que la conserve ne comporte pas de sucre ajouté.

TUXEDO COCKTAIL

4 doses de gin (60 ml)
3 doses de vermouth doux (45 ml)
1/2 c. à café de marasquin
3 traits de bitter à l'orange
1 cerise au marasquin

Dans un verre doseur, mélanger les ingrédients avec des glaçons. Remuer et passer dans un verre à cocktail rafraîchi. Garnir avec la cerise.

TWIN HILLS

4 doses de bourbon (60 ml)
1 dose de Bénédictine (15 ml)
1 dose de jus de citron frais (15 ml)
1 dose de jus de citron vert frais (15 ml)
1 c. à café de sirop de canne
1 rondelle de citron
1 rondelle de citron vert

Dans un shaker, mélanger glace pilée et ingrédients, sauf les fruits. Passer dans un verre tulipe rafraîchi et garnir avec les fruits.

TWIN SIX COCKTAIL

4 doses de gin (60 ml)
2 doses de vermouth doux (30 ml)
1 trait de grenadine
1 blanc d'œuf

Dans un shaker, mélanger glace pilée et ingrédients. Agiter vivement et passer dans un verre à cocktail rafraîchi.

U, V

ULANDA COCKTAIL

4 doses de gin (60 ml)
2 doses de triple sec (30 ml)
1 c. à café de Pernod

Dans un doseur, mélanger ingrédients
et glaçons. Remuer et passer dans un
verre à cocktail rafraîchi.

UNDER THE BOARDWALK

4 doses de jus de citron frais (60 ml)
1/2 c. à café de sucre
1/2 pêche fraîche, pelée et émincée
Framboises fraîches
Eau gazeuse

Mixer glace pilée et ingrédients, sauf
les framboises et l'eau gazeuse, jusqu'à
consistance onctueuse. Verser dans un
verre à long drinks rafraîchi. Remplir
d'eau gazeuse et remuer doucement.
Garnir avec les framboises fraîches.

UNION JACK

4 doses de grenadine (60 ml)
2 doses de gin à la prunelle (30 ml)
1 c. à café de grenadine

Dans un shaker, mélanger glace pilée
et ingrédients. Bien agiter et passer
dans un verre à cocktail rafraîchi.

UNION LEAGUE CLUB

4 doses de gin (60 ml)
2 doses de porto rouge (30 ml)
3-5 traits de bitter à l'orange
1 zeste d'orange

Dans un shaker, mélanger glace pilée
et ingrédients, sauf le zeste d'orange.
Bien agiter et passer dans un verre à
cocktail rafraîchi. Garnir avec le zeste
d'orange.

VALENCIA COCKTAIL

4 doses de gin (60 ml)
2 doses d'amontillado (xérès)(30 ml)
1 zeste de citron

Dans un verre doseur, mélanger les
ingrédients avec des glaçons. Remuer
et passer dans un verre à cocktail
rafraîchi. Garnir avec le citron.

VANDERBILT COCKTAIL

4 doses de brandy (60 ml)
2 doses de kirsch (30 ml)
1/2 c. à café de sucre
3 traits d'angustura

Dans un shaker, mélanger glace pilée
et ingrédients. Bien agiter et passer
dans un verre à cocktail rafraîchi.

VANITY FAIR

4 doses d'eau-de-vie de pomme (60 ml)
2 doses de kirsch (30 ml)
1 dose de marasquin (15 ml)
1 c. à soupe d'amaretto

Dans un shaker, mélanger à de la glace
pilée tous les ingrédients, sauf
l'amaretto. Passer dans un verre à
cocktail rafraîchi. Verser l'amaretto en
surface.

VELVET HAMMER

6 doses de vodka (90 ml)
2 doses de crème de cacao noir (30 ml)
1 dose de crème (15 ml) et 1 de lait

Dans un shaker, mélanger glace pilée
et ingrédients. Bien agiter et passer
dans un verre à cocktail rafraîchi.

VELVET HAMMER

VELVET KISS

4 doses de gin (60 ml)
1 dose de crème de banane
(15 ml)
2 doses de jus d'ananas (30 ml)
1 dose de crème (15 ml) et 1 de lait
1 trait de grenadine

Dans un shaker, mélanger glace pilée
et ingrédients. Bien agiter et passer
dans un verre à cocktail rafraîchi.

VERMOUTH CASSIS

4 doses de vermouth sec (60 ml)
2 doses de crème de cassis (30 ml)
Eau gazeuse

Verser le vermouth et le cassis sur
glaçons dans un verre à long drinks
rafraîchi. Compléter avec de l'eau
gazeuse et remuer doucement.

VERMOUTH COCKTAIL

3 doses de vermouth sec (45 ml)
3 doses de vermouth doux (45 ml)
1 trait d'angustura
1 cerise au marasquin

Dans un doseur, mélanger tous les
ingrédients avec des glaçons. Remuer
et passer dans un verre à cocktail
rafraîchi. Garnir avec la cerise.

VERONA COCKTAIL

4 doses de gin (60 ml)
2 doses d'amaretto (30 ml)
1 dose de vermouth doux (15 ml)
1/4 de c. à café de jus de citron frais
1 rondelle d'orange

Dans un shaker, mélanger glace pilée
et ingrédients, sauf la rondelle
d'orange. Bien agiter et passer dans un
verre à whisky rafraîchi, sur glaçons.
Garnir avec la rondelle d'orange.

VIA VENETO

4 doses de brandy (60 ml)
2 doses de Sambuca blanche (30 ml)
2 doses de jus de citron frais (30 ml)
1/2 c. de sucre
1 blanc d'œuf

Dans un shaker, mélanger tous les
ingrédients à de la glace pilée. Agiter
vivement et verser dans un verre à
whisky rafraîchi.

VICTOR

4 doses de gin (60 ml)
2 doses de brandy (30 ml)
1 dose de vermouth doux (15 ml)

Dans un shaker, mélanger glace pilée
et ingrédients. Bien agiter et passer
dans un verre à cocktail rafraîchi.

VICTORY

4 doses de Pernod (60 ml)
2 doses de grenadine (30 ml)
Eau gazeuse

Dans un shaker, mélanger glace pilée
et ingrédients, sauf l'eau gazeuse.
Verser dans un verre à long drinks
rafraîchi et compléter avec de l'eau
gazeuse. Remuer doucement.

VIRGIN ISLAND

6 doses de jus d'ananas (90 ml)
2 doses de crème de noix de coco (30 ml)
2 doses de jus de citron vert frais (30 ml)
1/2 c. à café de sirop d'orgeat
1 pointe d'ananas

Mixer glace pilée et ingrédients, sauf la
pointe d'ananas, jusqu'à consistance
onctueuse. Verser dans un verre à long
drinks rafraîchi. Garnir avec la pointe
d'ananas.

VIRGIN MARY

8 doses de jus de tomate (90 ml)
2 doses de jus de citron vert frais (30 ml)
1/4 de c. à café de raifort
3-5 traits de Tabasco
3-5 traits de sauce Worcestershire
Poivre noir du moulin à volonté
Sel à volonté
1 quartier de citron vert

Dans un shaker, mélanger glace pilée
et ingrédients, sauf le quartier de
citron vert. Bien agiter et verser dans
un verre à long drinks rafraîchi.
Garnir avec le quartier de citron vert.

VIVA VILLA

4 doses de tequila silver (60 ml)
4 doses de jus de citron vert (60 ml)
1 c. à café de sucre en poudre
1 quartier de citron vert
Sel

Givrer un verre à whisky rafraîchi, en
humectant préalablement le bord avec
le quartier de citron vert et en le
plongeant dans le sel. Jeter le citron.
Dans un shaker, mélanger tous les
ingrédients à de la glace pilée. Bien
agiter et passer dans le verre à whisky,
sur glaçons

VODKA AND TONIC

6 doses de vodka (90 ml)
Tonic
1 quartier de citron vert

Verser la vodka sur glaçons dans un
verre à orangeade rafraîchi. Remplir de
tonic et remuer. Garnir avec le citron.

VODKA COLLINS

6 doses de vodka (90 ml)
4 doses de jus de citron vert frais (60 ml)
1 dose de sirop de canne (15 ml)
Eau gazeuse
1 cerise au marasquin
1 rondelle d'orange

Verser tous les ingrédients, sauf les
fruits et l'eau gazeuse, dans un verre à
orangeade rafraîchi rempli de glaçons.
Compléter d'eau gazeuse et remuer
doucement. Garnir avec les fruits.

VODKA COOLER

4 doses de vodka (60 ml)
1/2 c. à café de sucre
Eau gazeuse
1 écorce de citron

Délayer le sucre dans la vodka au fond
d'un verre à orangeade. Ajouter des
glaçons et remplir d'eau gazeuse.
Remuer et garnir avec le citron.

VODKA DAISY

6 doses de vodka (90 ml)
2 doses de jus de citron frais (30 ml)
1 c. à soupe de grenadine
1 c. à café de sirop de canne
Eau gazeuse
1 rondelle d'orange

Dans un shaker, mélanger glace pilée
et ingrédients, sauf l'eau gazeuse et la
rondelle d'orange. Agiter et verser dans
un verre à long drinks rafraîchi. Verser
l'eau gazeuse en surface et remuer.
Garnir avec la rondelle d'orange.

VODKA GIMLET

6 doses de vodka (90 ml)
2 doses de jus de citron vert (30 ml)
1 rondelle de citron vert

Verser la vodka et le jus de citron vert
dans un verre à whisky rempli de
glaçons. Remuer et garnir avec le
quartier de citron vert.

VODKA GRASSHOPPER

4 doses de vodka (60 ml)
4 doses de crème de menthe verte (60 ml)
4 doses de crème de cacao blanc (60 ml)

Dans un shaker, mélanger glace pilée
et ingrédients. Bien agiter et passer
dans un verre à cocktail rafraîchi.

VODKA MARTINI

6 doses de vodka glacée (90 ml)
1/8 ou 1/4 de c. à café de vermouth doux
Olive verte

Dans un doseur, mélanger la vodka et
le vermouth à de la glace pilée. Bien
remuer et passer dans un verre à
cocktail rafraîchi. Garnir avec l'olive.

VODKA SLING

4 doses de vodka (60 ml)
1 dose de jus de citron frais (15 ml)
1 c. à café d'eau
1 c. à café de sucre
1 zeste d'orange

Délayer le sucre dans l'eau et le jus de
citron au fond d'un verre doseur.
Ajouter la vodka et remuer. Verser sur
glaçons dans un verre à whisky
rafraîchi et garnir le zeste d'orange.

VODKA SOUR

4 doses de vodka (60 ml)
3 doses de jus de citron frais (45 ml)
1 c. à café de sucre
1 rondelle de citron
1 cerise de marasquin

Dans un shaker, mélanger glace pilée
et ingrédients, sauf les fruits. Bien
agiter et passer dans un verre tulipe
rafraîchi. Garnir avec les fruits.

VODKA STINGER

4 doses de vodka (60 ml)
2 doses de crème de menthe blanche

Dans un shaker, mélanger glace pilée
et ingrédients. Bien agiter et passer
dans un verre à cocktail rafraîchi.

VOLGA BOATMAN

4 doses de vodka (60 ml)
2 doses de kirsch (30 ml)
2 doses de jus d'orange frais (30 ml)
1 cerise au marasquin

Dans un shaker, mélanger glace pilée
et ingrédients, sauf la cerise. Passer
dans un verre à cocktail rafraîchi et
garnir avec la cerise.

W

WAIKIKI BEACHCOMBER

4 doses de vodka (60 ml)
1 dose de liqueur de framboise (15 ml)
2 doses de jus de citron vert frais (30 ml)
10 doses de jus de goyave (150 ml)

Mélanger glace pilée et ingrédients, sauf la liqueur de framboise, dans un shaker. Verser dans un verre à orangeade. Ajouter la liqueur de framboise.

WALDORF COCKTAIL

4 doses de bourbon (60 ml)
2 doses de Pernod (30 ml)
1 dose de vermouth doux (15 ml)
1 trait d'angustura

Dans un shaker, mélanger glace pilée et ingrédients. Bien agiter et passer dans un verre à cocktail rafraîchi.

WALKING ZOMBIE

4 doses de jus de citron vert (60 ml)
4 doses de jus d'orange frais (60 ml)
4 doses de jus d'ananas (60 ml)
4 doses de nectar de goyave (60 ml)
2 doses de grenadine (30 ml)
1 dose de sirop d'orgeat (15 ml)
1 brin de menthe fraîche
1 pointe d'ananas

Mixer glace pilée et ingrédients, sauf le brin de menthe et la pointe d'ananas, jusqu'à consistance onctueuse. Verser dans un verre à orangeade rafraîchi. Garnir avec la menthe et l'ananas.

WALTERS

6 doses de scotch (90 ml)
1 dose de jus de citron frais (15 ml)
1 dose de jus d'orange frais (15 ml)

Dans un shaker, mélanger glace pilée et ingrédients. Bien agiter et passer dans un verre à cocktail rafraîchi.

WARD EIGHT

4 doses de whisky
(60 ml)
3 doses de jus de citron frais (45 ml)
1 c. à café de grenadine
1 c. à café de sucre

Dans un shaker, mélanger glace pilée et ingrédients. Bien agiter et passer dans un verre ballon rafraîchi rempli de glace pilée.

WARDAY'S COCKTAIL

3 doses de gin (45 ml)
2 doses d'eau-de-vie de pomme (30 ml)
2 doses de vermouth doux (30 ml)
1 c. à soupe de chartreuse jaune

Dans un shaker, mélanger glace pilée et ingrédients. Bien agiter et passer dans un verre à cocktail rafraîchi.

WARSAW COCKTAIL

4 doses de vodka (60 ml)
2 doses d'eau-de-vie de mûre (30 ml)
1 dose de vermouth sec
(15 ml)
1 c. à soupe de jus de citron frais

Dans un shaker, mélanger glace pilée et ingrédients. Bien agiter et passer dans un verre à cocktail rafraîchi.

WASHINGTON COCKTAIL

4 doses de vermouth sec (60 ml)
2 doses de brandy (30 ml)
1/2 c. à café de sirop de canne
1 trait d'angustura

Dans un shaker, mélanger glace pilée et ingrédients. Bien agiter et passer dans un verre à cocktail rafraîchi.

WASSAIL BOWL

Ale (6 bout. de 0,33 l)
Crème de xérès (1 tasse)
Sucre (1/2 tasse)
1/2 c. à café de quatre-épices
1 c. à café de cannelle en poudre
2 c. à café de noix muscade râpée
1/4 de c. à café de gingembre
Rondelles de citron

Dans un grande casserole, faire
chauffer, sans bouillir, le xérès et 1
bout. d'ale. Ajouter le sucre et les épices
et délayer. Ajouter les 5 bout. d'ale et
remuer. Laisser reposer à température
ambiante pendant environ 3 h. Verser
dans un bol à punch et garnir avec des
rondelles de citron. Pour 10 personnes.

WATERBURY COCKTAIL

4 doses de brandy (60 ml)
2 doses de jus de citron vert frais (30 ml)
1 c. à café de grenadine
1 c. à café de sirop de canne
1 blanc d'œuf

Dans un shaker, mélanger glace pilée et
ingrédients. Agiter vivement et passer
dans un verre à cocktail rafraîchi.

WEDDING BELLE COCKTAIL

4 doses de gin (60 ml)
3 doses de Dubonnet rouge (45 ml)
1 dose de kirsch (15 ml)
1 dose de jus d'orange frais (15 ml)

Dans un shaker, mélanger glace pilée
et ingrédients. Bien agiter et passer
dans un verre à cocktail rafraîchi.

WEEP-NO-MORE

4 doses de Dubonnet rouge
(60 ml)
3 doses de brandy (45 ml)
1 c. à café de marasquin
2 doses de jus de citron vert frais

Dans un shaker, mélanger glace pilée
et ingrédients. Bien agiter et passer
dans un verre à cocktail rafraîchi.

WEMBLY COCKTAIL

4 doses de gin (60 ml)
1 dose de vermouth sec (15 ml)
1 c. à café d'eau-de-vie d'abricot
1 c. à café d'eau-de-vie de pomme

Dans un shaker, mélanger glace pilée
et ingrédients. Bien agiter et passer
dans un verre à cocktail rafraîchi.

WHIRLAWAY

4 doses de bourbon (60 ml)
2 doses de triple sec (30 ml)
3-5 traits d'angustura
Eau gazeuse

Dans un shaker, mélanger à de la glace
pilée tous les ingrédients, sauf l'eau
gazeuse. Bien agiter et verser dans un
verre à whisky rafraîchi. Terminer par
de l'eau gazeuse.

WHISKY COCKTAIL

6 doses de whisky (90 ml)
1 c. à café de sirop de canne
1 trait d'angustura

Dans un shaker, mélanger glace pilée
et ingrédients. Bien agiter et passer
dans un verre à cocktail rafraîchi.

WHISKY COLLINS

6 doses de whisky (90 ml)
4 doses de jus de citron frais (60 ml)
1 dose de sirop de canne (15 ml)
Eau gazeuse
1 cerise au marasquin
1 rondelle d'orange

Mélanger tous les ingrédients, sauf les
fruits, dans un verre à orangeade
rafraîchi et rempli de glaçons. Remplir
d'eau gazeuse et remuer doucement.
Garnir avec les fruits.

WHISKY COOLER

4 doses de whisky (60 ml)
1/2 c. à café de sucre
Eau gazeuse
1 écorce de citron

Délayer le sucre avec le whisky dans
un verre à orangeade rafraîchi. Ajouter
les glaçons et remplir d'eau gazeuse.
Remuer et garnir avec le citron.

WHISKY DAISY

6 doses de whisky (90 ml)
2 doses de jus de citron frais (30 ml)
1 c. à soupe de grenadine
1 c. à café de sucre
Eau gazeuse
1 rondelle d'orange

Dans un shaker, mélanger glace pilée
et ingrédients, sauf l'eau gazeuse et la
rondelle d'orange. Bien agiter et verser
dans un verre à long drinks rafraîchi.
Remplir d'eau gazeuse et remuer.
Garnir avec la rondelle d'orange.

WHISKY FIX

4 doses de whisky
(60 ml)
2 doses de jus de citron frais (30 ml)
1/2 c. à café de sucre
1 zeste d'orange

Dans un shaker, mélanger glace pilée et
ingrédients, sauf le zeste d'orange. Bien
agiter et passer sur glaçons dans un
verre à long drinks rafraîchi. Plonger le
zeste d'orange dans le cocktail.

WHISKY FLIP

4 doses de whisky (60 ml)
1 dose de crème (15 ml) et 1 de lait
1/2 c. à café de sucre
1 œuf entier
Noix muscade râpée

Dans un shaker, mélanger glace pilée
et ingrédients, sauf la noix muscade.
Agiter vivement et passer dans un
verre tulipe rafraîchi. Saupoudrer de
muscade.

WHISKY MILK PUNCH

6 doses de whisky (90 ml)
16 doses de lait (240 ml ou 1 tasse)
1 c. à café de sucre
Noix muscade fraîchement râpée

Dans un shaker, mélanger glace pilée
et ingrédients, sauf la noix muscade.
Bien agiter et passer dans un verre à
orangeade rafraîchi. Saupoudrer de
muscade.

WHISKY RICKEY

4 doses de whisky (60 ml)
2 doses de jus de citron vert frais (30 ml)
Eau gazeuse
1 rondelle de citron vert

Verser le whisky et le jus de citron vert
dans un verre à long drinks rafrraîchi,
sur glaçons. Remplir d'eau gazeuse et
remuer. Garnir avec le citron vert.

WHISKY SANGAREE

4 doses de whisky
(60 ml)
1 c. à soupe de porto rouge
1/2 c. à café de sucre
1 c. à café d'eau
2 doses d'eau gazeuse (30 ml)

Délayer le sucre dans l'eau au fond
d'un verre à whisky rafraîchi. Ajouter
le whisky et remuer. Remplir le verre
de glaçons et d'eau gazeuse. Verser le
porto en surface.

WHISKY SLING

4 doses de whisky
(60 ml)
1 dose de jus de citron frais (15 ml)
1 c. à café d'eau
1 c. à café de sucre
1 zeste d'orange

Dans un verre doseur, délayer le sucre
dans l'eau et le jus de citron. Ajouter le
whisky et remuer. Verser sur glaçons
dans un verre à whisky rafraîchi et
garnir avec le zeste d'orange.

WHISKY SOUR

4 doses de whisky (60 ml)
2 doses de jus de citron frais (30 ml)
1 c. à café de sirop de canne
1 cerise au marasquin
1 rondelle d'orange

Dans un shaker, mélanger glace pilée
et ingrédients liquides. Bien agiter et
passer dans un verre tulipe rafraîchi.
Garnir avec les fruits.

WHITE WAY COCKTAIL

WHISPERS OF THE FROST

2 doses de porto rouge (30 ml)
2 doses de fino (xérès) (30 ml)
2 doses de bourbon (30 ml)
1/2 c. à café de sirop de canne
1 zeste de citron

Dans un shaker, mélanger glace pilée et ingrédients. Bien agiter et passer dans un verre à cocktail rafraîchi.

WHITE LILY

4 doses de gin (60 ml)
3 doses de triple sec (45 ml)
3 doses de rhum blanc (45 ml)
1/4 de c. à café de Pernod

Dans un shaker, mélanger glace pilée et ingrédients. Bien agiter et passer dans un verre à cocktail rafraîchi.

WHITE LION

4 doses de rhum brun (60 ml)
2 doses de jus de citron frais (30 ml)
1 dose de sirop d'orgeat (15 ml)
1/4 de c. à café de sirop de framboise

Dans un shaker, mélanger glace pilée et ingrédients. Bien agiter et passer dans un verre à cocktail rafraîchi.

WHITE ROSE

4 doses de gin (60 ml)
2 doses de marasquin
(30 l)
4 doses de jus d'orange frais (60 ml)
2 doses de jus de citron vert frais
1 c. à café de sirop de canne
1 blanc d'œuf

Dans un shaker, mélanger glace pilée
et ingrédients. Bien agiter et passer
dans un verre à cocktail rafraîchi.

WHITE RUSSIAN

4 doses de vodka (60 ml)
2 dose de liqueur de café (15 ml)
1 dose de crème (15 ml) et 1 de lait

Dans un shaker, mélanger glace pilée
et ingrédients. Bien agiter et passer
dans un verre à whsiky rafraîchi.

WHITE WAY
COCKTAIL

4 doses de gin (60 ml)
2 doses de crème de menthe verte (30 ml)

Dans un shaker, mélanger glace pilée
et ingrédients. Bien agiter et passer
dans un verre à cocktail rafraîchi.

WHITE SPIDER

4 doses de vodka (60 ml)
2 doses de crème de menthe blanche
(30 ml)

Dans un shaker, mélanger glace pilée
et ingrédients. Bien agiter et passer
dans un verre à cocktail rafraîchi.

WHY NOT ?

4 doses de gin (60 ml)
2 doses d'eau-de-vie d'abricot (30 ml)
2 doses de vermouth sec (30 ml)
1/4 de c. à café de jus de citron frais

Dans un shaker, mélanger glace pilée
et ingrédients. Bien agiter et passer
dans un verre à cocktail rafraîchi.

WOMAN WARRIOR

6 doses de vodka (90 ml)
2 doses de curaçao bleu (30 ml)
2 doses de jus de citron vert frais (30 ml)

Dans un shaker, mélanger glace pilée
et ingrédients. Bien agiter et passer
dans un verre à cocktail rafraîchi.

WONDERFUL TOWN

4 doses de sirop de menthe (60 ml)
2 doses de sirop de chocolat (30 ml)
Eau gazeuse
1 brin de menthe fraîche

Mélanger les sirops dans un verre à
long drinks rafraîchi. Remplir le verre
de glaçons et compléter avec de l'eau
gazeuse. Remuer doucement et garnir
avec la menthe.
N.B. Il est conseillé de choisir un sirop
de chocolat très fin.

WOO-WOO

4 doses de vodka (60 ml)
4 doses de schnaps à la pêche (60 ml)
8 doses de jus d'airelle rouge (120 ml)

Verser les ingrédients sur glaçons dans
un verre à long drinks rafraîchi. Remuer.

WOODSTOCK

4 doses de gin (60 ml)
2 doses de jus d'orange frais (30 ml)
1 c. à soupe de sirop
1 trait de bitter à l'orange

Dans un shaker, mélanger glace pilée
et ingrédients. Bien agiter et passer
dans un verre à cocktail rafraîchi.

WOODWARD

4 doses de scotch (60 ml)
1 dose de vermouth sec (15 ml)
1 dose de jus de pamplemousse (15 ml)

Dans un shaker, mélanger glace pilée
et ingrédients. Bien agiter et passer
dans un verre à cocktail rafraîchi.

X, Y, Z

XYZ COCKTAIL

4 doses de rhum blanc (60 ml)
2 doses de curaçao blanc (30 ml)
1 dose de jus de citron frais (30 ml)

Dans un shaker, mélanger glace pilée
et ingrédients. Bien agiter et passer
dans un verre à cocktail rafraîchi.

XANADU

4 doses de nectar de goyave (60 ml)
4 doses de jus de citron vert (60 ml)
2 doses de Falernum (30 ml)
1 dose de crème (15 ml) et 1 de lait

Mixer ingrédients et glace pilée, à
vitesse réduite, jusqu'à consistance
onctueuse. Verser dans une flûte à
champagne rafraîchie.

XANTHIA

4 doses de gin (60 ml)
3 doses de kirsch (45 ml)
3 doses de chartreuse verte (45 ml)

Dans un shaker, mélanger glace pilée
et ingrédients. Bien agiter et passer
dans un verre à cocktail rafraîchi.

XERES COCKTAIL

6 doses de manzanilla (xérès)
(90 ml)
1 trait de bitter à l'orange
1 zeste d'orange

Dans un doseur, remuer glace pilée et
ingrédients, sauf le zeste d'orange.
Passer dans un verre à cocktail
rafraîchi. Garnir avec le zeste d'orange.

YALE COCKTAIL

4 doses de gin (60 ml)
1 dose de vermouth sec (15 ml)
1/4 de c. à café de marasquin
3-5 traits de bitter à l'orange

Dans un shaker, mélanger glace pilée
et ingrédients. Bien agiter et passer
dans un verre à cocktail rafraîchi.

YELLOW FINGERS

4 doses de gin (60 ml)
2 doses d'eau-de-vie de mûre
(30 ml)
2 doses de crème de banane
1 dose de crème (15 ml) et 1 de lait

Dans un shaker, mélanger glace pilée
et ingrédients. Bien agiter et passer
dans un verre à cocktail rafraîchi.

YELLOW PARROT

4 doses de brandy (60 ml)
4 doses de Pernod (60 ml)
4 doses de chartreuse jaune (60 ml)

Dans un shaker, mélanger glace pilée
et ingrédients. Passer dans un verre à
cocktail rafraîchi.

YODEL

6 doses de Fernet Branca (90 ml)
8 doses de jus d'orange frais (120 ml)
Eau gazeuse

Verser le Fernet Branca et le jus
d'orange sur glaçons dans un verre à
long drinks rafraîchi. Remuer et
compléter avec de l'eau gazeuse.

YORSH

4 doses de vodka (60 ml)
Bière

Remplir une chope aux 3/4 avec de la
bière. Compléter avec la vodka.

ZAZA COCKTAIL

4 doses de Dubonnet
(60 ml)
2 doses de gin (30 ml)
1 trait de bitter à l'orange
1 zeste d'orange

Dans un shaker, mélanger glace pilée
et ingrédients, sauf le zeste d'orange.
Bien agiter et passer dans un verre à
cocktail rafraîchi. Garnir avec le zeste
d'orange.

ZOMBIE

ZOMBIE

4 doses de rhum brun (60 ml)
4 doses de rhum blanc (60 ml)
2 doses de rhum très fort (30 ml)
2 doses de triple sec (30 ml)
1 c. à café de Pernod
2 doses de jus de citron vert frais (30 ml)
2 doses de jus d'orange frais (30 ml)
2 doses de jus d'ananas (30 ml)
2 doses de nectar de goyave (30 ml)
1 c. à soupe de grenadine
1 c. à soupe de sirop d'orgeat
1 brin de menthe fraîche
1 pointe d'ananas

Mixer glace pilée et ingrédients, sauf le brin de menthe et la pointe d'ananas, jusqu'à consistance onctueuse. Verser dans un verre à orangeade rafraîchi. Garnir avec la pointe d'ananas et le brin de menthe.

ZESTY COOLER

2 doses de jus de citron vert (30 ml)
Bière au gingembre
1 quartier de citron vert

Verser le jus de citron vert sur glaçons dans une chope à bière. Compléter avec de la bière au gingembre et remuer doucement. Garnir avec un quartier de citron vert.

INDEX